目　次

序　章　なぜ雇用管理を学ぶのか

1　働くことの仕組みを学ぶ

1）就職することが辛く思えるのはなぜ？

　みなさんは働くことに、どんなイメージをもっているだろうか。もしみなさんが「就職のことなんて考えたくない」と思っているなら、それは「働くこと」というよりは「就職すること」へのネガティブな感情からだろう。志望動機がもてない、他人と比較されるのが辛い、内定をもらえなくて焦る、就職先選びを「間違えたら」と不安……。こういったことは、就職活動をする人が一度はどこかで感じるだろう。あるいは就職した身近な人を見て、「たいへんそう」と感じているのかもしれない。帰りは遅いし、「給料が安い」「職場の人間関係がしんどい」「次は転勤かも」といった話を聞けば、どうして働かなければならないのか、と思ったとしても無理はない。

　でも、ちょっと立ち止まって考えてほしい。みなさんには、アルバイトで楽しかった経験はないだろうか。親しい仲間ができた、リーダーを任された、客に「ありがとう」と言ってもらった、初めて給料をもらってうれしい等々、働くこと自体には楽しさもある。さらに働くことには社会的意義もある。社会は人びとが分業することで成り立っていて、みなさんの労働はささやかでも確実に社会を支えているのである。それにもかかわらず就職が辛く思えるのだとしたら、それは働くことに関する制度や慣習、いわば働くことの仕組みを知らなくて、就職後になにが起きるのかわからないからだろう。そのため、漠然とした負のイメージが膨らみ、働くことの魅力に気づけずにいるのかもしれない。

　就職へのネガティブな感情が、働くことの仕組みを知らないことに由来するならば、働き始める前に学んでおけばいい。そうすれば不安は小さくなるし、困ったことが起きてもそのつど考えて対応することができる。働くことの仕組

みを知れば、就職に感じる辛さはずいぶんと薄らぐだろう。これが、働くことの仕組みを学ぶ第一の意義である。

　働くことの仕組みを学ぶ意義は、これだけではない。第二の意義は、幸せな職業生活を自分の手でつかめるようになるということである。これはとても大事である。働く時間は1日の多くを占め、人生のうちのかなりの長さとなる。だからみなさんが働くのなら、楽しいことの多い時間であってほしいし、自分らしく、充実した働き方をしてほしい。本書はこうした願いのもとにつくられた。

　それでは、自分の望む働き方を手にするには、どうすればよいだろう。たとえ安定的な企業・組織に勤めていても、上司や組織に任せているだけではうまくいかない。なぜなら、自分が望むことは、自分にしかわからないからだ。色々な業務にチャレンジしたい、管理職になりたい、育児や介護と無理なく両立させたいなど、仕事に求めることは人それぞれである。だからこそ希望する働き方に向けて、自分の労働条件や職場環境を理解し、どうすればよいかを考えて行動することが重要となる。そのためには、働くことを自分でコントロールする知識と力が必要である。幸せな職業生活を自分の手でつかむためには、働くことの仕組みを学ぶことが大切なのである。このことは、自分だけのためではなく、社会で働く人皆のための行動にもなる。

2）変化の只中にある企業の雇用管理

　働くことの仕組みを設計することを、「人事労務管理」「雇用管理」「人的資源管理（HRM：Human Resource Management）」などと呼ぶ。日本の企業・組織の雇用管理は、経済社会の変化に合わせて変わり続けている。経済がグローバル化し、新技術が生みだされる現代は、仕事の中身や進め方が速いスピードで変化していて、それに合わせて新しい仕事をこなせる人を育てて評価することが求められる。現代の雇用管理は、みなさんの親世代から聞くものとは大きく変化しているので、制度や取り組みを貫く考え方を体系的に学ぶことが必要なのである。雇用に関するルールの体系を解明することが、本書のタイトルにも使われている雇用関係論の学問分野となる。

　それではどのような経済社会の動きが、雇用管理を変化させているのだろう

か。例をあげてみよう。環境や人権に関する国内外の法規制が強まれば、扱う商品やサービスを見直し、取引先を含めた働く人への対応を適正にすることが求められる。今日ではSDGsの観点から、ゴミを減らすために素材の変更や物流の見直しが進められたり、働く人の属性（性別、人種・民族、障がいなど）で差別が生じないよう、評価方法の問題を検証して改善したりする企業・組織が増えている。

　新技術の導入も、仕事内容を大きく変えてゆく。商品の仕入れ担当者の場合で考えてみよう。仕入れ担当者の重要な仕事は発注数を決めることで、そのために各商品がどれぐらい売れそうかを予測することが求められる。これまでは、過去の実績などの複数の項目をもとに売上予測を計算してきた。しかしAIを導入して予測させれば、かかる時間は大幅に短縮される。そうなれば、仕入れ担当者は空いた時間を別の仕事、たとえば展示会に行って売れる商品を見つけること、に充てられるようになる。こうしてAIの導入によって、仕入れ担当者の重要な仕事は、売上を予測して発注数を決めることから、売れ筋商品を見つける仕事へと変化する。そうした新しく求められる仕事は、人間だからできる、感性や発想力などを必要とする。そのため現代の日本社会では、新しい技術を使いながら、高い専門性をもとに判断して対応できる人を、育てて評価する雇用管理へと変わってきているのである。

　人びとの価値観の多様化にも雇用管理は対応している。今日では男性も女性も、仕事で活躍しながら家族との時間や趣味の時間を大切にできる、ワーク・ライフ・バランス（WLB）を実現できる働き方を求める人が増えている。そこで引っ越しのある転勤を廃止したり、働く時間や日数が短い正社員制度を始めたり、自宅で仕事ができるテレワークの仕組みを入れたり、といった例が次々と報告されている。企業・組織は、働く人が自分のライフスタイルにあった働き方を選べるように制度を整えつつある。このように企業・組織が人びとの価値観の多様化に対応し始めている背景には、魅力ある企業・組織になることで優秀な人材に入ってもらいたいこと、さらに言えば少子化で人口が減りつつあるなか、働く人に選ばれる企業・組織にならなければ人材不足になってしまうことがあげられる。要するに、社会的意義のある労働をより人間的なものにする必要があるのである。

このように現代の日本社会では、経済社会の変化と人びとの価値観の多様化に対応して、企業・組織の雇用管理は大きく変化している。現代の雇用管理を体系的に学ぶことで、就職に関する未知への不安を小さくし、幸せな職業生活を実現するための知識と力を手にすることができるだろう。

2 日本の雇用管理の変遷

企業・組織は、それぞれ中長期的な経営目標を設定している。経営目標が異なれば、目標の達成に重要な人材を、どのように育てて評価するかという方針も異なり、それが雇用管理の違いとなって表れる。そのため新しい制度を入れる企業もあれば、かつての制度や慣習を残している企業もあり、企業・組織ごとにいろいろな雇用管理制度が存在する。日本ではどのような雇用管理が行われてきたのか、その変遷をみていこう。

1）性別役割分業に基づく男性中心の日本型雇用

日本型雇用という言葉を聞いたことがある人も多いだろう。一般的には、年功賃金、終身雇用、企業別組合といった日本に特有の特徴を備えた雇用慣行としてよく紹介される。もしかしたら、みなさんは、年功賃金や終身雇用は古い悪しき習慣で、経済合理性がなく、日本企業の成長を阻害する要因と考えているかもしれない。しかし、この日本型雇用も、日本経済が好調であった1980年代は、企業の成長をうながす土台として世界的に注目を集め、学問の世界でも実務の世界でも称賛されていた。

日本型雇用を学問的に捉えると、日本に特徴的な雇用諸制度（賃金制度、長期雇用を支える雇用調整制度、採用制度、退職制度）が頑健な相互補完関係のもとに成立している状態であり、1960年代後半に成立し、90年代以降変容していると考えられている［佐口 2018］。賃金制度は職能給と定期昇給がホワイトカラー、ブルーカラー双方の男性正社員に適用されることで、40代でも男性正社員の大多数の労働者が継続的な賃金上昇を享受する。ただし、日本の年功賃金制度は、年齢によって自動的に賃金が上がるものではなく、新卒一括採用の同期社員のなかでの小刻みな賃金上昇やポストをめぐる熾烈な競争をうながす

仕組みをもち、40代以降も賃金が上がるように企業による能力開発が長期にわたって行われていた。日本の男性正社員の長期雇用を支えたのは、男性正社員の雇用調整のさいに希望退職制度や出向・配転など解雇以外のソフトな手法が取られたことであった。こうした長期雇用の見通しは、若い時点で低い賃金でも、長期勤続していれば賃金が上昇する年功賃金を若年者が受け入れることも補強した。

　採用制度としては新卒一括採用制度が成立し、学校から職場への移行期がきわめて短く、世界的にみても若年層の失業率が低いことに貢献している。未経験者を採用する採用慣行は、若年時は相対的に低賃金である年功賃金を補完しつつも、育成コストがかかること、キャリアのない応募者の能力をはかりづらいことなどから、企業負担が高いものであった。新卒一括採用制度は女性にも適用されたが、長らく女性は短期雇用が想定され、上述した年功賃金や長期雇用からは雇用慣行上、排除されてきた。

　職場からの引退については、年齢によって一律強制退職となる「定年制度」が存在し、年齢や勤続年数によって賃金が上昇していく年功賃金が成立するうえで不可分の制度である。また、頻繁なジョブ・ローテーションは、新卒一括採用で職務を定めてから採用するわけではないため、能力形成をうながしたり、ソフトな雇用調整手段としても機能した。その結果として、男性正社員にはブルーカラーも含めて妻や子どもを養って生活できる賃金と引き換えに、企業拘束性の高い働き方を求めることとなった。

　バブル崩壊以降、1990年代半ばから、コスト削減、特に人件費削減によって乗り切ろうとする企業の方針によって、日本型雇用は徐々に変容してきた。新卒一括採用での正社員採用を大幅に絞り、非正規雇用を大きく増加させた。このように若年層での採用方針を変えることで対応したため、40～50代男性の正社員比率は90年代ほとんど変化せず、従来から非正規比率の高かった中高年女性に加えて、これまで正規雇用で働くのが当然と考えられていた未婚女性や若年男女が非正規化し、さらに学歴では中卒・高卒に偏って非正規化が進んだ［三山 2011］。ただし、近年は労働力不足を背景に、とくに若年層での正社員比率が高まっている。

2）女性の就労と非正規雇用

　本節1項でみた日本型雇用は、女性を男性正社員とは異なる労働者として扱ってきた。男性正社員には生活できる賃金と引き換えに、企業拘束性の高い働き方が求められてきた一方で、女性はケア役割を求められ、若年時の短期間に正規雇用されるが、結婚や出産で退職するのが、特に民間企業では慣行となっていた。結婚や出産で退職した女性たちは、子育てが一段落すると、家事や育児、介護などと両立しながら、家計を維持するために、非正規雇用労働者（パートタイム労働者）として再就職するといったM字型カーブの労働力曲線を描いていた。ただし、日本のパートタイム労働は文字通りの短時間労働者だけではなく、特に1980年代まではフルタイムで働くパートタイム労働者が多く、時間が短くて家事や育児、介護と両立しやすいという見方は一面的であると疑わなければならない。とはいえ、長時間労働や土日出勤をいとわず、転居を伴う転勤や頻繁な配置転換を求められるといった企業拘束性の高い正社員よりは非正規労働者の企業拘束性は相対的には低く、転勤などは課せられてこなかった。こうした企業拘束性の相対的な低さと引き換えに、非正規雇用には生活できる賃金が保障されることはなく、非正規雇用への処遇を規制するはずの法政策も低処遇を形づくる一因となってきた。また、シングルマザーなど実際には一家の稼ぎ手であっても、非正規労働者は一律に、家計補助的な労働者として扱われてきた。

　1985年に成立した男女雇用機会均等法は、事業主は労働者の募集および採用について女性に対して男性と均等な機会を与えるよう努めなければならず、労働者の配置および昇進について女性労働者に対して男性労働者と均等な取り扱いをするよう努めなければならないとされた。だが、これは努力義務であったうえに、法律の狭間があった。配置や昇進は採用区分や職種の要素を加味して行われる。同一の採用区分や職種において、女性労働者が男性労働者と異なる取り扱いをされた場合は均等法に反することになる。しかし、そもそも採用区分や職種が異なる場合は、男女によって待遇に差があっても問題とされなかった。このように、同一の雇用管理区分内での均等しか求めない均等法指針は、従来の男女別コースを総合職と一般職からなるコース別人事制度に組みかえるという大企業の対応を引き出した［大森 2010］。

　さらに、女性が男女平等を求めるなら、男性と同じように働くべきであると
して、戦後の労働基準法で女性に対して労働時間を規制してきた女性保護規定
の撤廃と男女雇用機会均等法の成立がセットで議論された。1985 年の均等法
成立時は女性保護規定の緩和にとどまったが、1997 年の均等法改正時に撤廃
されることとなった。男女雇用機会均等法の成立と女性保護規定の撤廃によっ
て、典型的な（男性）正社員の長時間労働を許容し、その男性と平等の地位を
得るには女性も男性と同じように長時間労働をして、転勤などを繰り返して働
くことが「平等」だという考え方が貫徹されることになった。その結果、ケア
役割を担ったり、担うことを想定する女性は企業拘束性が低く処遇も低い非正
規雇用や一般職といった働き方を「自ら」「選択する」——実は「選択させら
れている」わけだが——ことになり、その問題がみえにくいものとなった。

3　誰もが仕事と生活を大切にできる社会へ

1）働くこととケアすること
　このような企業拘束性の高い働き方をする一家の稼ぎ手としての男性と、家
族のケア役割を一手に引き受ける女性といった性別役割分業に基づく雇用慣行
について、社会の持続可能性という観点から考えてみよう。フェミニスト哲学
者のエヴァ・フェダー・キテイによる『愛の労働あるいは依存とケアの正義
論』を援用する。キテイは、「私たちはみな誰かお母さんの子どもである」とい
う言葉を用いながら、人は依存的な存在であることを前提に議論を進める。
生まれたばかりの幼児は、誰かに依存しなければ生きていけないことを考えれ
ば、人は誰もが人生のなかで必ず誰かに依存する存在である。幼児期だけでな
く、高齢期でも生活に介助が必要な場合も出てくる。障がい者のなかには、他
の人のサポートを受けることによって生活の基本的なニーズを満たしている人
もいる。そして、どんな人でも一生のうちに障がいを抱える可能性がある。こ
のように、すべての人が一時期であれ長期間であれ、誰かに依存する存在であ
る。こうした人間の成長や病気、老いといった事実を考えれば、どのような文
化においても依存の要求に逆らっては一世代以上存続することはできない［キ
テイ 2010: 29］。依存することができなければ、この社会は成り立たないとい

うことである。

　誰もが依存することを前提とすると、ケアが社会にとって必要であることがわかる。ケアの責任を負うのは誰なのか、また実際にケアを行うのは誰なのか、ケアがきちんと行われているのか、それを確認するのは誰なのかといった問題は、社会的で政治的な問題であるとキテイは指摘する。それにもかかわらず、依存者のケアは家族の義務であり私的な問題として、女性が引き受けることが当然視されてきた。さらに、政治的な議論や社会的正義の議論において、「人はみな依存する存在である」という事実が無視され、男性の公的生活、すなわち「自立した」男性像を基点に、誰かをケアするという依存労働の公平な分担についてほとんど考えられてこなかった［キテイ 2010: 30］。

　つまり、企業で働く人びとの公平性や平等を考えるとき、私たちは「能力」によってはかろうとする。しかし、その能力はどのようにはかられたり、身につくものと考えられているのか。企業が必要とするときに残業ができて、出張ができて、転勤ができること自体が能力に直結するのであれば、依存者のケアをする者（多くは女性）は、そうした時間を捻出できず、同じ能力をもつ者とはみなされない。道徳心だけに任せていては、依存者のケアを担う者は企業や社会での不利を被りたくないためにケアを放棄し、ケアがこの社会において枯渇してしまう可能性がある。持続可能な社会を考えるうえでは、企業も働く人たち全員にケアの時間を確保することが必要になるということがわかるだろう［金井 2019］。

２）ディーセント・ワークを実現する雇用管理

　現在、日本の性別役割分業に基づいた男性正社員を中核とする雇用管理に、限界が生じている。グローバル化が進展し、日本企業も海外に工場や支店を出すなど進出してさまざまな国籍や民族・人種の人を雇う機会は格段に増え、外国人が日本に来て日本の会社で働くことも増えている。社会的包摂という考え方も定着し、さまざまな障がいのある人が社会参加の場として企業で働くことの重要性も増している。また、ESG 投資といった、投資から企業行動を変える動きもグローバルに進んでおり、企業は投資をうながすためにも、働く人たちの労働環境を整えていくことが求められている。

　こうしたビジネスの環境変化だけでなく、誰もが仕事と生活を大切にできる雇用管理が必要とされている。ILO（International Labour Organization：国際労働機関）は、1999年から、世界の平和のために、すべての働く人たちに、ディーセント・ワーク（働きがいのある人間らしい仕事）を推進することを目標に掲げている。より具体的には、収入を確保するための仕事があることが基本であるが、その仕事は、権利、社会保障、社会対話が確保されていて、自由と平等が保障され、働く人びとの生活が安定する、すなわち、人間としての尊厳を保てる生産的な仕事のことを指している。1999年の第87回ILO総会事務局長報告と2008年の第97回総会で採択された「公正なグローバル化のための社会正義に関するILO宣言」のなかで、ディーセント・ワーク実現のための四つの戦略目標が掲げられた。第一に「仕事の創出」は、必要な技能を身につけ、働いて生計が立てられるように、国や企業が仕事をつくり出すことを支援し、第二に「社会的保護の拡充」は、安全で健康的に働ける職場を確保し、生産性も向上するような環境の整備をし、社会保障も充実することが求められている。第三に、「社会対話の推進」では、職場での問題や紛争を平和的に解決できるように、政・労・使の話し合いを促進する。第四に「仕事における権利の保障」では、不利な立場に置かれて働く人びとをなくすため、労働者の権利の保障、尊重をする。この四つの目標に、ジェンダー平等は横断的にかかわっている。

　ILO宣言は、性別や年齢、人種・民族、宗教、障がいなどの多様な属性をもつ人びとがともに働き、お互いの尊厳を保ちながら、それぞれの価値観を活かすことで、人間らしく働ける豊かな社会を志向している。採用、賃金、労働時間、配置転換、昇進、ハラスメントを受けないことなど、働くことにかかわって、すべての面から、ディーセント・ワークの実現を考える必要がある。ビジネスを円滑にするためだけではなく社会を安定的に発展させ、世界の平和を維持していくためにも、誰もが仕事と生活を大切にできる雇用管理の実践が必要である。具体的にどのようなことが雇用管理に求められ、どのような先進的な取り組みがあるのかなどについては、本書の各章を読んでほしい。

4　本書のねらいと特徴

1）就職から始まる成長物語

　働き始める前に知っておいてほしいことを丸ごと一冊に詰め込んでいるので、学生のみなさんには就職活動を始める前にぜひ読んでほしい。とはいえ、いわゆるキャリアアップのノウハウを示すハウツー本ではない。本書のねらいは、働くときに必要な知識や対応を学び、思考力を獲得することにある。それを実現するため、工夫した特徴が二つある。

　一点目は、読者を主人公とした、就職活動から始まる職場での成長物語として構成していることである。すなわちキャリアの形成過程にそくして、「配属・異動・転勤」「昇進」「妊娠・出産・育児」などの出来事を各章として配置している。そして働くなかで生じる疑問を読み解けるよう、「賃金」「労働時間」「ハラスメント」といった項目を章として組み込んでいる。それぞれの章は1節で例示された問いや疑問に応える形で構成し、日本の雇用管理の全体像を理解できるように工夫した。

　そして事例とデータを提示し、学術的な説明を行うことで、現状、問題、対応を論理的に理解できるようにしている。また、より学びを深めるために、各章の参考文献とは別に、広い意味で働くことにかかわる書籍や映像などを巻末で紹介している。

2）男女別のデータ

　二点目の特徴は、各章で男女別のデータを紹介し、ジェンダーの視点から働くことの仕組みを学べることである。日本は経済領域での男女格差が大きい。「男は仕事、女は家庭」という性別役割分業が強く、「男らしさ」「女らしさ」というジェンダーと重なりあって、賃金やキャリアの男女格差が生じている。男性と女性で働くことから得られるものが違うなら、まずその事実をデータで確認し、なぜ違いが生まれるのかを雇用管理の問題として考えることが必要である。

　国際的にみた日本社会の男女平等度を、世界経済フォーラムの「Global

表　日本のジェンダー・ギャップ指数と順位

経済		教育		健康		政治		総合	
指数	順位	指数	順位	指数	順位	指数	順位	指数	順位
0.561	123	0.997	47	0.973	59	0.057	138	0.647	125

注：参加国は146か国である。
出所：World Economic Forum〔2023〕より作成。

Gender Gap Report」で確認しよう。これは「経済」「教育」「健康」「政治」
の四つの分野について、データをもとに男女平等度を指数にしてはかるもので、
指数は 0 が完全不平等、1 が完全平等を意味する。表で 2023 年の日本の指標
と順位をみると、「政治」の指数が 0.057 とたいへん低く、「経済」の指数も
0.561 とかなり低い。指数が低い原因は、「政治」では国会議員に女性が少な
いなど、「経済」では管理職に女性が少ない、女性の賃金が男性より低いなど
である。このため日本の総合指数は 0.647 で、順位は 125 位（146 か国中）であ
る。日本は男女間の不平等が強いといえる。

　働くことに関して男女の不平等が強ければ、女性は賃金やキャリアなどで得
られるものが少なくなる。一方で男性に課される期待は高く、長時間労働など
の重い負担と激しい昇進競争が生じる。この状況を変えるためには、職場での
男女の違いをデータで確認し、違いをもたらす雇用管理上の仕組みを明らかに
する必要がある。そこからようやく、男性も女性も、誰もが自分らしく働くこ
とができる職場づくりを考えることができるようになる。また男女だけでなく、
性的マイノリティ（LGBTQ＋）の状況をデータで確認することも雇用管理上の
課題を検討するうえで重要であるが、日本の統計データが整備されていないた
め、本書では男女別データを示している。

3）章の構成

　最後に本書の構成を紹介しよう。

　第 1 章「大卒就職・大卒採用」は、「能力があるとはどういうことか」という
問いから、能力形成と能力発揮の機会にさいして人びとを選抜する仕組み自体
が能力観をつくっていくことを明らかにしていく。そのうえで、大卒就職の採

用・雇用管理のあり方を検討する。

第2章「配属・異動・転勤」は、誰がどの職務を担うかが、いかなる考えのもとに決められるのかを学ぶ。そして、これまでの職務異動のあり方が時代に合わなくなっている現状を指摘し、自律的なキャリア形成をうながす人材育成の方法を提言する。

第3章「賃金」は、賃金制度の仕組みを概観するとともに、男女や雇用形態の違いによって実際の賃金がどれほど異なるのかを示す。私たち自身の生活や社会が急激に変化していくことを前提に、安定的に労働者が生活できる賃金制度のあり方を持続可能性という観点から考える。

第4章「昇進」は、日本の昇進の仕組みを示し、その仕組みのなかで昇進意欲が男女でどのように異なるのか、その要因を探る。そのうえで、実際に昇進した4人の事例から、昇進してなにを得たのかを明らかにし、昇進することへの前向きなメッセージを読者に送る。

第5章「労働時間」は、労働時間の決まり方、国際比較からみた日本の有償労働時間、無償労働時間の特徴を確認する。日本の長時間労働の原因のひとつとしてあげられる、労働時間規制の問題と是正の方向性を論じる。

第6章「就労と妊娠・出産・育児」は、妊娠・出産・育児をしながら就労するために、法制度がどのように整備されているのか、それがどれだけ使えるものとなっているのかを確認する。マタニティ・ハラスメント／パタニティ・ハラスメントの実態から、妊娠・出産・育児をしながら就労するうえで、日本の職場のなにが問題なのかを検討する。

第7章「ハラスメント」は、ハラスメントとはなにかを理解できるよう、国際条約と日本の法規制の違いを説明しながら、ハラスメントが起きる職場の構造的問題を指摘し、ハラスメントの複合的な性格や、多様な形態で重なって生じるハラスメントのありようについて論じる。

第8章「管理職」は、管理職は誰を指し、組織のなかでどのような役割や機能をもつとされるのか、日本の管理職の労働時間や業務量などの点からみた特徴を確認する。組織変革の要としての管理職をいかに構想するのかを考える。

第9章「離職・転職」は、離職・転職や失業、能力形成の実態を確認し、課題を明らかにする。雇用の流動性が高まり、誰もが離職・転職・失業を経験す

る可能性がある。何度でもやり直しができる社会に向けて、今後求められる能力形成や能力評価のあり方を検討する。

　第10章「非正規雇用」は、非正規雇用とはなにかを定義や職務や働き方から確認し、日本で非正規雇用が拡大した理由を企業の雇用管理や税・社会保障制度との関係から論じる。現在の日本の非正規雇用がもたらす問題を考え、非正規雇用の処遇改善に向けた対応を紹介する。

　第11章「労働組合」では、労働組合と私たちの暮らしがいかにかかわっているのか、どのように労働組合が職場や労働条件をよくするのかを検討する。いまの日本の組合が抱える課題を明らかにしたうえで、労働組合が幸せな職場づくりには必要であることをみていく。

　第12章「新しい働き方」では、企業拘束性の高くない、新しい働き方としてのテレワーク、副業・兼業、フリーランスに注目する。それぞれの動向をデータでみると、メリットがある一方、労働条件面の課題もあることがわかる。適正な条件で働けるようにするための方途をさぐる。

　第13章「いろいろな人と働く」は、SDGsが企業行動を変えていく原動力になっていくこと、同時に、サステナブル経営、ESG投資、人的資本の捉え直し、ビジネスと人権といった考え方が浸透してきたことで、企業自体が多様な人びとを包摂した持続可能な働き方を提供するようになってきたことを示す。さらにこれらを促進していくためにはどうしたらいいのか、課題はなにかを考える。

　本書は「雇用関係論」「人事労務管理論」「人的資源管理論」、もしくは「キャリア形成論」や「労働問題」「労働経済論（学）」「社会政策」といった科目名の授業テキストを想定して編まれている。とはいえ、本書は働くことに関する学びに幅広く適用できるもので、キャリア教育やワークルール教育の授業にも使用することができるだろう。雇用管理の基礎を体系的にわかりやすくまとめているので、職場で人事労務管理を扱う部署に配属されたさいにも、また働くことの仕組みに疑問や興味をもったすべての労働者にもぜひ手に取ってほしい。

【参考文献】

金井郁［2019］「ジェンダー視点から見た働き方改革——同一労働同一賃金の課題」
　　『JP 総研 research』48 号。

キテイ、エヴァ・フェダー［2010］『愛の労働あるいは依存とケアの正義論』岡野八
　　代・牟田和恵監訳、白澤社。(Kittay, Eva Feder［1999］*Love's Labor: Essays*
　　on Women, Equality and Dependency, Routledge.)

三山雅子［2011］「誰が正社員から排除され、誰が残ったのか——雇用・職業構造変
　　動と学歴・ジェンダー」藤原千沙・山田和代編『女性と労働〔労働再審③〕』大
　　月書店。

大森真紀［2010］「労働政策におけるジェンダー」木本喜美子・大森真紀・室住眞麻
　　子編『社会政策のなかのジェンダー〔講座 現代の社会政策 第 4 巻〕』明石書店。

佐口和郎［2018］『雇用システム論』有斐閣。

World Economic Forum［2023］*Global Gender Gap Report 2023*, https://www3.
　　weforum.org/docs/WEF_GGGR_2023.pdf

〔駒川智子・金井郁〕

第1章　大卒就職・大卒採用
制度・構造を読みとく

keyword　大卒新規一括採用　能力の実体論　能力の社会的構成論
　　　　　ビジネスの都合

1　「能力」がある／ない、とはどういうことか

　体験的なエピソードから始めたい。筆者は数年前、デンマークに滞在し、欧米の研究者らに日本の**大卒新規一括採用**について説明したことがある。日本の学校や大学、企業や役所は4月が年度始めで3月が年度末である。大学生たちは3年生の秋ごろから、学期中もなされる採用活動のため授業をたびたび欠席し、教える側は苦労しているが、彼らの多くは3月の卒業までに就職先を決め、4月から新入社員として働き始める。ある研究者が質問した。「企業はなぜ、学生の能力形成の機会を奪って平気なの？」と。筆者は、さまざまな先行研究［苅谷ほか編 2000、本田編 2007、苅谷・本田編 2010 など］を単純化して、次のように答えた。日本の大学は難易度で階層化されており、企業はどんな難しい大学に入ったか、つまり入学時点の「能力」で判断する傾向が大きく、大学の成績はエンプロイヤビリティ（雇用される能力）をほとんど表していないと思っている。一方で「まっさらな」新卒者は組織状況に合わせて教育できるし、新入社員の4月一斉入社は一斉研修ができ効率的だと考えている。

　このような筆者の説明は、みなさんも聞いたことがあるだろう。しかし本章は、この話の詳細や就職活動を成功に導く方法を論じたいのではない。そうではなく、「能力」がある／ないということを掘り下げて理解して、その視点から大卒就職・採用を捉えていきたいのである。

　先の研究者の質問に戻ると、そこには次の前提がある。能力は個々人が培うもので、その結果、なんらかの能力を有するに至る（能力がある状態になる）と

いうものだ。しかし、このことは、能力形成の機会が与えられなければ生じえ
ないし、また、たとえ能力形成の機会が与えられたとしても、能力発揮の機会
が与えられなかったら、能力があるとみなされない。ここでいう能力発揮の機
会には、実際のパフォーマンスだけではなく、自分が就きたい職業を表明し、
能力発揮ができると説明する機会も含まれている。たとえば、「自分は段取り
が得意だから事務職に向いていると思います」と表明する場もそのひとつであ
る。しかし「事務職の求人はもうありません」と言われたら、こうした表明も
そもそもできない。

　たしかに、個々人がなんらかの能力を培い有するに至る側面はある。だから
普段の私たちは「誰それには○○の能力がある」と述べたりする。だが一方で、
能力形成の機会および能力発揮の機会が与えられなければ、周囲から能力があ
るとは認められない。能力は、このように実体的に存在する（**能力の実体論**
的把握）と同時に、他方でその能力形成や能力発揮の機会は、社会の側から与
えられるものである。しかもそれは、すべての人に対してではない。つまり選
抜がある。そしてその選抜の仕組み自体が、能力観（「能力」がある／ないという
ことの意味や「能力」の中味）をつくっている。こうした捉え方を「**能力の社会
的構成論**」という。「社会的」という漠然とした言葉は、労働需要側／雇用主
側と具体的に言い換えてもよい。

　本章では、大卒後の進路の推移をグラフで確認し、それが示す事実や関連す
る採用・雇用管理のあり方を、能力の社会的構成論から捉える。そのうえで、
こうした捉え方の重要性や意義、社会や雇用の側がするべきことを考える。

2　データからみる大卒就職の推移

1）大学数と入学者数の著しい増加

　図1−1は、1980年代初頭から今日にかけての4年制大学の数とそこへの入
学者数の変化を表したグラフである。文部科学省（以下、文科省）は「学校基
本調査」を毎年集計しているが、ここでは8年ごとに示す。折れ線（目盛りは
左側）をみると、1990年から2000年代の半ばにかけて大学の数が急増し、そ
の後は緩やかに増加している。かつて文部省（現・文科省）は、大学設置基準

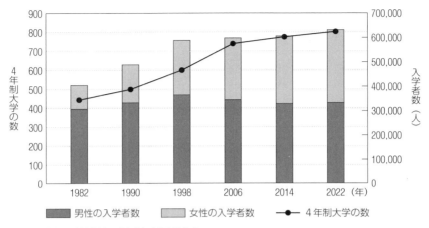

出所：文部科学省「学校基本調査」各年度版より作成。

図1-1　4年制大学と入学者の数の推移

や学生定員管理を厳しくしていたが、1990年代以降、競争的要素を取り入れ、それらを緩めた。多くの短期大学や専門学校が4年制大学化を選んだこともあり、1990年には500程度であった4年制大学の数は、2022年には800以上にものぼった。30年間で約300もの大学が増えたのである。

　大学入学者数の変化は3点ある（棒グラフ、目盛りは右側）。第一に、1980年代初頭から1990年にかけて8万人、1990年から1998年にかけて10万人と入学者数が急増し、それぞれ49万人と59万人に達している。第二に、2000年代以降は増加ペースが落ちているが、直近では63万人に至っている。18歳人口は1990年代初頭にピークを迎えたので、大学進学の選択者が増えているわけだ。第三に、女性が入学者数を押し上げている。入学者に占める女性比率は、1982年には4分の1未満だったが、2022年には半分弱へと近づいている。

　以上のように、この40年間、大学の数も入学者の数も著しく増えたのだ。

2）大学卒業後の進路

　大卒後の進路はどのように変化してきたのだろうか。一般に、景気状況や求人など他の条件が等しければ、大学生の数が多いほど大卒就職は難しくなると考えられる。図1-2aと図1-2bに、男女別・進路内訳の推移を示す。文科省

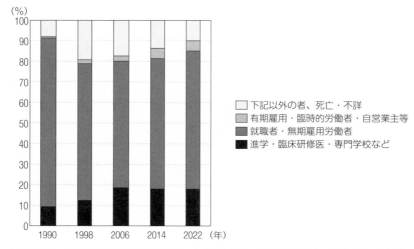

注：「就職者・無期雇用労働者」は、1998年時点では「就職者」だったが、2006年時点では「無期雇用労働者」（雇用期間の定めのない労働者≒正社員）に変えられており、あわせて「有期雇用労働者」が新たに設けられた。また、1998年時点での「無業者」は、2006年時点では「下記以外の者」（他のすべてのカテゴリーに当てはまらない者）と変えられている。

出所：文部科学省「学校基本調査」各年度版より作成。

図1−2a　大卒男子の進路内訳の推移

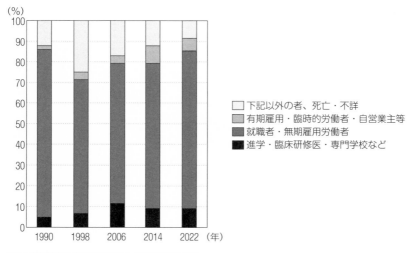

出所：文部科学省「学校基本調査」各年度版より作成。

図1−2b　大卒女子の進路内訳の推移

は集計カテゴリーを何回か変えていてわかりにくいので、類似性が高いもの同士を合体させている。グラフについて 3 点説明する。

　第一に、男女ともに、1991 年の「バブル崩壊」前である 1990 年は、正社員が 8 割程度と圧倒的多数を占めている。

　第二に、それ以降は、正社員の比率が低下し、有期雇用や臨時雇用や自営業主、進学も就業もしない者（無業者、グラフでは「下記以外の者」）、また進学者などが、一定割合を占めるようになっている。ちなみに世間一般では、1993 年から 2005 年までに卒業した就職活動者は、「就職氷河期世代」と呼ばれている。このグラフでそれに該当する 1998 年は、無業者と有期雇用等を合わせた割合が最も高くなっており、男女差も目立つ。男子の 2 割程度に対し女子は 3 割程度とより大きい。逆に女子は男子より進学の割合が半分程度と、少ない。これら 2 点を合わせると、新卒採用における女子の不利が示唆される。

　第三に、「就職氷河期」後に景気が回復していった後も、正社員ではない雇用は一定割合存在している。これは次節で説明するように、企業側の雇用戦略の変化を反映している。企業は通常、景気に合わせて採用を増減させるが、たとえ好景気であっても、のちの景気悪化と人件費の増加を恐れて、正社員以外の雇用も選ぶという戦略である。

3）就職職種の変化

　大卒者が就いた職業を確認しよう。図 1 -3a と図 1 -3b に、就職職種の変化を男女別に示す（文科省の集計カテゴリーは全部で 12 あるが、筆者がいくつか合体させている）。グラフからわかることは 3 点ある。

　第一に、専門的・技術的職業の割合が 1998 年から 2022 年にかけて、男子はしばらく横ばいが続いた後で、女子は少しずつ、増加している。図表は省略するが、その内訳をみると、男子は、製造や土木や情報・通信の技術者が 1990 年より一貫して最大である。女子は、1990 年は 4 割強が教員、製造等の技術者が 3 割であったのが、高度化した看護や医療技術の大学教育化が進んだため、2022 年では、医療・保健の専門職・技術者で 4 分の 1 を占めている。教員は 2 割に満たず、また製造等の技術者は 2 割程度である。

　第二に、男女ともに事務職の割合が減っている（日本企業の大括り採用のため、

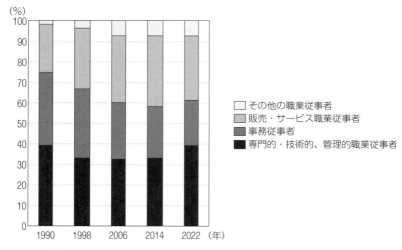

注：「専門的・技術的、管理的職業従事者」は、もとは「専門的・技術職業従事者」と「管理的職業従事者」である（後者はごくわずかである）。また「販売・サービス職業従事者」も、もとは二つに分かれている。「その他」は、グラフに示す五つのカテゴリー以外の七つを合体させたものであり、保安や運輸や製造の仕事などが含まれている。

出所：文部科学省「学校基本調査」各年度版より作成。

図1-3a　大卒男子の就職職種の推移

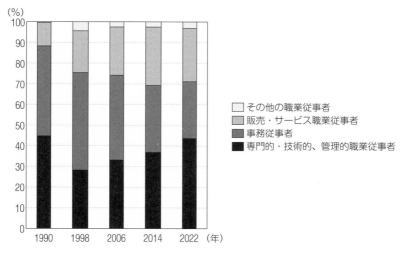

出所：文部科学省「学校基本調査」各年度版より作成。

図1-3b　大卒女子の就職職種の推移

事務職が指す仕事は幅広く、企画や広報なども含む）。1990 年には 35％あった男子の事務職の割合は、2022 年には 2 割強までに減少した。女子では、40％強が 30％程度へと減少している。

　第三に、男女ともに、販売・サービス職の割合が増加している。1990 年には 25％程度であった男子のその割合は、2022 年には 3 割強へと増加している。女子では、10％強だったのが 25％をこえるに至っている（また、「その他」の職業もわずかだが増加基調にある）。

3　能力の社会的構成論と企業が求める「能力」

1）労働需要と選抜基準の関係

　読者のなかには、「正社員として就職できなかったのは能力がなかったからだ」と説明されると、「やっぱりそうだよね」とうなずく人が少なくないのではなかろうか。しかし、必ずしもそうとは言えない。あるいは、それは原因の一部にすぎない。このことを、次の簡単なモデルで考えてみよう。ある二つの時点（年）、Ｔ１とＴ２があったとする。

　　　Ｔ１の大卒求人は 120 人、大卒就職希望者は 100 人
　　　Ｔ２の大卒求人は 70 人、大卒就職希望者は 100 人

　Ｔ１では就職希望者全員が就職可能である。Ｔ２では就職できるのは 70 人で、30 人はできない。では、この 30 人に能力がなかったからなのだろうか。必ずしもそうとはいえない。あるいは、能力不足が原因のすべてではない。なぜならＴ１ならば、この 30 人は就職できた可能性が高いからである。逆にＴ１の希望者 100 人も、Ｔ２ならば全員は就職できなくなる。Ｔ２では能力発揮（表明）の機会が少ないことが響くのだ。つまり、能力ある者が正社員になれたというよりはむしろ、労働需要が多いとき（典型的には「バブル経済」期）に選抜基準が緩められて、能力ある者がつくりだされるのである。たとえば、「採用してから鍛えればいいからバイタリティが肝心」など、バイタリティが能力ある者の評価の最低ラインになる。

これとは逆の状況が生じたのが、前節で述べた「就職氷河期」(1993～2005年)である。大学生数が増える一方、バブル崩壊後景気が悪化し、大卒求人が大幅に減少したのだ。図1-2aと図1-2bに戻れば、1998年の卒業者に占める正社員就職は男女とも65％前後であった。だが、彼らは能力がなかったから正社員で就職できなかったということには必ずしもならない。労働需要が少ないときは選抜基準が引き上げられ、能力評価の最低ラインが高まるからである(たとえば「バイタリティがあるだけでは不充分だ」など)。

　以上の説明から明らかなように、どのような求人がどれぐらいの数で出されるかは、まったくのところ「**ビジネスの都合**」なのである。ビジネスの都合といえば、前節の**図1-3a**と**図1-3b**でみた事務職の減少もそうである。いまも事務職は大学生に人気の職種だが、その職に就ける者の割合は減っている。その理由は、事務の仕事をする能力がないからというよりはむしろ、企業がIT化や派遣社員や契約社員によって、正社員事務職の雇用代替を進めてきたため、事務職求人の機会が大きく減ってきたからである。

　これと関連する重要事実に言及すると、日本経営者団体連盟(現・日本経済団体連合会)は1995年に、『新時代の「日本的経営」——挑戦すべき方向とその具体策』を発行した。要約すれば次のような内容だ。日本企業は正社員の雇用を大事にしてきたが、これからの時代はそうはいっていられない。中核的な社員は正社員にして、特定の専門的スキルを提供する社員と周辺的業務に従事する社員は非正規雇用にしていく方法もある。つまり経済界の中心的な組織が、非正規雇用の拡大にゴーサインを出したのである。その後、多くの企業が非正規社員を急増させ、いまや34歳以下の男性雇用者の4分の1が、同じく女性の半分が非正規雇用である[筒井 2016]。

2) コース別雇用管理——ジェンダー化された自己選抜制度

　ビジネスの都合という点に関して、就職活動・採用と密接に関連する「コース別雇用管理」にもふれておく。次章で詳説するように、これは「総合職」「一般職」「限定総合職」などの区分を設けて処遇する制度である。「総合職」は、判断業務を担い、転居を伴う転勤がある。「一般職」は定型的業務を担い、転居を伴う転勤はないが、昇進や昇給に上限がある。「限定総合職」は、総合

職と同様の業務を担い、一定のエリア内に限った転勤があるもので、昇進や昇給の上限は一般職よりも高く設定されている。この制度は、昇進要件に転居を伴う転勤を課すことで、事実上の男女別のコースになった。また、採用者に占める割合は、総合職は男性中心、一般職は女性中心に構成されてきた（➡第2章参照）。

　このことは、男性と比べれば圧倒的に女性が、入社後の能力形成と能力発揮の機会のゆくえを、就職活動・採用という雇用の入口で選ばされる、つまり自己選抜をさせられていることを示唆している（もっとも近年では、第2章でみるように、「限定総合職」や「一般職」を選択する男性も増えている）。「コース別雇用管理」は、女性・男性のライフコースに関する一般的通念（性別役割分業）に基づいた、ビジネスの都合による制度である。つまりそこには、「女性は転居を伴う転勤を嫌がることが多いから、それがないコースをあらかじめ用意しておくほうがビジネスにとっては好都合だ」という発想がある。

　この発想に「たしかに好都合だ」と納得せず、もう少し考えてみよう。「コース別雇用管理」は、企業のために無限定に働く労働者とそうでない労働者とを分断する。いわば「24時間戦えます」という男女のみが「総合職」として選抜され、能力形成と発揮、昇進・昇給のより大きな機会を与えられる。だが、彼らは仕事以外の多様な能力形成と発揮を楽しむ権利を蔑ろにされがちになる。「限定総合職」や「一般職」はこうした権利をより多く享受できるかもしれないが、仕事での機会は制限が大きい。このように、ワークとライフそれぞれの機会や権利を蔑ろにする制度は、いずれの性（多様な性）・いずれの雇用管理区分の労働者に対しても差別的であり、剥奪的である。

　こうした状況を社会は問題視してきた。1985年の制定以降何度か改正を経た男女雇用機会均等法は、間接差別（直接に差別的な条件や処遇差は設けていないが、結果的に格差がつくような状況）を含めた差別禁止を定めている。具体的には、すべての労働者の募集・採用・昇進・職種変更をするさい、合理的理由がないのに転勤要件を設けることは間接差別として禁止されている（同法施行規則第2条を参照）。

　話を戻すと、「コース別雇用管理」という性別役割分業（企業のために無限定に働く労働者とそうでない労働者による分業）を「自然な」前提とした働く機会の

与え方は、結果としてたとえば「女性社員は男性社員と比べて判断業務の能力に劣る」といった能力観を生みだし流布させていく。だが、これはもともとの能力差というよりはむしろ機会の与え方、つまり「コース別雇用管理」というジェンダー化された自己選抜制度が原因である。このことからも、「能力」というものは社会的に構成されていることが理解されよう。

３）企業が求める「能力」の問題性

　日本の企業は新規大卒就職者にどのような「能力」を求めているのだろうか。それは端的にいえば、技術系の場合は事情が若干異なるが、個別的（specific）・専門的（professional）職業能力ではなく、潜在能力である。企業の内部には、企画や人事、業務管理や営業、専門的知識の活用に特化した仕事、事務処理など、じつに多種多様な業務がある。効率的で柔軟な適材適所を長期的に実現していくには、多様に開花するであろう能力の可能性がある（と思われる）人材を採用するのが合理的だと企業は考えるであろう。

　すると企業は、個別的・専門的職業能力を概してもたない、いわば「まっさらな」新規大卒者を長期間にわたって育成していくことになる。したがって、すぐさまなんらかの個別的・専門的な能力を発揮し成果を出さないと評価されない、といったことにはならない。このことは、新規大卒就職者にとってメリットであるといえよう（近年では「新卒でも即戦力重視」といわれるが、これはコミュニケーション能力などの「一般的能力」が備わっていて周囲と協調できるかどうかが問われている場合が多い）。

　ただし、こうしたメリットの一方で、見落としてはならないのは、なんらかの潜在能力が顕在化するまでは、あるいは顕在化した後も、頑張る意志や熱意・やる気がその代理指標になるということである。長時間残業をして頑張っている姿を周囲にみせるとか、本当はもっと家族と一緒に過ごしたいのに文句のひとつもいわず単身赴任を応諾する、といった態度である。つまり、潜在能力・一般的能力を重視した採用・雇用管理は、労働の「時間的・空間的無限定性」［金井 2021: 19］とつながっているといえよう。

　労働の「時間的・空間的無限定性」を男性労働者が引き受けることは、あたりまえとみなされてきた。どんな仕事でもこなすような「「チャレンジ精神」

だけでなく、体力増強も勉強も……私生活上の都合よりも……残業……を優先させる志向……こうした生活態度が会社で仕事を続けるに不可欠な広義の能力の一つとみなされ」[熊沢 1997: 40] ているのである。こうした「生活態度としての能力」[熊沢 1997: 40] を評価する雇用管理は、男性には深刻な健康被害すらもたらす一方で、女性には総合職など一部の労働者を除いて能力形成・発揮をさほど期待せず、「能力」も低く評価しがちである。

　ここまで述べてきたように、企業が有している能力主義（これこれの能力を発揮する者が高く評価・処遇されるべきだという価値観・方針）はジェンダー化されており、さまざまな問題をもたらしてきた。そのために、辞められるものなら会社を辞めたいと考えている労働者も少なくないだろう。しかし、日本社会は企業に雇われていないと不利が大きくなる、企業中心的な社会であるため、離職には不安がつきまとう。にもかかわらず、一定程度の離職が存在している。これは若者にも当てはまり、新規大卒者の 3 年以内離職率が 3 割程度と長期にわたり一定していること（➡第 9 章参照）にも表れていると思われる。

4　能力形成と能力発揮の機会をもっと豊かに

　大学生の就職というと、どうすれば就活が成功するかというハウツーの話が多いが、本章は、「能力がある／ない、とはどういうことか」という問いを出発点に、「能力の社会的構成論」という捉え方によって大卒就職に迫ってきた。たしかに能力は、個々人が培って身につけるに至るものだが、そもそもその能力を身につける機会が与えられなかったら、あるいはその機会があったとしても、能力を発揮する機会が与えられなかったら、周囲から能力があると認められない。能力とは、個人が身につけるものというだけではない。それは、能力形成と能力発揮の機会に関して人びとを選抜する制度をとおして、能力があるとはなにか、そして誰が能力ある者か、というかたちで社会的に構成されるものである。能力の捉え方に関するより詳しい説明については竹内 [1992] を参照してほしい。

　正社員就職ができなかったのは能力がないからというよりはむしろ、不景気で求人が乏しく、能力発揮（表明）の機会が与えられなかったからだ。また、

「男性のほうが女性より判断業務の能力が高い」などとしばしば言われるが、それは能力形成と能力発揮の機会が、「コース別雇用管理」など、性別に基づき選抜的・差別的に与えられているからだ。まとめると、能力の社会的構成論は、個人がどんな能力を形成し所有するのかと、もっぱら個人に注目するのではなく、個人を取り巻く能力形成や能力発揮の機会がどのように与えられ、能力観と能力ある者が立ち上がって（構成されて）いくかという、社会的な選抜制度に着眼することが重要である。

　本章で強調してきたように、雇用側による能力形成や能力発揮の機会の与えられ方は、ビジネスの都合、それと密接につながっているジェンダー化された雇用管理と能力主義に基づくものである。雇用側はビジネスの都合を最優先し、その観点から求職者の「能力」をみて選抜しているのであって、求職者の、必ずしもビジネスに限定されないもっと多様で豊かであるはずの潜在能力を、包括的に気にかけてくれるわけではない。したがって、これから就職活動を控えている学生のみなさんは、採用側による能力評価がすべてと思う必要はまったくないし、そのほうが精神的に健康・幸せでいられるだろう。

　以下に、社会が大卒就職や若者の雇用に対してなにをすべきかを3点述べておく。

　第一に、大卒新規一括採用の慣行をやめて、卒業後の通年採用を広げていくべきである。冒頭のエピソードでふれたデンマークをはじめ欧米の大学では、6月卒業後の長い夏休みから就職活動を本格的に行うのが一般的である。日本のように大学卒業までに就職先を決めないといけないというのは、いろいろな活動を楽しんで多様な能力を形成する機会を学生から奪うだけではなく、採用の機会が少なすぎる。人間の能力開発はタイミングもテンポも一人ひとり大きく異なっているのだから、この「機会の貧困」を改善する必要がある（もっとも、卒業後の通年採用では、新卒者は経験を積んだ既卒者と競合するという「デメリット」も生じる。これは欧米での高い若年失業率の一因でもある。日本での低い若年失業率には、大卒新規一括採用が寄与している面がある）。

　第二に、性別をはじめ社会的通念が染み込んだカテゴリー、つまり、ジェンダー化された基準によるコース設定をやめるべきである。敷衍すれば、どんな雇用管理制度をとるにしても、企業のために無限定に働く労働者とそうでない

労働者を分断する差別的・剥奪的分業にはしない、ということである。雇用側はビジネスの都合を最優先することに変わりはないが、雇用の仕方すなわち能力形成と能力発揮の機会の与え方は、因襲的なものではなく先進的なものを選択できるはずである。ちなみに 2019 年は国際労働機関（ILO）の創立 100 周年であった。そこでは「人間中心のスキル形成」がテーマに掲げられた。「人間中心のスキル形成」とは、スキル形成を経済成長に役立たせることばかりを考えるのではなく、人間の権利という発想に基づいて、一人ひとりが自律的に潜在能力を発揮する仕組みを整えていこうという理念である［筒井 2022］。「人間中心のスキル形成」は「キャリア形成」と言い換えてもよく、この理念は、働く側にとっても雇う側にとっても大いなる指針となるはずである。

　第三に、公的職業能力開発の機会を拡充し、さらに、そこで身につけた「能力」を企業が評価する仕組みが必要である。公的職業能力開発とは、国（厚生労働省）や地方自治体による（低額ないし無料の）職業訓練を指す。これまでのところ多くの企業は、能力形成に関しては自社内での OJT（on-the-job-training）を最も高く評価し、公共職業能力開発はあまり評価してこなかった。だが、雇用が不安定化したにもかかわらず企業中心的な社会が続けば、能力形成や能力発揮の機会が企業という選抜的組織に集中してしまう。雇用され社内で能力を身につけないと評価されないという状態は公平ではなく、幸せに生きていける社会からはほど遠い。したがって公的職業能力開発の拡充が求められるのである（➡第9章参照）。それをとおして身につけた「能力」を企業が評価する仕組みも必要で、訓練メニューやスキル・資格評価の枠組みづくりと活用に、企業を実質的に関与させることが不可欠である。

　最後に強調しておきたいのは、読者のみなさんは、能力形成や能力発揮に困難を感じるときがあっても、全部自分のせいだと思う必要はまったくないということである。みなさんは社会の側に対して、能力形成と能力発揮をしやすい社会にしてほしいと、もっともっと要求していい。みなさんにはその権利がある。とはいえ、これはちょっと大きすぎる話であろう。そこで、もう少しささやかな話もしておこう。会社に入ったら、必ずしも仕事に限定されない自分の得意なこと・やっていて楽しいことを、まずはインフォーマルな場で職場の人びとに話してみてはどうだろう。一人ひとりの人間がもつ潜在能力の豊かさと

多様性は、企業が求める「能力」やその能力主義を相対化する気づきを人びとにもたらし、働きやすい環境に向けて職場を揺さぶる力を秘めていると思うからである。

【参考文献】

本田由紀編［2007］『若者の労働と生活世界——彼らはどんな現実を生きているか』大月書店。

金井郁［2021］「人事制度改革と雇用管理区分の統合——女性労働者へのインパクトに着目して」『社会政策』13巻2号。

苅谷剛彦・菅山真次・石田浩編［2000］『学校・職安と労働市場——戦後新規学卒市場の制度化過程』東京大学出版会。

苅谷剛彦・本田由紀編［2010］『大卒就職の社会学——データからみる変化』東京大学出版会。

熊沢誠［1997］『能力主義と企業社会』岩波新書。

竹内洋［1992］「教育と選抜」柴野昌山・菊池城司・竹内洋編『教育社会学』有斐閣。

筒井美紀［2016］『殻を突き破るキャリアデザイン——就活・将来の思い込みを解いて自由に生きる』有斐閣。

筒井美紀［2022］「《Reskilling/Upskilling》を「人間中心的に」理解する——研究者の立場から」『大原社会科学研究所雑誌』763号。

〔筒井美紀〕

第2章　配属・異動・転勤

キャリア形成の核となる職務

keyword　配属（配置）　キャリア形成　異動　転勤　人材育成
人員調整

1　職務への配属と異動

1）どの部署に配属され、どんな職務を担うのか

　卒業後の就職先が決まると、次に気になるのは勤務地であり、配属される部署や担当する職務である。就職して最初の**配属**を初任配属という。初任配属後は、上司の指示にしたがって職務を担いながら、必要な知識やスキルを身につけていく。やがて部署内で担当職務が変わることもあれば、人事異動で別の部署に移り、新たな職務に就くこともある。働く人にとって、職務は日々の仕事であり、やりがいになると同時に、仕事の能力を身につけるものであり、**キャリア形成**にとっても重要である。だからこそ職務が合わずに苦労したり、不本意な異動で就労意欲が削がれたりすることもある。たとえば次のようなケースである。

　Aさんはメディア対応や社内報の作成に興味があって、広報の業務を希望していた。ところが、初任配属先は希望とまったく異なり、営業店での販売業務だった。仕事を始めてからも、どうして自分は希望の部署ではなく、この業務に配属されたのかわからず、モチベーションがあがらない。自分には適性がないと思われているなら、このままいまの会社にいてもダメなのではないかと思い、いっそ転職しようかと悩んでいる……。

　誰がどの職務を担うかは、どのような考えのもとに決められるのだろうか。本章は、職務への配属・**異動**・**転勤**の論理を学び、その仕組みが働く人びとにどんな意義をもたらすのか、そしてその仕組みがどのような課題を抱えている

のかを考える。

2）人材育成と人員調整

　日本の大手企業や組織は、一部の専門職をのぞいて職種別採用をしておらず、事務系か技術系かといった大括りな採用が一般的である。配属先の事業所や部署は、本人の希望を確認しつつも、新人研修での情報と各部署の欠員補充や増員要請を踏まえ、基本的に人事部が決定する。そのため卒業時点では、初任配属の勤務地や部署は決まっていないことが多い。

　配属を決める論理は、大きくは**人材育成**と**人員調整**である。二つのどちらが強く機能しているかは企業・組織によって異なる。一般的に事業所や店舗の新設や閉鎖が多いほど、人員調整の機能が強くなる。

①人材育成

　人材育成の方法は OJT（on-the-job-training）と Off-JT（off-the-job-training）に分けられる。OJT は仕事を通じて能力を高める方法で、上司や先輩から指導を受けながら実際に仕事をすることで知識やスキルを身につけるものである。Off-JT は研修などの教育訓練で知識・スキルを獲得する方法で、新人研修などの階層別研修やコミュニケーション研修などの目的別研修がそれにあたる。

　日本の多くの企業・組織は、OJT を重視した人材育成方法をとっている。そして定期的に職務を異動させるジョブ・ローテーションを実施し、転居を伴う転勤を含めた異動を行うことで、管理職に必要な幅広い知識と経験をもつ人材へと育成している。まずキャリアの初期段階では工場や営業店などのいわゆる「現場」に配属され、モノやサービスの作成・販売といった、売上に直接結びつく直接部門の業務を経験する。「下積みの仕事経験」や「現場経験」とよばれるものである。そこから職務異動を重ねていき、その人の適性がみえてくると、キャリアの中核業務が定まってくる。すると今度は、特定の部署を中心に関連部署を異動して、専門能力を高めてゆく。そのさいにキャリアの初期段階での経験は、たとえ現在の業務と専門性が異なっていても、実態をふまえた仕事というかたちで活きてくると考えられている。日本の企業・組織はこうした専門性の裾野の広さを重視しており、諸外国と比べて初期段階での現場経験

に重きを置く傾向が強い［小池・猪木 2002］。

　こうした人材育成方法は時間がかかることから、長期勤続が見込まれる男性を中心に行われてきた。女性は結婚や出産等で短期間しか勤続しないと考えられてきたため、「手先が器用」「丁寧な応対」といった「女性らしさ」を活かすとして、受付などの特定の職務に配置されやすく、職務異動は限定的だった。結果として、女性はその職務で優れていても、管理職に必要な知識や経験が不十分とみなされてきた。人材育成方法にジェンダーの差異がみられ、それが女性人材の育成を困難にしてきたのである［駒川 2014］。

②人員調整

　業務の繁閑に応じた人員調整も異動によって行われる。日本の企業・組織は新卒者を一括採用して年度別に管理するため、中途採用で正規雇用者を採用することは少なく、人員不足には他部署からの異動で対応する。また営業店を閉鎖することによる人余りにも、正規雇用は解雇せずに他店への異動で対処する。経営不振で人員削減のための解雇を行う場合は、これまでの裁判例から確立した「整理解雇の4要件」とよばれる四つの要件を満たす必要がある（➡第9章参照）。そこで解雇を回避する手段として異動がとられてきた。

　このように職務異動は、日本の企業・組織の雇用管理において重要な役割を果たしている。なかでも勤務地が変わり転居を伴う転勤は、人材育成の手段であると同時に人員調整の手法として重宝され、だからこそ昇進の要件となることが多い。

3）コース別雇用管理制度

　1986年に男女雇用機会均等法が施行された。これは、募集・採用、**配置**・昇進、教育訓練、福利厚生、定年・退職での男女の均等な取扱いを目的とした法律である。男女雇用機会均等法の施行後は、性別による管理ではなく、キャリア志向に応じた人材育成を行う仕組みとしてコース別雇用管理制度の導入が進んだ。コースの構成は、職務内容と転勤の範囲を組み合わせたものが一般的で、かつては判断業務を担い転居を伴う転勤がある「総合職」と、定型的業務を担い転居を伴う転勤はないものの、昇進や昇給に上限がある「一般職」との

表 2−1　コース別雇用管理制度での各コースの男女比

(%)

総合職		限定総合職		一般職		その他	
男子	女子	男子	女子	男子	女子	男子	女子
83.4	16.6	41.1	58.9	67.2	32.8	91.7	8.3

注：同制度がある5,000人以上の企業が対象である。
出所：厚生労働省「令和3年度雇用均等基本調査」より作成。

二本立てが多かった。

　厚生労働省「平成26年度コース別雇用管理制度の実施・指導状況」によれば、2014年の採用者に占める割合は「総合職」で男性77.8％、「一般職」で女性82.1％というように、総合職は男性中心、一般職は女性中心に構成されていた。コース別雇用管理制度は、昇進要件に転居を伴う転勤を課すことで、事実上の男女別のコースになった。そのため、男女のキャリア格差を温存する仕組みとして機能し、昇進の機会が開かれたのは一部の女性にとどまった。

　近年は両者の中間的なコースとして、「限定総合職」を置く企業がみられる。「限定総合職」は、総合職と同様の業務を担い、一定のエリア内に限った転勤があるもので、昇進や昇給の上限は一般職よりも高く設定されている。一方で「一般職」を廃止して、代わりに非正規雇用を採用する企業もある。

　厚生労働省「令和3年度雇用均等基本調査」によれば、2021年時点でコース別雇用管理制度を導入している企業は、従業員数5,000人以上の大手企業で57.4％と半数をこえる。表2−1は各コースの男女比率である。総合職は男性83.4％、女性16.6％と、総合職の女性は少なく、人材育成の対象はいまでも男性が中心である。他方で限定総合職は、キャリア形成をしながら自分や家族の生活を大切にできるとして男性と女性の両方から選ばれており、男女別の人材育成方法に変化の兆しがみられる。

2　データからみる職務・異動・転勤

1）職務への配置

　職務への配置状況を男女別にみよう。図2−1は職務を「人事・総務・経理」「企画・調査・広報」「研究・開発・設計」「営業」「販売・サービス」「生産、建設、運輸」の六つに分け、「男性だけ」もしくは「女性だけ」配置されている職場があるかを、企業に尋ねたものである。全体的に「どの職場も男女とも配置されている」との回答が半数以上を占めるが、職務によって男女の偏りもみられる。「男性だけが配置されている職場がある」は四つの職務で20％をこえ、特に「営業」で44.6％、「生産、建設、運輸」で40.7％、「研究・開発・設計」で34.9％と高い。「男性だけが配置されている」とは、「女性が一人もいない」ということである。「女性だけが配置されている職場がある」は「人事・総務・経理」で28.2％であり、その他は多くても10％程度にとどまる。

　男女で配置される職務が異なることを、性別職務分離という。性別職務分離が生じる背景には、女性は短期間で一人前になるとされる「女性向き」の職務に配置される一方で、現金等を扱い顧客宅への訪問がある業種の営業職のように、安全上の問題などから「女性は不向き」とされる職務に配置されないことがあげられる。しかしたとえば、生命保険会社の営業職は現金を扱い顧客宅への訪問があるが、「コツコツとしている」ため「女性向き」の仕事とされ、女性の営業担当者が多い。「女性向き」という見方は曖昧なもので、性別職務分離を正当化する言説は、状況に応じて変化する。

　男性は「男性だけが配置されている」職務を含めていろいろな職務に就く可能性があるが、女性は男性よりも配置される職務が限られる。さらに女性は短期間で一人前になる職務を担当することが多いため、早くに仕事へのおもしろさが失われ、日々が単調に感じられて就労意欲が下がりやすい。性別職務分離は、女性が仕事で得られる知識やスキルを低くし、就労意欲を下げることで、女性に結婚や出産などのライフイベントが生じたさいに退職するという選択の可能性を高めている。

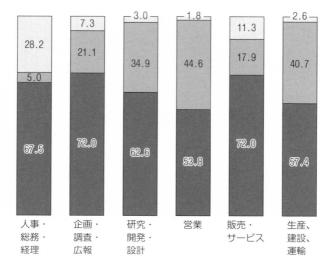

凡例:
□ 女性だけが配置されている職場がある
▨ 男性だけが配置されている職場がある
■ どの職場も男女とも配置されている

	人事・総務・経理	企画・調査・広報	研究・開発・設計	営業	販売・サービス	生産、建設、運輸
女性だけ	28.2	7.3	3.0	1.8	11.3	2.6
男性だけ	5.0	21.1	34.9	44.6	17.9	40.7
男女とも	67.5	72.0	62.6	53.8	72.0	57.4

注：1．企業規模は10人以上である。
　　2．当該部門ありと回答したものを100としたさいの数値である。
　　3．男性だけ配置と女性だけ配置の両方ある職場がある、との回答はどの部門も1％未満
　　　　のため除外した。
出所：厚生労働省「平成28年度雇用均等基本調査」より作成。

図2-1　性別による職務への配置状況

2）異動の経験

　異動には、事業所内での異動、転居を要さない事業所間の異動、転居を伴う事業所間の異動がある。異動のうち、事業所間の異動で勤務地が変わるものを転勤とよぶ。2017年の労働政策研究・研修機構の『企業の転勤の実態に関する調査』によると、定期的な人事異動であるジョブ・ローテーションを実施している企業は、正社員数300人未満では37.3％であるが、1,000人以上では70.3％と、大手企業ほど定期的な異動を行っている。表2-2は人事異動の頻度をみたものである。「3年」が27.9％と多く、次いで「5年」が18.8％であり、「1年」もしくは「1年未満」の短期間での異動も19.4％ある。誰もが同じ頻度で異動するわけではないが、数年ごとに部署や事業所を異動し、職場のメンバーが入れ替わることがうかがえる。

表 2 - 2　人事異動の頻度

(%)

期間	1年未満	1年	2年	3年	4年	5年	6～10年未満	10年以上	無回答
比率	6.5	12.9	5.0	27.9	5.2	18.8	14.6	5.9	3.1

注：業種計、企業規模計の数値である。
出所：労働政策研究・研修機構［2017］『企業の転勤の実態に関する調査』より作成。

　先に記したように、異動は人材育成の手段である。長期勤続を前提にして、異動を通じて知識や経験を身につけさせることで、企業内で人材を育成している。銀行に勤める男性の場合をみてみよう。まず2～3年かけて店舗の銀行業務を一通り経験すると、貸出審査を行う融資業務か、営業職である渉外業務に配置される。店舗の立地によって、主な顧客は法人客、自営業、個人客に分かれ、仕事内容も異なってくる。そのため3年ごとにいろいろなタイプの店舗に異動し、新たな経験を積んでゆく。こうして異動するたびにさまざまな能力を身につけ、管理職へと昇進してゆくのである。

　これに対して、銀行に勤める女性はどうか。女性は短期間で退職するか休業すると考えられてきたため、職務の異動は少なく、営業店の事務と、窓口という預金や為替のカウンター業務に配置されることが多かった。コース別雇用管理制度を導入して以降は、総合職や限定総合職の女性は融資や渉外に配置されている。しかし依然として「女性らしさ」を活かしやすいという考えは残っており、担当先は個人客が多く法人客が少なくなりがちで、男性よりも経験できる幅が狭いなど、女性人材の育成にはまだ課題が残っている［駒川 2019］。

　そこで人材育成に男女差が生じないよう、キャリアの初期段階で配置される部署を、男女かかわらず「10年で三つ」「12年で四つ」というように定め、ジョブ・ローテーションのルールとする企業が現れている。

3）転勤の経験

　地域ごとに求められるモノやサービスには特徴があるため、転勤を通じて得られる経験はたしかにある。なにより管理職ポストの数は限られるため、管理職に必要な能力をつけても、現在の事業所に空きがないなら、昇進するために

表 2 - 3　全国転勤型の正社員（総合職）に占める転勤経験者の割合

(%)

	転勤経験者はほとんどいない	1割程度	2割程度	3〜4割程度	5割程度	6〜7割程度	8割程度	ほとんどの者が転勤を経験する	無回答
男性	7.8	21.0	17.2	17.1	9.4	9.1	4.7	9.8	3.9
女性	51.7	19.2	6.4	4.4	2.1	2.3	1.6	6.0	6.3

注：業種計、企業規模計の数値である。
出所：労働政策研究・研修機構［2017］『企業の転勤の実態に関する調査』より作成。

は空きポストが出たところに異動するほかない。店舗を新設する場合、一般従業員は現地で新規採用するにしても、店長などは経験者が望ましいとされる。そのため他店から経験者を異動させて就任させる。異動した人のポストを補充するための異動も発生する。全国に事業所・店舗をもつ大手企業で、人員調整の手法として転勤が必要とされるのはこのためである。

　表 2 - 3は、全国転勤型の正社員（総合職）のうち、転勤経験者がどれぐらいの割合かを企業に尋ねた結果である。男性の場合、転勤経験者の割合はさまざまで、「転勤経験者はほとんどいない」から「ほとんどの者が転勤を経験する」まで幅広い。全国転勤の可能性があったとしても、誰もが転勤するわけではない。女性の場合、「転勤経験者はほとんどいない」が51.7％と半数を占め、男性と比べて転勤経験者は少ない。これまでの研究は、女性は同じ事業所内での異動が多く、男性は転居を伴う国内転勤を含めて異動の幅が広いという違いがあり、そうした相違は管理職になる前のキャリアの初期段階ですでに生じていることを示している［大内・奥井・脇坂 2017］。女性に転勤が少ないことは、女性に対する配慮とされる。しかしながら、女性が得られる能力育成の機会を狭めているだけでなく、女性よりも転勤が多くなりがちな男性とその家族に負担を強いている。

3　指摘される問題

1）人材育成方法の時代的制約

　日本の企業・組織は、OJTをもとにした定期的な異動を通じて企業内で人

材を育成している。この人材育成方法は、幅広い業務知識が求められる所長や
支店長を育成するのに適している。企業・組織が拡大し、多くの支店長候補者
が必要だった時期には、合理的な雇用管理と考えられてきた。女性が短期間で
退職するか、「女性向き」職務にとどまって昇進しないということは、逆に多
くの男性に昇進の機会が広がり意欲が高まるので、企業・組織に不都合はな
かった。こうして長らく女性は、単純労働・短勤続・低賃金という関係から出
られずにいた［熊沢 1989］。

　また女性にとっては、「男は仕事、女は家庭」という性別役割分業が強固で、
仕事と家庭の両立施策が不十分な時期には、結婚・出産等で退職するのは「そ
ういうもの」という感覚があった。その代わり夫たち父たち男性が長時間労働や
転勤をこなすのを、家族として支えることで物質的な豊かさを享受していた。
専業主婦のいる近代家族が多い時期には、企業と家族は互いに浸透し、均衡状
態といえるバランスを保っていたと指摘される［木本 1995］。

　しかし今日では男女ともに性別役割分業意識は薄らいでおり、男性も女性も
充実した職業生活を送りながら、自分や家族との生活を大切にしたいと考える
人が増えている。さらに経済のグローバル化によって、必要とされる能力の専
門性はこれまで以上に高まっている。職務異動を通じた人材育成は、働く人か
らみても、必要とされる能力からみても、時代に合わなくなっているのである。

２）女性のキャリア抑制

　育児休業などの仕事と家庭の両立施策が普及してきたこともあって、女性の
勤続年数は伸びている。厚生労働省の「賃金構造基本統計調査」によると、正
社員・正職員の女性の平均勤続年数は、2008 年の 9.4 年（男性 13.6 年）から、
2021 年には 10.2 年（男性 14.0 年）に伸びている。女性は短期で辞めるから
キャリアを形成できないとは、もはや言えなくなっている。にもかかわらず、
女性の管理職は少ない。厚生労働省の「令和 3 年度雇用均等基本調査」による
と、2021 年の管理職（課長相当職以上）に占める女性比率は、12.3％にとど
まっている。なお国際労働機関（ILO）の ILOSTAT で諸外国の数値をみると、
米国 41.4％、シンガポール 38.1％、英国 36.8％、ドイツ 29.2％、韓国
16.3％である（英国は 2019 年、その他は 2021 年）。

女性の勤続年数が伸びているのにもかかわらずキャリア形成が難しい要因のひとつに、女性が配置される職務が昇進しづらい「行き止まり職」が多いことがあげられる。子どものいる女性は残業や出張をこなせないと想定し、本人の意思と関係なく責任のある仕事や職位からはずし、急ぎの対応が少なく休暇もとりやすい職務につける傾向にある。こうした「配慮」は性別役割分業を前提にし、かつそれをうながしている。これらの職務は仕事と育児の両立をしやすくするが、キャリア形成が見通しづらい。このような育児休業復帰後の女性が陥りやすいルートを「マミートラック」とよぶ。マミートラックに入ってしまうと昇進は遠ざかる。陸上競技と同様に、マミートラックはどこまで行ってもマミートラックで、管理職昇進が可能な人材育成がなされるトラックとは別なのである。

　子どもや家庭をもつ女性への配慮は、転勤させないことにもみられる。先の労働政策研究・研修機構の調査によれば、女性の国内転勤者は、「ほとんどが未婚者」が60.5％、「8〜9割が未婚者」が11.4％であり、転勤する女性は「未婚者」に偏る傾向にある。転勤を昇進の要件とする企業・組織が多いなか、既婚の女性は配慮されることで昇進機会を失っている。

　必要なのは、職務配置での女性への配慮ではなく、仕事とケアを両立できる働き方を可能とする仕組みである（➡第5章・第6章参照）。

3）転勤の負担

　転勤は昇進の要件となることが多いが、転居を伴う転勤は本人はもちろん家族の負担も大きい。表2-4は、総合職から寄せられた転勤配慮の要望（複数回答）を示したものである。男性と女性で特徴は異なるが、配慮を希望する事由は、本人に関することから家族に関することまで幅広い。転居を伴う転勤が及ぼす影響の大きさがうかがえる。

　事情が考慮されない場合は、家族は残って本人だけが勤務地に赴任することが少なくない。表2-5は、国内転勤者（配偶者あり）に占める単身赴任者の割合である。「ほとんど単身赴任」が28.6％、「6〜7割が単身赴任」が19.1％であり、配偶者のいる国内転勤者で単身赴任が多数派である企業が5割近くにのぼる。これは男女合計の数値であるが、同調査で女性（既婚）の転勤者に占

表2-4　正社員（総合職）から寄せられた転勤配慮の要望（複数回答）

(%)

	本人の病気	結婚	出産・育児	子の就学・受験	子の看護	親等の介護	持ち家の購入	配偶者の勤務（共働き）	左記以外	無回答
男性	32.6	16.3	19.4	38.8	14.0	75.6	21.2	24.5	4.0	2.3
女性	20.1	38.3	48.3	27.2	15.2	48.8	7.1	34.7	4.2	7.4

注：1. 業種計、企業規模計の数値である。
　　2. 2013〜2015年度に寄せられた要望について尋ねた結果である。
出所：労働政策研究・研修機構［2017］『企業の転勤の実態に関する調査』より作成。

表2-5　国内転勤者（配偶者あり）に占める単身赴任者の比率

(%)

単身赴任者の程度	ほとんど単身赴任	6〜7割が単身赴任	半々	2〜4割が単身赴任	ほとんど家族帯同	無回答
比率	28.6	19.1	20.5	19.2	8.4	4.2

注：1. 業種計、企業規模計の数値である。
　　2. 男女合計の数値である。
出所：労働政策研究・研修機構［2017］『企業の転勤の実態に関する調査』より作成。

める単身赴任者は「いない」とする企業は74.7％なので、単身赴任者は男性に多いといえる。しかも転勤に関して、期間や地域などのルールを定めていない企業は76.4％と多い。次はいつ、どこへ異動になるのかわからない不確かさが、単身赴任をもたらしている。

　転居を伴う転勤は、働く本人にとって負担がある。さらに少なくない男性が単身赴任となることで、彼らは家族との時間をもてず、子どもの育児などもできなくなる。実質的にひとりで育児を担う妻・母である女性の負担は大きく、父と暮らすことができない子どもへの負荷も看過できない。

4）求められる専門性との齟齬

　異動には大きく人材育成と人員調整の機能があると述べたが、今日では少なくとも人材育成の方法として、メリットよりもデメリットのほうが上回っていると考えられる。

経済がグローバル化するなかで、企業・組織は前例のない事柄に直面するようになり、高度な判断を速くくだす必要に迫られている。働く人びとには、これまで以上に高い専門能力が求められるようになっている。グローバル化が進む米国をはじめとする諸外国では、上場企業の役員や管理職に大学院修了者が多く、専門的な知識と能力が求められる。しかし日本の企業・組織の人材育成の基本は職務異動によるものであり、そこに人員調整による異動が混じることもある。たしかにそうした偶発的な異動で得られる知識やスキルにも意味はあり、そこから身につけられる専門性の裾野の広さは日本の人材育成の優れた点と考えられてきたが、計画的に専門能力を高められるわけではない。さらに異動が多いことは、働く人が自分の専門性をみつめ、自発的に知識やスキルを獲得する意欲をもつことを難しくさせてもいる。

　人びとや社会の意識においては、働く人のワーク・ライフ・バランス（WLB）を大切にしないことが問題視されることで、就職先や取引先に選ばれなくなる可能性がある。充実した職業生活を送りながら、自分や家族との生活を大切にしたいと考える人は増えている。しかし定期的な異動を通じて人材を育成する方法は、女性にとっても男性にとっても、キャリアを積みながら自分や家族との生活を大切にすることが難しい。現在、正規雇用者で在宅勤務をはじめとした働き方の多様化が進みつつある。いつ、どこで、どのような仕事を、いかにして行うのかを、働く人が自分で一定程度、選択できる企業・組織は珍しくなくなるだろう。そのとき、本人の意思と関係なく異動を行う企業・組織は、就職先として選ばれなくなるかもしれない。

　加えて管理職候補となる人材が男性に偏り、女性がキャリアを形成しにくいことは、取引先や消費者から支持されず、市場からの撤退につながりかねない。世界の雇用管理の潮流は、ダイバーシティ・エクイティ＆インクルージョン（DE＆I）にある（➡第13章参照）。DE＆Iは性別、人種・民族、宗教、LGBTQ＋、障がいなどの多様な属性の人びとの、多様な価値観や能力を活かせるよう環境整備をするというもので、結果として人と人との化学反応によって高いパフォーマンスが可能になると考えられている。世界のビジネスがDE＆Iの理念のもとで人権を重要視するなか、日本の企業・組織で女性が十分にキャリア形成できないならば、男女間の不平等を放置して女性の人権を妨げて

いるとして、取引先企業からも消費者からも選ばれなくなる可能性がある。

4　自律的なキャリア形成に向けて

　それでは、これらの問題にどのように対応すればよいだろうか。

　転居を伴う転勤については、介護や病気の看護などの事由を設けて、転勤を一時的に免除する転勤免除制度を導入する企業もある。しかし根本的な解決のためには、誰もが WLB の実現を前提に主体的にキャリアを形成できるよう、職務への配属・異動・転勤のあり方を考えなおす必要があるだろう。こうした問題は、雇用契約で具体的な職務を定めない「メンバーシップ型」の雇用管理から生じていると考えられる。そのため海外で一般的な「ジョブ型」という［濱口 2009］、職務を単位とした雇用管理へ移行することを検討する企業・組織もみられる。ジョブ型に切り替えるには、採用方法を部署や職種単位にするなど、大きな変化が必要とされる。そこで、ここでは現在の日本の企業・組織の雇用管理をベースにした変更について考えよう。

　まず職務異動を通じて専門能力を獲得するためには、各人のキャリアプランを作成して配置する部署や担当職務を明確にし、計画的に異動を行うことが必要だろう。期ごとに各人の目標、達成度、評価、希望する部署などを上司と確認する個別面談で、中長期的なキャリアプランを具体的に話し合うといい。たとえば 10 年後に就いていたいポストなどを明示し、そのためにはどの職務でどのような能力を身につける必要があるかを具体化する。もし勤務地の変更が効果的ならば、いつの時期なら転勤が可能かを考える。そして実際に職務を異動するときには、異動の目的を伝えて、前向きに取り組めるよううながす。

　これまでにも異動の希望を叶える制度として、自己申告制度、社内公募制、社内 FA 制度が導入されてきた。自己申告制度は働く人自らが希望する部署等を申告するもので、企業・組織が意義があると判断し、受け入れ可能な状況にあれば異動となる。社内公募制は職務内容を示して希望者を企業・組織内から募集するもので、応募者のなかから適任と認められれば異動となる。社内 FA 制度は一定の資格条件などを満たした人が希望する部署を自ら示すもので、当該部署から応答があれば異動となる。これらは、キャリアプランを実現するた

めのサポート制度として活用することができるだろう。

　人材育成の方法としての転居を伴う転勤は、テレワークと出張との組み合わせや、社内研修として期間限定で赴任するなどの代替方法も検討されよう。働く人のWLBを重視する観点から、転居を伴う転勤を廃止する方針の企業も現れている。転居を伴う転勤はその必要性を再考し、実施する場合は本人の同意を得たうえで、赴任期間をあらかじめ示すことが求められる。避けがたい人員調整としての異動については、手当を付与するというように労働条件で対応することが妥当である。

　職務異動を通じた人材育成機能を有効なものとするには、人員調整による異動から得られる偶発的な能力育成を過大評価せず、各人の専門性を明確にし、計画的に専門能力を育成することが求められる。そうすることで、働く人が自分の専門性を意識できるようになり、専門能力の獲得に前向きに取り組めるようになるにちがいない。

【参考文献】

濱口桂一郎［2009］『新しい労働社会――雇用システムの再構築へ』岩波新書。

木本喜美子［1995］『家族・ジェンダー・企業社会――ジェンダー・アプローチの模索』ミネルヴァ書房。

小池和男・猪木武徳編［2002］『ホワイトカラーの人材形成――日米英独の比較』東洋経済新報社。

駒川智子［2019］「働き方改革と二つの格差――銀行の性別雇用管理の分析から」『経済社会とジェンダー』4巻、日本フェミニスト経済学会。

駒川智子［2014］「性別職務分離とキャリア形成における男女差――戦後から現代の銀行事務職を対象に」『日本労働研究雑誌』648号。

熊沢誠［1989］『日本的経営の明暗』筑摩書房。

大内章子・奥井めぐみ・脇坂明［2017］「男女の配置転換経験の違いは昇進格差を生むのか――企業調査と管理職・一般従業員調査の実証分析より」『ビジネス＆アカウンティングレビュー』20号、関西学院大学専門職大学院経営戦略研究科。

〔駒川智子〕

第3章　賃　金

持続可能な賃金のあり方とは

keyword　持続可能性　雇用形態別　職能資格制度　ジョブ型雇用
同一価値労働同一賃金

1　賃金の多面的な役割

　みなさんは、賃金になにを求めているだろうか。日々の生活費を賄える金額かどうかを意識している人は多いだろうし、自分の働きに見合ったものなのかも気になるところだろう。というのも、日本では、本人とその家族の生活費はもちろんのこと、住居や教育の資金を自分で確保しなければならず、賃金額は生活の質に直結するからである。日本では社会保障による支えはあるものの、他の先進国に比べると現役世代への給付が少なく、住宅や教育への支援が十分とは言えない。大学を含む教育費支援が充実している国や、公共住宅が多く存在する国では、賃金のみでそれらの生活のニーズを満たす必要はない。その国の社会保障や福祉のあり方によって、社会が賃金に求めるものは変わる。

　他方で、企業経営者や人事担当者が賃金に求めるものはなにかを考えると、また違った側面もみえてくる。企業が人を雇い入れ、賃金を支払っているのは、利益を上げるためである。企業にとって賃金は、利益を生み増やす手段であり、その観点から必要な制度や水準が判断されていると言えるだろう。また、企業の支払い能力に応じて設定される賃金原資を、各従業員に配分するといった面や、従業員のやる気を引き出し、納得感を引き出すようなものでなければ制度が維持できないといった面もある。そのため賃金制度は、人事評価制度や教育制度などと連動して運用されている。また賃金の引上げが、賃金原資の奪い合いといった面から語られる場合もある。労働組合のある企業では、賃金額や賃金制度について企業と労働組合が話し合い、交渉をしている（➡第11章参照）。

このように、賃金は多面的な役割を担っており、そのあり方は社会や企業によって異なる。本章でそのすべてを扱うことは難しい。そこで、ここでは「**持続可能性**」という観点から、賃金に関係する論点を取り上げる。

　現代社会は大きな変化のなかにあり、賃金に求められるものが変わっている。AI 技術等の進展にしたがって社会で必要とされる職種は大きく変化し、家族のあり方も変容している。自分が病気になったり、出産や育児、介護のために、あるいはスキルアップのために仕事を一時的に休んだり、時間短縮で勤務したり、仕事を辞めたりすることは、男女ともにありうることである。加えて自分が所属する会社がいつ倒産するかもわからない。したがって、自分の生活そのものが変化することや、社会が急激に変化していくことを前提に、それでも安定的に労働者が生活できる賃金制度のあり方を考えていく必要がある。

　しかし、現実には日本企業の雇用・労働は、個人の生活や社会のあり方の変化に対応したものとはなっておらず、旧来型の性別役割分業を前提とした制度と運用になっている。労働者とその家族が必要とする生活費を、いわゆる「昭和」の時代のように、ひとりの稼ぎで賄わねばならないのか、それとも夫婦等の共稼ぎによって賄っていけるのかによって、必要な制度のあり方は大きく変わってくる。社会の変化を見据え、持続可能性の高い制度のあり方を模索することは、今後、私たちが幸せに生きていくために必須である。

2　賃金制度の概要

1）性別と雇用形態別に仕切られた賃金

　賃金に関するデータや制度の概要をみていこう。日本には、男性が仕事を、女性が家事や育児などを担当する性別役割分業が根強く浸透しており、それに合わせた雇用の仕組みや社会保障等の制度が整えられている。それを「男性稼ぎ主」型の生活保障システムと呼ぶ［大沢 2013］。賃金には性別と**雇用形態別**に大きな格差がある。

　表 3-1 で 2020 年の正社員の賃金を確認すると、手当を含む、きまって支給する現金給与額（月額）は男性で 383.7 千円、女性で 288.9 千円である。手当等を除いた所定内給与額は、男性が 348.8 千円、女性が 270.6 千円である。こ

表 3 - 1　正社員と短時間労働者の労働条件等の比較

	一般労働者の正社員・正職員						短時間労働者			
	きまって支給する現金給与額(千円)	所定内給与額(千円)	年間賞与その他特別給与額(千円)	所定内実労働時間数(時間)	超過実労働時間数(時間)	所定内給与額の時給(円)	所定内給与額の時給(円)	年間賞与その他特別給与額(千円)	1日の所定内労働時間(時間)	1か月の実労働日数(日)
男性	383.7	348.8	1106.7	167	14	2,089	1,631	37.7	5.1	13.5
女性	288.9	270.6	752.3	163	7	1,660	1,290	43.4	5.2	15.1

注：「一般労働者」とは、「短時間労働者」以外の者をいう。「短時間労働者」とは、同一事業所の一般の労働者より1日の所定労働時間が短い、または1日の所定労働時間が同じでも1週の所定労働日数が少ない労働者をいう。「正社員・正職員」とは、事業所で正社員、正職員とする者をいう。
出所：厚生労働省［2021］「賃金構造基本統計調査」、厚生労働省［2021］「働く女性の実情」より作成。

　れを時給額に換算すると、男性は2,089円、女性は1,660円となる。他方で短時間労働者の所定内給与（手当等は除く）の時給額は男性1,631円、女性1,290円で、それぞれ正社員の78％程度である。年間賞与額には大きな差があり、正社員の男性では110万円程度、女性で75万円程度に対して、短時間労働者の男性は3万7千円、女性は4万3千円程度である。

　一般に、日本の正社員には年功賃金が支払われていると言われることが多い。図3-1は、性別・雇用形態別にみた、各年齢階級別の所定内賃金を示している。これをみると、男性の正社員で顕著に右肩上がりの賃金カーブを描いていることがわかる。

　正社員の給与額がこのように「年功カーブ」を描いているため、日本の正社員には年齢や勤続年数に応じて給与が支払われていると考えたくなる。たしかにそのような側面はあるものの、年齢や勤続年数に応じて自動的に上昇する単純な賃金制度であるわけではない。表3-2は基本給をどのような要素で決定しているかを示したものである。これをみると、年齢や勤続年数といった要素は、特に管理職以外の正社員の基本給を決定する場合に無視できないものであることがわかる。しかし注目されるのは、「職務・職種など仕事の内容」や「職務遂行能力」という、労働者が「担当している仕事」に関係することを賃金決定のさいの考慮要素としている割合が高いことである。これは、日本の賃金格差を生む原因のひとつであるとともに、持続可能な社会を展望するためにも重要である。特に、「職務・職種など仕事の内容」と「職務遂行能力」の二

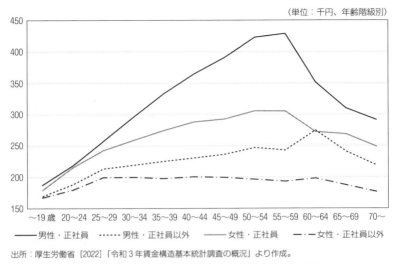

（単位：千円、年齢階級別）

――― 男性・正社員　　…… 男性・正社員以外　　――― 女性・正社員　　――― 女性・正社員以外

出所：厚生労働省［2022］「令和3年賃金構造基本統計調査の概況」より作成。

図3−1　性別・雇用形態別にみた、各年齢階級別の賃金

表3−2　基本給の決定要素別企業割合

（単位：％）

職層・企業規模		基本給の決定要素（複数回答）					
		職務・職種など仕事の内容	職務遂行能力	業績・成果	学歴、年齢・勤続年数など	学歴	年齢・勤続年数など
管理職	1,000人以上	78.6	70.0	57.9	40.6	18.7	38.3
	300〜999人	77.6	73.6	51.8	55.7	25.7	52.8
	100〜299人	78.1	69.5	50.4	60.1	23.0	58.2
	30〜 99人	79.9	65.0	40.0	57.3	16.7	55.7
管理職以外	1,000人以上	74.3	72.6	56.3	58.8	28.7	53.8
	300〜999人	74.1	72.2	50.3	69.9	34.9	65.8
	100〜299人	76.5	67.0	49.5	70.2	29.9	67.4
	30〜 99人	76.7	65.4	38.4	64.3	21.0	62.3

出所：厚生労働省［2022］「令和4年就労条件総合調査の概況」より作成。

つは似てみえるが、その内容には大きな違いがある点に注意が必要である。これについては後述する。

2）正社員の賃金制度の仕組み

　なぜ日本の正社員、特に男性の賃金は、年齢別にみると右肩上がりのカーブ

を描くのだろうか。単純な年齢・勤続給であれば、ただ在籍するだけで給与が毎年上がるため、仕事をさぼることが一般化すると考えられる。しかし現実には、日本の正社員の労働時間は国際比較をしても顕著に長く（➡第5章参照）、よい評価を得ようと売上目標等の達成に心を配り、悪い評価を避けようと有給休暇の申請や育児休業の取得さえも躊躇する様子がみられる（➡第6章参照）。どのような賃金制度によって、右肩上がりの賃金カーブと高い士気（モラール）を両立しているのだろうか。

　日本で広く浸透しているのは「**職能資格制度**」である。職能資格制度の特徴は、労働者の職務遂行能力に対して賃金を支払うという考え方で運用されていることである。表3-2でみた「職務遂行能力」によって基本給を決める企業の多くは、この職能資格制度を採用している。図3-2は等級制度の適用状況を示している。一般社員向けの制度としては「能力等級制度」が55.9％と最多である。これが、職務遂行能力に基づく職能資格制度に相当する。現在は「役割等級制度」を管理職層に導入する企業も多くなってきた。店長などの役職などともかかわらせながら、企業内での役割とその大きさを定義し等級を設定するもので、管理職層に適用しやすいものである。さらに近年では「職務等級制度」を基盤にする「ジョブ型」雇用の導入を目指す「働き方改革」を耳にする機会も増えてきた。しかし、全体的にみれば、職能資格制度が根強い。

　職能資格制度には労働者と企業側双方にとって利点があった。企業側からみた利点は、柔軟な職務配置が可能だった点である。この制度では、職務遂行能力を抽象的に定義することで、企業内のさまざまな職種や職務に適用できる職務遂行能力等級（職能資格等級）が設けられた。図3-3はそれをモデル的に示したものである。職能資格等級が設定され、図中では省略しているものの、それぞれの等級には職務能力要件が定義されている。そのうえで多くの場合、「判断・定型職能」や「監督・指導職能」などに大きくグループ化される。同じ等級が異なる職種や職務に適用され、労働者が担当する職務や職種を変更しても、労働者個人の職務遂行能力からみれば同一の職能等級にあると判断できる。配置を変更するたびに賃金額を増減する必要がなく、配置転換が柔軟に実施できる。こうして、広範なOJT（on-the-job-training）の実施等、企業の強い人事権のもとで労働者の管理や育成が可能となり、解雇といった労働者からの

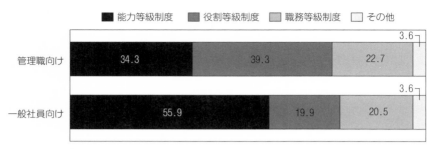

注：調査時期は2020年12月25日〜2021年1月5日。
出所：株式会社パーソル総合研究所［2021］「ジョブ型人事制度に関する企業実態調査」。

図 3-2　等級制度の適用状況

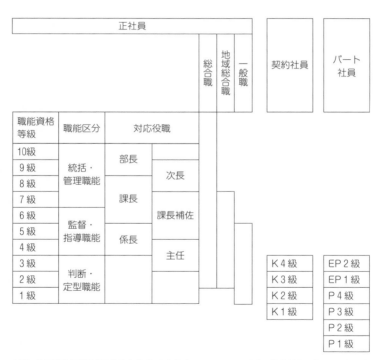

出所：全国労働基準関係団体連合会［2006］『パートタイマーの人事・賃金制度に関する調査報告
　　　書』、今野浩一郎［2008］『人事管理入門〔第2版〕』日経文庫、堀田達也［2010］『等級制度
　　　の教科書——働く人と組織の価値観に柔軟に対応するために』労務行政、を参照し、筆者作
　　　成。

図 3-3　企業の人事制度の例

反発の強い雇用調整の手段をとらずに、企業内での人員配置の調整が可能になったのである（➡第9章参照）。

　労働者の側からも、その企業での勤続が伸びるほど、その企業での職務遂行能力も蓄積され、結果として右肩上がりの賃金カーブを描く生活保障給を獲得できることが予想されたため、職能資格制度には利点があると考えられた。

　加えて、職能資格等級と企業内の役職の序列が別にあることも、労使双方が職能資格制度にメリットを感じる要因であった。通常、企業内の役職の数は限られており、上位のポストが空かないかぎり下の者は昇進できない。そうなると、ポストの手前で昇進できない滞留者が多く発生し、労働者のやる気を削ぎ、賃金額も上昇しないことになる。しかし役職の序列と職能資格等級の序列を2本立てにし、その関係を緩やかにすることで、企業内のポスト数に縛られずに職能資格等級の序列を上る＝昇格することができた。

　図3-3では、それぞれの職能資格等級と対応役職が記されているが、これは厳密に対応しない場合もある。たとえば職能資格等級は6級だが、なんの役職にもついていないこともありうる。労働者からすれば、役職の昇進はできなくとも職能資格等級で昇格することで賃金上昇＝昇給が可能となる。昇進や昇格には、売上等の目標を達成したり、年に2回ほどある勤務評定（査定）でよい評価を得たりする必要があり、また上司の推薦や面接、社内試験等で合格する必要もある。役職につく以前の一般の正社員の間にも、序列や競争を生みだし、昇進や昇格をめぐって企業内で長期的な競争が行われてきた。

　一方で、こうした昇進・昇格を通じて多くの者が昇給できる仕組みは、従業員の年齢構成がピラミッド型で若い人のほうが多く、企業が持続的に成長する時代でなければ機能しない。また、女性正社員は昇進や昇格から排除されてきた。そのことは次節で述べる。

3）非正社員の賃金制度の概要

　非正社員の賃金はどのようなものだろうか。データを確認していこう。**表3-3**は、正社員と非正社員の税や社会保険料等が差し引かれる前の月収の総額（賃金総額）を、10万円ごとに分け、割合を出したものである。これをみると、正社員の籍を残したまま他社で働く「出向社員」を除き、非正社員は全体

表 3‐3　就業形態別にみた賃金総額の割合

(単位：%)

	支給なし	10万円未満	10〜20万円未満	20〜30万円未満	30〜40万円未満	40〜50万円未満	50万円以上	不明
正社員	0.6	1.2	13.2	33.0	25.4	15.6	10.4	0.6
出向社員	2.4	1.7	12.3	22.0	22.9	15.0	22.4	1.4
契約社員（専門職）	2.5	3.8	37.7	34.4	13.4	3.1	4.2	0.7
嘱託社員（再雇用者）	0.2	4.2	31.2	40.0	13.8	5.6	3.9	0.9
パートタイム労働者	0.9	39.7	43.5	7.1	1.8	3.5	1.6	2.0
臨時労働者	9.3	41.9	27.9	10.7	1.1	3.3	1.1	4.7
派遣労働者	4.4	7.7	40.9	30.0	9.6	3.9	2.7	0.9

注：数値は 9 月の 1 か月に支払われた賃金総額（税込）である。「賃金総額（税込）」とは、基本給のほか、残業
　　手当、休日手当、精皆勤手当等の通常月に支給される諸手当を含み（特別に支給される賞与・一時金および
　　特別手当は除く）、税金、社会保険料等が控除される前の総支給額をいう。
出所：厚生労働省［2021］「令和元年就業形態の多様化に関する総合実態調査の概況」より作成。

的に正社員より賃金総額が低い。もちろん、月収なので労働時間の長短の影響
は大きい。そこで同じ調査を用いて、1 週間の残業込みの総労働時間を比較す
ると、「40〜45 時間未満」のものは、正社員が 36.6％、出向社員は 37.6％、
契約社員（専門職）は 29.1％、嘱託社員は 30.2％、パートタイム労働者は
10.8％、臨時労働者は 14.0％、派遣労働者は 28.6％となっている。

　非正社員の賃金制度は企業によって大きく異なる。前出の図 3‐3 のように
非正社員にもいくつかの等級を設けている企業は多い。しかし正社員に比べる
と等級の上限は低く、上位等級に昇格したとしても、時間給に 100〜300 円ほ
どの積み増しがなされる程度である。非正社員の賃金額は、職場でリーダー等
の役職についていたとしても最低賃金に近く、昇格してもほとんど上昇しない
［森・浅倉編 2010、禿 2022 など］。

　非正社員のうち、パートタイム労働者の賃金の低さは目立つ。日本のパー
トタイム労働者の賃金を統計で正確に把握するのは難しい。というのも、パー
トタイマーの数を正確に把握することが難しいからである。パートタイムではな
くフルタイムで働く者も多く、近年では短時間正社員もいるため、労働時間だ
けではパートタイム労働者かどうかわからない。臨時ではなく常用で働く人や、
有期雇用契約ではなく雇用期間の定めのないパートタイム労働者もいる。結局

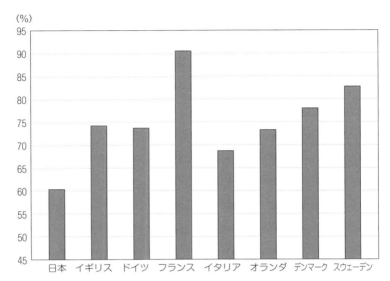

注：1．日本については、産業計、常用労働者10人以上の民営事業所、一般労働者に対する短時間労働者の1時間当たり所定内給与額（平均）で、残業を除くもの。厚生労働省「賃金構造基本統計調査」より。
　　2．イギリスについては、自営業を除く産業計・全職種の1％を対象とするサンプル調査。フルタイム労働者に対するパートタイム労働者の1時間当たり平均賃金で、残業を除く。
　　3．日本・イギリス以外の国については、産業計、企業規模10人以上、フルタイム労働者に対するパートタイム労働者の1時間当たり平均賃金で、残業を含む。
　　4．日本以外の国については、Eurostat "Structure of earnings Survey" 2018より。
出所：労働政策研究・研修機構『データブック国際労働比較2022』。

図 3 - 4　　一般労働者と短時間労働者の賃金格差の国際比較

のところ事業所で「パートタイマー」という「身分」として雇われているかどうかを把握する必要がある。東京都のパートタイマーの調査では、事業所でパートタイマーとして処遇されている者の労働条件を把握しており、事業所回答の平均時給は1,331円（2021年）であった［東京都産業労働局 2022］。同年の東京都の最低賃金額は1,041円である。パートタイム労働者の時給額は最低賃金額の引き上げとほぼ並行するかたちで上昇してきた。2007年の最低賃金法の改正により、最低賃金の政策目標が変更され、特に2010年以降、パートタイム労働者の時給額の底上げ機能という最低賃金の役割が本格化したと言われる［久本 2019］。

　とはいえ、日本のパートタイム労働者と正社員の賃金格差は国際的にみると大きいままである。図3-4は2018年のパートタイム労働者と一般労働者の賃

金格差を 8 か国で比較したものである。日本のパートタイム労働者の時給は正社員の 60.4 ％にとどまる。このグラフには含まれない賞与や退職金なども含めれば、その差はさらに広がる。

3　賃金制度の課題

1）賃金格差の要因

　これまでみてきたように、日本では性別と雇用形態別に大きな賃金格差がある。その理由を説明する研究は多くあるが、男女や正社員・非正社員間にある人的資本の差だけでは説明できないことがわかっている。山口［2017］は正社員内での男女格差を幅広く検討し、永瀬［1994］は正社員と非正社員の間での格差を検討した。いずれも年齢・勤続・学歴等といった人的資本の差をコントロールしても説明できない格差があることを指摘している。

　2 節で述べたとおり、日本企業の雇用管理制度では、正社員に対して曖昧に定義した職務遂行能力に基づく賃金制度と人材育成を行ってきた。その曖昧な能力定義のもとで、総合職／一般職、正社員／非正社員といった複数の雇用管理区分をおき、制度の適用対象者を区分けし、異なる処遇を当てはめてきた。

　異なる雇用管理区分によって、人的資本に対する評価は大きく違っている。鈴木恭子はそれを「エスカレーター」にたとえている。鈴木［2018a］は厚生労働省の「就業構造基本調査」のデータを用いて分析し、日本の労働市場は二つの異なる部門に分断されていることを明らかにした。一次部門はほぼすべてが正社員で占められており、二次部門は正社員の 4 分の 1 （多くは中小企業）と、企業規模に関係なくほぼすべての非正社員で占められており、既婚の女性が多く当てはまる。一次部門は学歴や企業規模、勤続年数、経験年数によって賃金が高まりやすく、二次部門はそれらの要素が賃金額に反映されにくい。鈴木［2018b］はこの違いについて、「わかりやすいたとえを用いるならば、傾きの異なる 2 つのエスカレーターが存在していると考えることができる」と述べる。「どちらのエスカレーターに乗るかで、自らの属性や人的資本がどう評価されるかが異なり、また年を経るごとに大きくなる」。つまり、同じ学歴等であったとしても、どのエスカレーターに乗るかによって、エスカレーターの傾き

（賃金の上昇率）は大きく異なるため、性別と雇用形態別に賃金格差が大きくなり、その差は縮まらないのである。

　そして、自分が乗る「エスカレーター」を選べる時期は限られてしまっていることも、日本の特徴である。新卒一括採用という雇用慣行のため、正社員のコースに乗れるチャンスは学校卒業時に大きいが、それを逃すと小さくなってしまう（➡第1章参照）。中途採用のチャンスは以前に比べると増えてきてはいるものの、年功的な賃金支払いが想定される正社員としての採用は、年齢が高くなればなるほど困難であることには変わりはない。

2）職能資格制度にある課題

　日本の企業に浸透している職能資格制度にはどのようなデメリットがあるだろうか。企業は、雇用管理区分ごとに制度を分立させているが、職務能力の定義が曖昧なため、なにに基づき賃金が支払われているのかがわかりにくい。よって、雇用管理区分ごとの処遇差の合理性が確保されにくく、正社員と非正社員の格差改善の道筋をつけにくいという課題がある。職務内容だけでは賃金が決められていないため、労働者が同じ仕事をしていても賃金額が異なることは、正社員／非正社員間はもちろん、正社員のなかであっても起こりうる。

　低い等級に格付けられる若手社員の賃金額は、仕事の内容に反して非常に低く抑えられている［禿 2022］。そして、職務内容に見合わない低賃金が、正社員の女性や非正社員に支払われている［森・浅倉編 2010、大槻 2015 など］。森［2005］は、日本の商社の賃金と評価制度などを分析し、いわゆる一般職女性の職務と仕事ぶりを低く評価することで、不当な低賃金が女性に支払われていることを詳細に示した。つまり、「能力が低いから賃金が低い」わけではないのである。

　さらに、曖昧な職務能力定義に基づく柔軟な運用のもとで顕在化しているのは、「働き方の違い」によって雇用管理区分を設けるという対応である（➡第2章参照）。残業への応諾、配置転換や急な転勤・単身赴任といった拘束性の高い働き方に応じることが正社員の責任とされ、相対的に高い賃金を補償されていると捉えられている。職務でも能力でも処遇差の合理性が説明しにくい制度であることが、結局、目にみえやすくわかりやすい「働き方の違い」を処遇格

差の根拠として用いる事態を引き起こしている。拘束性の高い働き方が正社員に求められ、それを標準として運用されている。そうした日本の正社員の特徴を、濱口［2009］はメンバーシップ型の雇用契約と表現する。

このように、曖昧で柔軟な制度は、正社員を働きすぎに駆り立てる一方で、成果は測りがたいという課題もある。1990年代から2000年代にかけて、日本企業で成果主義の導入が試みられたものの、その多くは失敗に終わった。職能の定義と成果の測り方の曖昧さがその原因のひとつである。成果主義賃金制度の導入が試みられた背景には、職能資格制度が柔軟に運用できるがゆえに、男性については年功的な運用に陥りやすく、特に労働者の平均年齢や勤続年数が長期化するにしたがって、人件費が高くなりやすいことがあった。成果をどう測るかは現在でも未解決の課題である。

拘束性の高い働き方はそのままに、人件費削減のため、正社員の賃金はこの30年ほど停滞している。日本の雇用労働者の賃金（名目・実質）は長期間上昇していない。これは、G7のなかでも異常なほど際だった日本の特徴である［厚生労働省 2022：99］。

3）過酷な働き方とセットになった賃金の不合理性

企業に強く拘束される正社員として働くことと子育ては両立しない。この働き方は、少子化という別の課題を社会にもたらしている。性別や雇用形態によって格差を固定する企業のあり方は、企業にとってもよいとは言えない。先にあげた山口［2017］は、正社員300人以上の企業において、性別にかかわりなく社員の能力発揮に努める企業方針（GEO方針）をもつ企業が、仕事と家庭生活のバランスをとる施策（WLB施策）をとる場合には、そうした施策をとらない企業に比べると、生産性・競争力が2.62倍になると分析した。日本企業の生産性の低さや国際競争力の低下は近年議論されるようになっており、こうした状況を脱するための施策が導入されるようになってきた。

4　多様な働き方を選べる賃金制度とは

1）働き方改革のゆくえ

　現在、働き方改革が話題になることが増えている。正社員については、職務や勤務地が限定されない「メンバーシップ型」から「ジョブ型」への転換が、正社員と非正社員の格差改善については、同一労働同一賃金政策があげられる。この二つの「改革」に共通するのは、「職務」をベースに処遇する制度を構築するという方向性である。

　図3-2でもふれたが、「職務等級制度」、つまり職務の価値に応じた等級を設け、賃金を支払う制度を、「ジョブ型」雇用と呼ぶ。しかし現在の**ジョブ型雇用**の議論では、職務等級の構築について十分検討されておらず、単に高度な情報技術をもつ専門的な人材を専用に受け入れる雇用管理区分を新たに導入すること、という非常に限定的な解釈さえもある（限定正社員制度と呼ぶ［鶴2016]）。なにより、職務等級の構築・制度化に必須の職務評価調査を行わないままジョブ型制度の導入を喧伝する事例もあり、注意が必要である。

　2021年4月1日より本格施行されたいわゆる「パートタイム・有期雇用労働法（パート・有期法)」と2020年の改正労働者派遣法によって、同一労働同一賃金政策が実施されている。これらの政策では正社員と非正社員の間にある不合理な待遇格差を解消することが目指されている（➡第10章参照）。ここでは賃金の総額だけではなく、手当など待遇それぞれに対して合理性の有無が個別に判断される。具体的には、①職務の内容、②職務の内容と配置変更の範囲、③その他の事情、という三つの観点から不合理かどうかが判断される。

　しかし、なにをもって同一労働とするのかについての把握の仕方が曖昧である。特に日本のように、正社員には転勤や配転が求められることが多い場合、この基準のもとでは基本給の格差の不合理性が認められるのは困難で、現状維持になりやすく、政策効果は非常に限定的である。前出の図3-4のように、ヨーロッパ諸国で正社員とパートタイム労働者の賃金格差が小さいのは、同一労働同一賃金から発展した理念・考え方で、異なる職種にも適用可能な**同一価値労働同一賃金**原則を適用することで、職務の価値に比例した賃金の支払いが

企業に求められているからである。加えて、オランダ等では労働者が自分の勤務時間の増減を経営者に要請できる権利が認められている。そのような社会では、同等の職務の時間当たり賃金が差別されないため、短時間正社員制度が普及している。日本の同一労働同一賃金政策は同一労働と言いながらも職務では処遇差の合理性をほとんど判断できない政策にとどまっており、多様な正社員制度の導入が阻害されている。

　これまで多くの労働者の異議申し立てによって、よりよい制度への改善が進められてきた。労働基準法第4条では性別を理由に賃金に差をつけてはならないことが定められており、数々の裁判で賃金の女性差別が争われてきた。男女別の給与表を設けること、男女で一般職や総合職のようなコースに分け賃金に差をつけることは違法とされた。男女雇用機会均等法は改正が重ねられ、規制が強化されてきた。いまでは労働者の募集、採用、配置、昇進、定年等について性別を理由とする差別を禁止し、直接的には性別以外の事由を要件としているものの、実質的に性別を理由とする差別になる恐れのあるものについても間接差別として禁止している（第7条）。均等法はきめ細かな規制がなされているが、賃金を規制対象とはしていないという限界もある。

　契約期間の定めがあることによる不合理な労働条件を禁止した旧労働契約法第20条（現在のパート・有期法の第8条に引き継がれている）に関して裁判で争われ、最高裁の判決もいくつか出ている。ハマキョウレックス事件では正社員と契約社員の間の待遇格差が争われ、一部の手当の格差は不合理と判断された。このように、よりよい賃金制度にむけて、労働者が裁判等で争ったり、法律の制定や改正をしたりする積み重ねは欠かせない。労働組合が企業側と交渉し協議することも大きな力となってきた（➡第11章参照）。現在の日本には賃金をめぐる課題が多くある。賃金制度は、政府や企業によって一方的に導入されるものではなく、労働者と企業の交渉の積み重ねにより、よいものに改善できることを忘れてはならない。

2）持続可能な賃金制度にむけて

　賃金制度は、採用管理や昇進管理、人材育成制度など、ほかの制度と補完しあいながら機能するものであるため、単独でなにかの課題を解決することは困

難ではある。しかし、労働者が安心して生活スタイルを選べるような制度となっているかどうかという観点で賃金制度を見直すことは大事である。そのさいには三つのポイントに注意したい。

　まず、①安定した働き方をどのような制度で可能にするのかという点である。これまでの日本では、正社員には基本的にはひとつの会社で長期的に雇用されることで生活保障給を得て、家族が安定して生活するという働き方に適したものとして、職能資格制度が運用されてきた。しかし本章で指摘したとおり、この制度の課題は多いうえに、企業経営は不確実性を増している。住宅や教育費などへの公的支援の拡充によって、安定した生活が可能になるような社会的な基盤を整えることを並行させながら、よりよい賃金制度を模索する必要がある。

　そのさいには、②転職や、やり直しがしやすい制度であるのかという点は欠かせない。会社の強い人事権のもとで配置転換をしながら労働者の職務遂行能力を育成するという「メンバーシップ型」では、労働者自身が職務を選び、専門性を身につけることが困難である。また職務遂行能力という曖昧な基準では、職種・職務などに応じた一般的な賃金水準の合意が形成されず、賃金相場も未成熟となる。これらの要素が絡み合い、これまで転職は不活発であった（➡第9章参照）。

　では、「ジョブ型」と呼ばれる、職務の等級に合わせた賃金制度を導入するならばどう変化するだろうか。職務に見合った賃金という側面がより顕在化し、賃金相場や自分の職務とスキルの世間相場がみえやすくなるだろう。他方で労働者が担当する職務がその企業でなくなってしまうと、その企業内で雇用を維持することが困難となり、解雇や転職がより身近になる懸念もある。そして同時に検討すべきは、企業の裁量権の縮小である。「ジョブ型」の人事制度では、企業が強大な人事権のもとに労働者に配置転換や転勤を命じたりしていては、一方的な職務転換で賃金が上下することになり、労働者の納得は得られない。労働時間の上限規制強化と併せ、企業の裁量権の幅を小さくする必要があることは、現在ほとんど議論されてはいないが、避けて通れない論点である。

　最後に、③多様な働き方が可能かという点である。不確実性の高い世のなかでは、労働者個人が自分のライフステージに合わせて労働時間を柔軟に変更したり、雇用管理区分を行き来したりすることがある。これまでの単線的なエス

カレーター式のキャリアではなく、ジャングルジム型のキャリア構築が必要となる。多様な働き方を実現するには、働き方の違いで差別されず、職務に見合った賃金が支払われ、多様な働き方を労働者が安心して選択できるようにする必要がある。

　なにかひとつの制度ですべての課題が解決するわけではない。私たちの生き方の変化に応じた制度への変革を模索し続けていくことが最も重要なのである。

【参考文献】

濱口桂一郎［2009］『新しい労働社会──雇用システムの再構築へ』岩波新書。

久本憲夫［2019］「賃金政策──近年の賃金動向と「逆・所得政策」」『社会政策』10巻3号。

禿あや美［2022］『雇用形態間格差の制度分析──ジェンダー視角からの分業と秩序の形成史』ミネルヴァ書房。

厚生労働省［2022］『令和4年版　労働経済の分析──労働者の主体的なキャリア形成への支援を通じた労働移動の促進に向けた課題』。

森ます美［2005］『日本の性差別賃金──同一価値労働同一賃金原則の可能性』有斐閣。

森ます美・浅倉むつ子編［2010］『同一価値労働同一賃金原則の実施システム──公平な賃金の実現に向けて』有斐閣。

永瀬伸子［1994］「既婚女子の雇用就業形態の選択に関する実証分析──パートと正社員」『日本労働研究雑誌』418号。

大沢真理［2013］『生活保障のガバナンス──ジェンダーとお金の流れで読み解く』有斐閣。

大槻奈巳［2015］『職務格差──女性の活躍推進を阻む要因はなにか』勁草書房。

鈴木恭子［2018a］「労働市場の潜在構造と雇用形態が賃金に与える影響──Finite Mixture Model を用いた潜在クラス分析」『日本労働研究雑誌』698号。

鈴木恭子［2018b］「雇用形態と賃金格差、そして仕事の質」『季刊　個人金融』2018年夏号。

東京都産業労働局［2022］「パートタイマーに関する実態調査」令和4年3月。

鶴光太郎［2016］『人材覚醒経済』日本経済新聞出版社。

山口一男［2017］『働き方の男女不平等──理論と実証分析』日本経済新聞出版社。

〔禿あや美〕

第4章 昇 進
自分のやりたいことを実現する立場

keyword　管理職　昇進意欲　仕事満足度　評価の問題点
　　　　　切り拓く力

1　昇進とはなにか

1）昇進の現状

　みなさんは、昇進と聞いて、なにを思い浮かべるだろう。自分自身は、昇進
したいと思っているだろうか。それともなんだか大変そうと思うだろうか。

　会社にはラインの職制（**管理職**など役職の段階）が設定されており、昇進とは、
従業員が所属の会社で上位の職位へ移動することである。一般的に、ラインの
職制で設定されている職位には下から主任、係長、課長、次長、部長、常務、
専務、社長などがある。昇進すると、従業員は賃金が上がり、責任や権限が拡
大し、社会的威信も増すことが多い。

　日本では、社外からの採用者を直ちに管理的業務に配置することはほとん
なく、管理職層は基本的には新卒採用者からの人材育成により確保されている
が、イギリスでは基本的に社内公募制を通じて管理職層への人材が確保され、
アメリカでは欠員が生じた場合には、まず社内公募による補充が検討され、次
に中途採用が試みられるという［三菱 UFJ リサーチ＆コンサルティング 2014］。会
社にとって昇進は、社内の人材を育成し、管理職に適した人材を選ぶしくみで
あり、従業員のやる気を維持するしくみでもある。

　会社は職制とは別に従業員をなんらかの基準を用いて序列化し、昇進や昇給、
賞与額の決定、配置転換などの根拠に用いている。従業員をランクづけする制
度は、「社員格付け制度」とよばれ、社員に期待する能力、職務、役割などの
基準に基づいて等級を設定し、従業員を該当する等級に格付けしている。等級

が上がることは昇格とよばれている。「社員格付け制度」には、主に「職能資格制度」「職務等級制度」「役割等級制度」の三つがある。「職能資格制度」は人基準、「職務等級制度」は仕事基準、「役割等級制度」は人基準と仕事基準のハイブリットと位置づけられる。一般に日本は人基準、欧米は仕事基準に基づいて制度設計しているといわれている（➡第3章参照）。

2）遅い昇進から早期選抜制度の導入

　会社のなかの職位の数には限りがあるので、従業員にとって昇進することは競争を伴う。昇進競争の特徴について、アメリカではローゼンバーム［Rosenbaum 1984］が「トーナメント競争」——競争に勝った者だけが、次の競争に参加できる勝ち抜型の競争——という考えを示した。

　日本では、入社初期の一律年功型（同期入社の間で昇進・昇格に差がつかない）、中期の昇進スピード競争（昇進する者としない者の差がつくが、敗者復活もあり）、課長からのトーナメント競争であると指摘されている［今田・平田 1995］。

　また、ある調査によると、男性の課長昇進時の勤続年数は日本18.0年、アメリカ9.2年、ドイツ8.3年、部長昇進時の勤続年数は、日本24.7年、アメリカ9.6年、ドイツ8.5年と日本は「遅い昇進」であった［奥井・大内 2012］。日本の企業における昇進は、入社後比較的長い期間にわたって差が大きくひらかない「遅い昇進」を特徴としていたが、管理職への選抜が早い企業ほど女性管理職が多いことがわかっている［脇坂 2014］。

　労務行政研究所の「等級制度と昇降格に関する実態調査」（2022年実施）によると、管理職への昇進スピードは、5年前と比較して「変わらない」が約7割で、「速くなっている」は約17％だった。また、早期選抜は大企業を中心に一定の割合で広まっていること、早期選抜を導入する企業の特徴として、大規模企業、グローバル企業、成果主義の導入であることが指摘されている［佐藤 2020］。

2　管理職への昇進意欲になにが影響しているか

1）昇進意欲における男女差

　新入社員に 5 年間にわたって実施した調査（国立女性教育会館が 2015〜2019 年に実施、筆者も研究メンバー。詳しくは国立女性教育会館編［2021］参照のこと）から**昇進意欲**について考えてみたい。総合職のみ分析対象としたが、管理職への昇進意欲をみると男性のほうが高い（**表 4-1**）。昇進意欲があるのは入社 1 年目で、男性約 95.6 ％、女性約 67.8 ％、入社 5 年目で男性約 84.3 ％、女性44.4 ％である。男女ともに昇進意欲は下落し、 5 年間で男性は約 10 ％下落、女性は約 20 ％下落している。女性の昇進意欲の下落のほうが大きい。

2）管理職をめざさない理由

　管理職をめざしたくない理由をみてみたい（**表 4-2**）。入社 1 年目では、男性も女性も「仕事と家庭の両立が困難になる」が一番多い。ただ、女性は 8 割近く、男性は 45 ％程度であった。入社 5 年目になると、男性では「責任が重くなるから」が最も多く約 6 割、女性では「仕事と家庭の両立が困難になる」が一番多く約 7 割を占めていた。一方で、データを詳細に分析すると、本人の意識とは異なる理由がみえてくる。

3）仕事の満足度

　表 4-3 は 1 年目、 3 年目、 5 年目の仕事の割りあてや、職場で求められる資質等を男女別にみたものである。「男女どちらが担当する仕事か」をみると「多くの場合、女性が担当」する仕事についていると回答した割合は 3 年目の男性で 3.6 ％、女性で 9.8 ％、 5 年目の男性で 4.0 ％、女性で 14.3 ％あった。同じ総合職で入社していても、担当する仕事は男女で同じではなく、女性用の仕事があることがわかる。

　「将来のキャリアにつながる仕事をしている」は男女ともに入社 1 年目で 9割程度、 5 年目で男性は 69.8 ％、女性で 63.4 ％と、男女ともに下落しているが女性の下落のほうが大きい。「求められる能力：リーダーシップ」をみると、

表4-1　管理職志向

	第1回			第3回			第5回		
	男性	女性	χ^2	男性	女性	χ^2	男性	女性	χ^2
管理職志向あり	95.6%	67.8%		87.1%	48.7%		84.3%	44.4%	
管理職志向なし	4.4%	32.2%		12.9%	51.3%		15.7%	55.6%	
合計（n）	(248)	(152)	***	(248)	(152)	***	(248)	(153)	***

注：1．第1・3・5回すべてを回答した総合職のみ。
　　2．＋P<.10、＊P<.05、＊＊P<.01、＊＊＊P<.001
出所：筆者作成。

表4-2　管理職をめざしたくない理由（管理職志向なしのみ）

	第1回			第3回			第5回		
	男性	女性	$\chi^{2\,1)}$	男性	女性	$\chi^{2\,1)}$	男性	女性	$\chi^{2\,1)}$
自分には能力がない	36.4%	42.9%		46.9%	42.3%		30.8%	38.8%	
仕事の量が増える	36.4%	18.4%		46.9%	32.1%		51.3%	36.5%	
責任が重くなるから	18.2%	30.6%		46.9%	56.4%		59.0%	55.3%	
仕事と家庭の両立が困難になる	45.5%	79.6%	＋	40.6%	73.1%	**	41.0%	69.4%	**
周りに同性の管理職がいない	―	14.3%		3.1%	19.2%	*	―	18.8%	
もともと長く勤める気がしない	18.2%	18.4%		25.0%	19.2%		12.8%	10.6%	
その他	36.4%	2.0%	**	25.0%	3.8%	***	10.3%	12.9%	
合計	(11)	(49)		(32)	(78)		(39)	(85)	

注：1．期待値が5未満のセルがある場合は「フィッシャーの直接法」による検定。
　　2．第1・3・5回すべてを回答した総合職のみ。
　　3．＋P<.10、＊P<.05、＊＊P<.01、＊＊＊P<.001
出所：大槻 [2021]。

入社5年目でリーダーシップを求められていると回答した男性は85.5％、女性は78.4％と、男性のほうが求められていると思っている率がやや高い。

「仕事の専門能力を高めたい」と思うかについては、入社3年目、5年目ともに男性のほうがそう思う傾向にあった。「仕事満足度」をみると、「満足している」との回答は男女ともに入社1年目で8割強、3年目で6割強、5年目で6割弱と、5年間で仕事に満足している割合は25％程度下落している。

「家族を経済的に養うのは男性の役割だ」に「そう思う」と回答した割合は、入社1年目も、3年目も、5年目も男性より女性のほうが低い。男性の「そう思う」と回答した割合は、入社1年目から5年目で20％強下落していた。働くなかで、自分が稼ぎ手役割を担うことへの限界を感じるのであろうか。

表4-3　仕事の割りあて・求められる資質・仕事満足度等の男女の違い

		第1回			第3回			第5回		
		男性	女性	χ^2	男性	女性	χ^2	男性	女性	χ^2
男女どちらが担当する仕事か	多くの場合、男性が担当	第1回なし			38.3%	38.6%		32.3%	30.1%	
	男女どちらともいえない				58.1%	51.6%		63.7%	55.6%	
	多くの場合、女性が担当				3.6%	9.8%	*	4.0%	14.3%	***
	合計（n）				(248)	(153)		(248)	(153)	
将来のキャリアにつながる仕事をしている	あてはまる・計	89.5%	90.2%		76.2%	69.9%		69.8%	63.4%	
	あてはまらない・計	10.5%	9.8%		23.8%	30.1%		30.2%	36.6%	
	合計（n）	(248)	(153)		(248)	(153)		(248)	(153)	
求められる能力：リーダーシップ	求められる・計	第1回なし			80.6%	76.5%		85.5%	78.4%	
	求められない・計				19.4%	23.5%		14.5%	21.6%	+
	合計（n）				(248)	(153)		(248)	(153)	
仕事の専門能力を高めたい	思う・計	87.9%	90.2%		87.1%	77.1%		87.1%	77.8%	
	思わない・計	12.1%	9.8%		12.9%	22.9%	**	12.9%	22.2%	*
	合計（n）	(248)	(153)		(248)	(153)		(248)	(153)	
仕事満足度	満足・計	82.3%	83.7%		61.3%	61.4%		57.3%	57.5%	
	不満・計	17.7%	16.3%		38.7%	38.6%		42.7%	42.5%	
	合計（n）	(248)	(153)		(248)	(153)		(248)	(153)	
家族を経済的に養うのは男性の役割だ	思う・計	56.9%	26.1%		46.0%	28.8%		33.5%	20.9%	
	思わない・計	43.1%	73.9%	***	54.0%	71.2%	***	66.5%	79.1%	**
	合計（n）	(248)	(153)		(248)	(153)		(248)	(153)	

注：1．第1・3・5回すべてを回答した総合職のみ。
　　2．＋P＜.10、＊P＜.05、＊＊P＜.01、＊＊＊P＜.001
出所：筆者作成。

昇進意欲だけでなく、どの項目も1年目より3年目が、3年目より5年目のほうが肯定する回答が下落している。なかでも5年目に「仕事に満足」と回答した割合は、男女ともに57％程度と低い（表4-3）。

4）管理職への昇進意欲に影響を与える要因

管理職への昇進意欲にどんな要因が影響を与えているか分析した（表4-4）。

男性では、入社1年目、3年目、5年目ともに「将来のキャリアにつながる仕事をしている」と思っている者ほど昇進意欲があった。女性では、「専門能力を高めたい」「仕事満足度」がある場合に管理職をめざす傾向があり、「主に女性が担当する仕事についている」と、管理職をめざさない傾向があった。

「将来のキャリアにつながる仕事をしている」と男性は昇進意欲にプラスの

表4-4　管理職への昇進意欲に影響を与える要因

		1年目 β		3年目 β		5年目 β	
男性	男女どちらが担当する仕事か						
	（参照：主に男性）						
	どちらとも	―		.058		―.037	
	主に女性	―		.070		.091	
	将来のキャリアにつながる仕事をしている	.321	***	.175	*	.249	**
	求められる能力：リーダーシップ	―		.128	+	.038	
	仕事の専門能力を高めたい	―.093		―.094		―.077	
	仕事満足度	.088		.032		.076	
	家族を経済的に養うのは男性の役割だ	.098		.059		―.025	
	定数		***		***		***
	調整R²/分散分析	.122	***	.041	*	.073	***
	(n)	(248)		(248)		(248)	
女性	男女どちらが担当する仕事か						
	（参照：主に男性）						
	どちらとも	―		―.095		―.075	
	主に女性	―		―.087		―.243	**
	将来のキャリアにつながる仕事をしている	.141		―.018		―.081	
	求められる能力：リーダーシップ	―		.055		.097	
	仕事の専門能力を高めたい	.168	*	.263	***	.172	*
	仕事満足度	―.079		.235	*	.236	*
	家族を経済的に養うのは男性の役割だ	―.154	+	―.066		―.131	+
	定数		***		*		**
	調整R²/分散分析	.049	*	.142	***	.112	***
	(n)	(152)		(152)		(153)	

注：1．＊第1・3・5回すべてを回答した総合職のみ。
　　2．＋P＜.10、＊P＜.05、＊＊P＜.01、＊＊＊P＜.001
出所：大槻［2021］。

影響であるが、女性の場合はプラスの影響ではない。これは、「仕事満足度」
と「仕事の専門能力を高めたい」のほうが、影響が強いからである。女性の
「将来のキャリアにつながる仕事をしている」と「仕事満足度」の相関は高い
が、それぞれ単独の影響を検証している。女性では「将来のキャリアにつなが
る仕事」をしていてもしていなくても、「仕事満足度」が昇進意欲にプラスの
影響を与えている。女性は仕事に満足でないと管理職志向は保たれない。「仕
事の専門能力を高めたい」も同様である。
　男性は、仕事の満足・不満にかかわらず、「将来のキャリアにつながる仕事

をしている」が影響している。男性は仕事に不満でも「将来につながる仕事を
している」と思っていることが管理職志向を保つことになっている。

5）職場の要因から考える——職場重視モデルの重要性

　女性はなぜ管理職をめざさないのか？　さきに述べたように管理職への昇進
意欲には、男女ともに、仕事のあり方（男女どちらが担当する仕事か、将来のキャ
リアにつながる仕事をしているか）、仕事への志向性（仕事の専門能力を高めたい）、
仕事から得られるもの（仕事満足度）が影響していた。つまり人びとの昇進意
欲には、職場の要因が影響しているのである。一方で、女性が管理職をめざさ
ない理由は、家族重視モデル（家事・育児といった家庭内の責任から考える）で考
察したり、その対策を家族重視モデルから実施している状況がある。女性が管
理職をめざさない理由を家族重視モデルから考えるのも必要であるが、もっと
職場の要因から考察することが重要である。

　また、近年では仕事と家庭内役割との両立支援が充実してきているが、女性
にとって仕事と家事・育児の両立はできても、昇進は難しくなるマミートラッ
クも指摘されている（➡第2章・第6章参照）。

3　昇進してなにを得たか——事例から

　ここからは、昇進した4名の事例を紹介する。早い昇進を経験したAさん、
Bさん、役員という高い職位まで昇進したCさん、Dさんの事例から、なぜ昇
進できたのか、昇進してなにを得たのかを考えてみたい。

1）働きやすさを手に入れて——Aさん（20代半ば、男性）

　Aさんは、ゲーム制作会社に勤務し、新卒で入社5年目、ゲーム制作のディ
レクター（監督者）である。Aさんがトップとして担当するプロジェクトには、
およそ70名がいる。

　入社1年目は、ゲーム制作のプランナー（企画者）として働き始める。担当
したのはアニメを題材にしたゲームだった。仕様書をつくる担当、登場人物を
つくる担当、バトルの担当などに分かれているが、最初はメンター（指導者）

と一緒に仕様書作成やデータ入力などを行い、ゲームのなかでも影響の少ない部分を担当した。入社半年後くらいからひとり立ちした。

入社3年目の終わりにディレクターになる。前任者は40代後半の人だった。自分がディレクターになったのは、仕事の担当範囲を考えず、全体を考えて提案し、より良いものをつくる、より品質を担保しようとする姿勢があったからだと思う。プロジェクトのメンバーは、より良いゲームをつくりたいと思っているので、なぜそうしたほうがいいかきちんと理由を説明し、納得してもらえれば提案は通った。

ディレクターになって働きやすくなった。プランナーのときは、自分の担当外の仕事に意見するとき、本当は言わないほうがいいかもと思うこともあった。ディレクターになって、権限として言えるようになり、自分の業務内容や休暇などコントロールできるようになった。

ディレクターとして担当しているゲームは、入社1年目に開発段階で制作に加わった。2年目に販売開始となり、現在、売上は最初の何倍にもなっている。多いときで月に30億程度売り上げている。自分のコントロールで売上が伸びているとは言い切れないが、積み上げてきたものの結果だと思う。

勤務先の人事体系は、職能資格制度による等級とプロジェクト内のポジションの2本立てである。Aさんは職能資格制度の等級では下から2番目の「リーダー」である。プロジェクト内のポジションの昇格の速さに比べると遅い。

給与体系は、月給は職能資格制度の等級によって支払われるが、ボーナスは目標管理制度に基づく成果給である。また、プロジェクトごとのインセンティブがあり、ディレクターの取り分はプランナーの数倍となっている。このような成果に基づく賃金はうれしい。人基準の給与形態では、ある程度の年齢にならないとそれなりにもらえない。成果に基づく賃金は評価基準がちゃんとしていること、働きをきちんとみて評価がなされているかが重要だと思う。社内の昇進は早くなっている。30代後半で部長になった人もいる。

2）自由度が増した働き方── Bさん（30代半ば、女性）

Bさんはコーチングを行う会社の営業マネージャー（課長）である。大学卒業後は、専門性を身につけられる会社に行きたいと考え、外資系のIT会社で

働き、さまざまなプロジェクトを任されていた。会社からも評価されていたが、自律的に専門性を養えないことに限界を感じ、6 年半後にコーチング（主体的行動を促進するコミュニケーション）を通じて企業の組織開発や組織変革を行っている会社に転職した。

　Bさんによると、「コーチは対話のパートナー」だという。コンサルタントのように解決策を提示するのではなく、顧客自らが解決策を見つけることができるよう、顧客とともに探索し、成長していくイメージだという。Bさんの会社のクライアントの多くは経営者など企業のトップで、エグゼクティブへのコーチングをとおして経営者とともに組織変革に取り組むプロジェクトを数多く手がけている。

　入社してすぐは管理職層に対するコーチングが中心だったが、入社 3 年目に企業の経営者を含む上級管理職へのコーチングを担当するようになった。また、同じタイミングで営業マネージャー（課長）になる。このとき 31 歳と、いままでの最年少であった。

　当時のBさんは、営業として目標の立て方は未熟だったが、目標の達成率は高かった。そして、何期か経験を重ねるうちに営業としても成長してきたと考えている。自分で考えて自分で物事を進められる裁量権のあるポジションに早くつきたいと思っているというが、実際に昇進して自由度が増したと思ったそうだ。時間のマネジメントも容易になり、情報も増え、顧客からの信頼も増し、自信もついたという。会社の評価は、営業としての実績とコーチとしての活動量や顧客からの評価に基づく。年齢や性別、勤続年数などは一切関係のない実績主義の評価基準である。Bさん自身はスピード昇進したものの、その年の実績によって降格することもあるため、緊張感もあるという。自分の専門性を磨く必要があるので、休日も自己研鑽をつみ、その過程を楽しんでいる。

　一方で、仕事に対する考え方が自分と異なる人といかに一緒に仕事をしていくのか、たとえば仕事の優先度の低い部下の育成、自分より年上の部下との接し方については、やや悩むこともあるそうだ。実際に部下から、Bさんのようにがんばれない、なりたくないと言われたことがある。自分にとってはマネージャーの仕事が面白く楽しいのに、部下の目にはそう映っていないことを知ってショックだった。ただ、Bさん自身は、がんばれるときはがんばることが必

要で、それによって社会人としての基礎が培われ、その先につながっていくと考えている。社会に出るまでは、正解を導くことが重要だと思っていたし、正解を得るとうれしかった。また、前職では実際に正解を顧客に提示するのが仕事だった。しかし現在は、「正解はひとつではない」と考えるようになったという。

3）やりたいことをやれる立場──Ｃさん（50代半ば、女性）

Ｃさんは、企業や自治体の受託調査やコンサルティングを行う会社の執行役員である。

大学卒業後、研究補助の仕事で入社したが、実際には部内総務の仕事であった。会社のしくみを学べてその後とても役立ったが、当時は約束と違うとの気持ちがあった。同期の一般職に仕事内容や処遇についてアンケートをとり、社長に処遇の改善を直訴した。やる気があるのならと、総合職への転換制度ができ、入社2年目に総合職になる。

総合職に転換して、福祉の分野を担当した。当時、福祉の分野はあまり人気がなかったが、国や自治体の仕事をコンペで勝ち抜き、受託していった。顧客の信頼を得て継続的に仕事をもらえるようになり、研究員として高い評価を得られるようになった。入社4年目ぐらいにはプロジェクトリーダーになった。当時のシンクタンク業界には専門性はもたないほうがよいとの意見もあったが、自分は専門性が重要だと思っていた。介護について専門家に聞いたり、自分でも勉強し、社内外からの問い合わせがあったら調べてでも回答していた。

20代半ばで結婚し、30代の最初のころ、夫が転勤になる。夫の転勤に同行した3年間は「嘱託研究員」として細々と会社とつながり、この間に出産した。その後、東京に戻り、仕事に正社員として復帰した。子育てしながら働いている女性は社内にほとんどいなかったが、上司の配慮で週1回在宅ワークをしていた。目の前の仕事に集中し、キャリアアップは考えていなかった。いま思えば、マミートラックにはまっていた。

そんなときに、取引先からＣさんの年齢なら一般的に肩書がついている、自分たちはＣさんの働きや能力は知っているが、社内で認められていると示すことも重要と言われた。もともと嘱託社員になっていなければ、「主任研究員」

になる予定だったので、上司に昇進の希望があることを伝え、「主任研究員」に昇進した。30 代半ばだった。

　その後、30 代後半で会社の長期休業制度を使って、行政で 3 年間働き、40 代で会社に復帰した後は、当時はあまり仕事にならないとされていたワーク・ライフ・バランス（WLB）について手掛け、ビジネスとして確立させた。50 歳で「主席研究員」となり、52 歳で執行役員になっている。女性として、また新卒採用者として初めてであった。就業年数や就業時間でなく成果で評価されたこと、組織・経営に関する提案力を評価されたことがキャリアアップのカギになったという。ちなみに、会社は裁量労働制・選択年俸制である。

　C さんが昇進して思うことは、昇進することは自分のやりたいことがやれるということ。会社に提案し、会社のルールづくりに関わることができ、自分のやりたいことを実現できていると思っている。実際、C さんの提案によって、担当プロジェクト数が多くないと主任研究員の昇格対象にならなかったのを、仕事の量に関係なく、プロジェクトの運営能力と担当できるプロジェクトの規模を基準にした。これによって、女性の対象者が増えた。

　自分が昇進したのは、自分のやりたいことを実現するために組織はどうあるべきかを考えてきたからだという。C さんは自分のためだけになにか言ってきたことはないね、と上司から言われたこともある。C さんは、いまもプロボノとして高校で講演したり、社内の相談ネットワークを立ち上げたりと、仕事以外でも自分が社会や組織に貢献できることを行っている。貢献しようという気持ちをもち続けるのは、社会や組織がよいほうが自分も働きやすいから、個だけでは幸せになれないからと思うからである。

4）やりがいが大きくなって——D さん（60 代初め、男性）

　D さんは IT 企業の上席役員である。入社した会社の営業職は、通常は大企業ひとつを担当し、その会社のシステムを深掘りしていく営業スタイルであったが、D さんは、配属決定の面接で、複数の会社を担当したいと希望した。その結果、中堅企業を担当する部門へ配属となり、D さんは複数の中堅企業を担当し、顧客を増やすために週に 2 日ほどは飛び込み営業を行った。どうやってアポイントをとるか、どうやって自分に会わないと損だと思ってもらうかを考

え、飛び込み営業を成長性が高い業種や会社に集中的に行った。この過程でじつは、中堅企業の経営者で自社のITシステムに不満をもっている者は多く、大企業よりITシステム担当企業を変える傾向があり、営業チャンスが大きいことがわかった。そのころに開拓した会社のひとつは現在、日本有数の大企業に成長している。

　入社12年目の36歳で課長、42歳で部長、50歳で統括部長、53歳で本部長、56歳で執行役員になった。上席役員になったのは58歳のときである。

　昇進して得たことは、昇進の段階ごとに違った。課長になったときは、経営者側の視点を得た。自分の仕事の責任がチームとしての責任になり、チームメンバーの成果を最大限に引き出すことが仕事の多くを占めるようになった。昇進していくほどに権限は増したが、そのなかで仕事の先を読む力を得た。自分の権限が増すなかで、仕事を止めない早い判断が必要だと思ったので、早い判断を下すための情報を部下と話すなかで収集し、仕事の先を予測することを習慣にしていった。

　上席役員まで昇進したが、なぜここまで昇進したかは自分ではわからないという。ただ、大きな組織をまとめていける力（安定性）と新しいことをやれる力（チャレンジ性）をみていたのかなと考えている。大企業一社を担当する営業スタイルが一般的な社内で、まったく新規の仕事を探す経験をしたことのある営業はほとんどいないが、自分は経験していた。

　昇進していくなかで、経営の中核に関わる相談が増し、やりがいになった。人事権を得たことで、仕事もやりやすくなった。昇給したことも大きかった。また、人材の多様性が重要であると考えるようにもなっていった。

　賃金制度は人基準から仕事基準になっている。昇進も早くなってはいるが、社内で設定している等級を大幅にこえての昇進の実施は行っていない。社内教育制度も一斉教育はやめ、各自が自分で受講する内容を決めるように変わった。このような改革はグローバル化への対応と組織を強くするためである。社内で応募者を募るポスティング制度に海外関連会社の者も応募可能になり、日本からの応募者は自己アピールにたけている海外からの応募者に勝っていくことも必要になっている。

4　幸せに生きるキャリアのために

1）公正な評価の必要性

　事例からは成果と評価が連動している傾向をみることができるが、カギとなるのは、評価基準がすべての人に公正なことである。

　評価の問題点として、ローゼンバーム［Rosenbaum 1984］は、ラベリング効果とシグナリング効果を指摘している。これは、過去に昇進したことや逆に良くないことが生じたことを能力のシグナルと捉え、過去に昇進した人はみな能力があるというラベルが、過去に良くないことがあった人はみな能力が低いというラベルが貼られることである。

　また、「スキルのある労働」が男性の労働をもとに考察され、スキルのある仕事といった場合、男性が多くを占める管理的職業、専門的職業、特殊技能的職業の仕事概念が大きく影響しているといわれている［Steinberg 1990］。

　ジェンダー・ステレオタイプからみると、女性が管理職のような男性的特性を求められる職務についた場合、職務に適合的とみなされる男性が有利な扱いをうけるので、女性が同じ評価や結果を得ようとすると男性以上の成果を必要とする［相澤 2015］。

　ILO は仕事が公正に評価され、妥当な報酬が払われることを確保するために、同一価値労働同一賃金の原則を推進している。この原則は、異なる職種・職務であっても労働の価値が同一もしくは同等であれば、その労働に従事する労働者に同一の賃金を支払うことを求める原則である。もともとは性別職務分離があるなかで、性による賃金格差を是正するための方策であったが、いまでは正規・非正規労働者間の賃金格差を是正する有効な戦略と考えられている。具体的には、職務評価を実施して職務の価値をはかり、その価値に応じて賃金を支払うしくみであるが、仕事基準の人事制度を広く取り入れている国の企業では一般的な方法である。この場合も、性に中立な職務評価システムを設定することが必須である。

2）仕事満足度をあげるために

　2節では昇進意欲について考察したが、女性の場合は、仕事に満足な人ほど昇進意欲があった。一方で、新入社員たちの「仕事に満足」と回答した割合は、5年間で男女ともに25％程度下落している。

　2節の分析と同じデータを用いて、高見［2021］は女性の早期離職率の高さを指摘し（5年目で男性13.5％、女性22.4％）、早期離職の要因について考察している。就職活動時に女性たちは男性と同様「成長」や「育成」に高い期待を抱いているが、入社した職場の現実がそれに見合わないこと（育成されない、成長を求められないなど）が往々にあり、やる気が保ちにくく、早期離職につながっていると指摘する。そのため仕事のやりがい、成長実感を得られる職場環境、育成を支える上司の存在が重要であるという。これらは男性にもある程度当てはまるだろう。さらに、企業現場における仕事の配分や育成の仕方に無意識のまま男女差をつけ、女性たちの期待を裏切る職場の慣行の是正を指摘しており、これら職場の構造的な要因をなくす必要がある。

　働く個人に焦点をあてると、近年の就職活動では、多くの学生は自己分析を行い、やりたいことを考え、自分にあった仕事につこうとしている。しかし、自分にあった仕事など幻想であり、必要とされる場所で働くのが仕事だという考え方もある［養老 2009］。自分がしたい仕事、自分にあった仕事といった考えから少し距離をとってみることも大切だろう。

3）若い人へのメッセージ──「切り拓く力」を育てて

　Ａさんは「大学生のみなさんは、みんなが良いと思っていることやあたりまえと思っていることにあわせる必要はない、自分だけの目標を自分でみつけてほしい」という。Ｂさんは「消費する側ではなく、つくり手のほうがおもしろい、若いうちに知り合いを増やし、いろいろな体験をして、他の価値観を知ってほしい」と述べ、Ｃさんは「若い人たちは、自分が出世すると考える必要はなく、自分がやりたいことをやるために、それを実現できる立場を得ると考えればいい。組織のなかで立場を得たほうが成長実感も得られる」と話している。Ｄさんは「若い人たちには、できるかぎり大きな夢をもってほしいし、グローバルな視点ももってほしい。世界に貢献できることを考え、できれば海外に出

て外から日本を見てほしい」というメッセージをくれた。

　人生 100 年時代といわれて久しいが、職業活動や社会活動をとおして、自分を成長させ、自分の行きたい方向に自分をもっていく力が必要だろう。この力を筆者は**「切り拓く力」**とよんでいる。事例の 4 名は、この切り拓く力を存分に発揮している。自分が行きたい方向に進むには、自分がなにをしたいかだけでなく、社会の構造や自分にどんな資源があるかを知り、なにが障害かを見極めることも大切だろう。自分の資源——家族や友人、情報源や資金の手当先など——を考え、そこから必要な資源を得て、障害を乗り越え、自分の行きたい方向に進む。このとき、重要なのは「前提を疑う」ことである。時間やお金がないから、力不足だからといった前提を問い直し、どうすればできるかを考えてみよう。

　B さんや D さんが言うように、他者の生き方や価値観は、自分がどう生きるか、どんな価値観を大切にしていくかを考えるヒントになる。そして、昇進を社会で自分のやりたいことを実現する立場を得ることと捉えれば、責任が増すことに対して前向きな気持ちになれ、選択肢も広がっていくのではないだろうか。

【参考文献】

相澤美智子［2015］「中国電力事件広島高裁判決に関する意見書」『労働法律旬報』No.1831・No.1832。

今田幸子・平田周一［1995］『ホワイトカラーの昇進構造』日本労働研究機構。

国立女性教育会館編［2021］『令和 2 年度男女の初期キャリア形成と活躍推進に関する調査研究報告会　初期キャリアからの人材育成——入社 5 年で何がおこるのか』。

三菱 UFJ リサーチ＆コンサルティング［2014］『平成 26 年度厚生労働省委託「多元的で安心できる働き方」の導入促進事業「諸外国の働き方に関する実態調査」報告書』。

奥井めぐみ・大内章子［2012］「管理職キャリアパスの日米独比較——日本の女性管理職比率低迷の原因を探る」『金沢学院大学紀要』〈経済・経営・情報・自然科学編〉第 10 号。

大槻奈巳［2021］「若年層の管理職志向に与える要因——職場から考える」国立女性教育会館編『令和 2 年度男女の初期キャリア形成と活躍推進に関する調査研究報

　　告会　初期キャリアからの人材育成——入社5年で何がおこるのか』。

Rosenbaum, James E.［1984］*Career Mobility in a Corporate Hierarchy*, Academic
　　Press.

佐藤香織［2020］「管理職への昇進の変化——「遅い昇進」の変容とその影響」『日本
　　労働研究雑誌』No.725。

Steinberg, Ronnie J.［1990］"Social Construction of Skill: Gender, Power, and
　　Comparable Worth," *Work and Occupations* 17（4）.

高見具広［2021］「総合職女性の早期離職と職場環境——人材定着のカギを探る」国
　　立女性教育会館編『令和2年度男女の初期キャリア形成と活躍推進に関する調査
　　研究報告会　初期キャリアからの人材育成——入社5年で何がおこるのか』。

脇坂明［2014］「「遅い選抜」は女性に不利に働いているか——国際比較をめざした企
　　業データと管理職データの分析」労働政策研究・研修機構編『男女正社員のキャ
　　リアと両立支援に関する調査結果（2）分析編』〈JILPT調査シリーズ〉No.119。

養老孟司［2009］『養老孟司の旅する脳』小学館。

〔大槻奈巳〕

第5章　労働時間
長時間労働の是正に向けて

keyword　法定労働時間　所定労働時間　裁量労働制　生活時間
過労死の認定基準

1　労働時間はどのように決まるか

1）法定労働時間と所定労働時間

　たとえば『リーダーズ英和辞典（第3版）』などの英和辞書を用いて、英単語として KAROSHI を引けば、名詞として「過労死」の意味が掲載されている。この単語は、国際的にも用いられる言葉なのである。1991年の大手広告代理店の電通における過労自死事件は、当時、多くの人の耳目を集めたが、その後2015年にも同社で過労自死事件が起こるなど、過労死・過労自死事件は後を絶たない。

　そもそも、会社などの組織で雇用され、働く場合、その労働時間はどのように決められているのであろうか。労働時間は、会社などが好きなように一方的に決められるものではなく、国が定める一定のルールのなかで決めることが必要である。そのことを理解するために**法定労働時間**と**所定労働時間**について、確認していこう。

　まず、法定労働時間についてであるが、法定労働時間とは、労働基準法（第32条）によって定められた労働時間であり、使用者は、原則として休憩時間を除いて1日に8時間をこえて労働させてはならず、1週間では労働時間を40時間におさえなければならない。また1日の労働時間が6時間をこえる場合には、使用者は、少なくとも45分以上の休憩時間を労働者に与えることが必要であり、1日の労働時間が8時間を超過する場合には、少なくとも1時間以上の休憩時間を与えなければならない（労働基準法 第34条）。

それとあわせて、使用者は、原則として1週間のうち少なくとも毎週1日の休日か、もしくは4週間を通じて4日以上の休日を労働者に与えなければならない（労働基準法 第35条）。このように法律で定められた休日のことを法定休日という。従って、1日8時間働き、1週間の労働時間が40時間の場合には、これらの定めから結果として週休2日となる。

　他方、所定労働時間とは、法定労働時間の範囲内で、各会社が就業規則や雇用契約書等によって定める、休憩時間を除く始業時刻から終業時刻までの時間である。たとえば始業時刻が9時で就業時刻が17時までとなっていて、休憩時間が45分であれば、所定労働時間は7時間15分ということになる。

　重要なことは、労働基準法は、それが定める基準以下の契約内容を無効化することができ（強行的効力）、かつその契約内容を労働基準法によって直接的に書き換えることができる（直律的効力）という点である。たとえ、使用者と労働者の間で、労働基準法の基準を上回る労働時間、あるいは基準を下回る休憩時間や休日への合意がなされていたとしても、その最低基準に満たない合意は法律によって修正される。このことを「契約自由の原則の修正」という。

2）36協定と時間外労働・休日労働

　上述のとおり、労働基準法によって原則として1日の労働時間、1週間当たりの労働時間が決められているが、所定の手続等を行えば、一定の範囲のなかで法定労働時間をこえて従業員に労働（時間外労働）をさせる、あるいは法定休日に従業員を働かせること（休日労働）が可能となっている。具体的には、いわゆる36協定の締結とその会社の事業場を所管する労働基準監督署への協定の届け出が必要となる。

　36協定とはなにか、確認していくことにしよう。36協定とは、労働基準法第36条に基づく労使協定であり、使用者と職場の過半数の労働者を組織する労働組合がある場合には、その労働組合との間で締結される時間外労働と休日労働に関する協定である（➡第11章参照）。職場に過半数の労働者を組織する労働組合がない場合には、職場の過半数を代表する労働者（過半数代表者）を選出することが必要であり、この場合、使用者と過半数代表者との間で協定が取り交わされる。

　ここで注意しなければならないのは、職場の過半数の労働者というのは、文字どおりすべての労働者の過半数であり、正規雇用の労働者のみならず、パートタイマー、アルバイトなどの非正規雇用労働者を含めたすべての労働者であるという点である。職場の過半数の代表者を組織していない労働組合と使用者との間の 36 協定の締結、あるいは適切な選出を経ていない過半数代表者と使用者との間で取り結ばれた 36 協定は無効となる。また労働基準監督署に届け出た 36 協定の内容は、職場の労働者に周知することも必要である。

　かつては 36 協定さえ結んでいれば、実質的に何時間でも時間外労働や休日労働をすることが可能であったが、いわゆる 2018 年成立の働き方改革関連法（正式名称は「働き方改革を推進するための関係法律の整備に関する法律」）によって、上限規制が課せられることとなった。しかし、その上限が高すぎることで、長時間労働を「規制」できていない。この点は、3 節で詳しくみよう。

　また、時間外労働、休日労働、深夜労働には、割増賃金の支払いが必要である。時間外労働が法定労働時間をこえ、1 か月 60 時間未満の場合には、月給を 1 年間における 1 か月平均所定労働時間で除した 1 時間当たり賃金に対して、25％以上の割増率をかけた賃金（割増賃金）の支払いとなり、その時間が 1 か月 60 時間をこえた場合には、その割増率は 50％以上となる。法定休日に労働させた場合には、割増率は 35％に定められており、深夜労働（22 時から翌 5 時まで）では 25％以上、そして法定休日に深夜労働をさせた場合には 60％以上の割増率となっている。

3）労働時間の柔軟化

　1990 年代以降、労働時間が柔軟化したと言われている。私たちの労働時間の長短や働く時間帯に影響を及ぼす変形労働時間制、フレックスタイム制、**裁量労働制**について確認しておこう。「柔軟化」という言葉は、一見、働く人にとって望ましいもののようにみえるが、その言葉がはらむ危険性をよく理解しておくことが肝要である。

　変形労働時間制とは、たとえば 1 か月単位で、1 か月以内のある特定期間における労働時間を平均化し、それが 1 週間当たりの労働時間が法定労働時間（40 時間）に収まる範囲内であれば、1 日の労働時間が法定労働時間の 8 時間

■通常の労働時間制度

■フレックスタイム制（イメージ）

出所：厚生労働省・都道府県労働局・労働基準監督署［2021］『フレックスタイム制のわかりやすい解説＆導入の手引き』3頁より作成。

図5-1　フレックスタイム制のイメージ

をこえて働かせることができる、あるいは1か月当たりの法定労働時間内であれば、1週間の法定労働時間（40時間）をこえて働かせることができる制度である。変形労働時間制には、1週間単位、1か月単位、1年単位の変形労働時間制があり、労使協定や就業規則を所管する労働基準監督署に届け出ることが必要である。通常、1日8時間の法定労働時間をこえた場合、時間外労働となるため、割増賃金を支払う必要があるが、変形労働時間制を結べば、使用者側は1日8時間をこえても、変形労働時間制を結んでいる範囲内であれば割増賃金分を削減することが可能となる。近年、外食などの学生アルバイトにもこの変形労働時間制が結ばれているケースも散見され、自身の労働時間がどのようになっているか確認しておきたいところである。

　一方、フレックスタイム制は、一定期間における総労働時間を事前に定めたうえで、1週間当たりの労働時間が法定労働時間をこえない範囲で、労働者が1日の労働時間や始業時刻、終業時刻を決定することができる制度である。

　具体的には、図5-1が示すとおり、通常の労働時間制度の場合、勤務開始後、休憩時間を挟んで終業時間まで必ず勤務しなければならない。だが、フレックスタイム制の場合には、一般的に設定されているコアタイムの時間帯は、通常の労働時間制度と同様に必ず勤務しなければならないものの、フレキシブルタイムにおいては、始業時刻、終業時刻を労働者が決められるという制度である。

　最後に、裁量労働制について確認しておこう。裁量労働制には、専門業務型

裁量労働制と企画業務型裁量労働制の二つがある。専門業務型裁量労働制は、使用者が具体的な指示を行わない厚生労働省が定める 19 の業務に限られ、システムエンジニア、デザイナー、放送番組のプロデューサー、ゲーム用ソフトウェアの制作などが該当する。仕事の時間配分や仕事の遂行方法などを大幅に労働者の裁量に委ねる必要があり、実際の労働時間とは関係なく、労使協定で定めた労働時間を当該労働者が働いたものとみなす制度である。一方、企画業務型裁量労働制は、企業の本社などで企画、立案、調査、分析を担当する労働者を対象とした制度であり、実際の労働時間ではなく労使委員会で決定した労働時間を働いたものとみなす制度となっている。

　裁量労働制の対象業務を拡大しようとする動きがあるが、実態としての労働時間をみると注意を要する。厚生労働省が実施した「裁量労働制実態調査」（2021 年公表）によると、裁量労働制が適用された労働者のほうが、適用されていない労働者より、労働時間が長くなる傾向がある。さらに裁量労働制のもとで働いていた労働者が過労自死し、労災認定が行われたケースも認められる。その問題の大きさに照らして、同制度の導入・運用においては十分な慎重さが必要となる。

2　データからみる日本の労働時間と生活時間

1）有償労働と無償労働

　賃金の支払われる労働時間は、それ以外の賃金の支払われない**生活時間**と密接に関連している。本節では日本の労働時間・生活時間を国際比較することで、その特徴を把握していくこととする。

　図 5−2 は、OECD 各国における労働時間のうち、男女別に有償労働と無償労働の 1 日当たりの時間をまとめたものである。有償労働には、賃金の支払われる仕事のほか、学習活動に費やされた時間が含まれ、無償労働には、買い物、育児、世帯員の世話など、日常的な家事などの時間が含まれる。男性の有償労働を確認すると、日本と韓国の時間が突出して長い。具体的には日本の男性の有償労働は 452 分、韓国の男性の有償労働は 419 分である。その一方、無償労働は、日本の男性でわずか 41 分、韓国の男性では 49 分となっている。これら

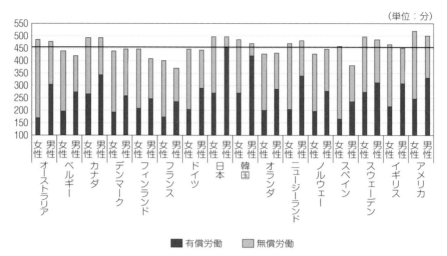

（単位：分）

凡例：■ 有償労働　□ 無償労働

出所：OECD Statから作成。

図5-2　有償労働と無償労働の国際比較

を反転するかのように、日本の女性の無償労働は 224 分、韓国の女性の無償労働は 215 分と、男性のそれより圧倒的に長くなっている。そして、有償労働と無償労働の時間を足すと両国ともに女性のほうが長い。

　これとは対照的なのがデンマークとスウェーデンだ。デンマークの男性の無償労働は 186 分、スウェーデンの男性の無償労働は 171 分である。日本の男性の無償労働は、デンマークの男性のそれより約 145 分、スウェーデンの男性のそれより約 130 分も短い。つまり、日本の男性は国際的にみて、明らかに有償労働に偏っており、家事・育児などのケアをほとんど担っていないことがわかる。このことは女性の無償労働の時間を長くするとともに、女性の有償労働の時間の短さの一因となっている。

2）パーソナル・ケアと余暇

　OECD 各国におけるパーソナル・ケアと余暇の1日当たりの時間を男女別に概観しておくこととしよう。パーソナル・ケアは、睡眠、食事、休息などの時間が該当し、余暇には、文化、娯楽、スポーツイベントへの参加、趣味等の娯楽活動に費やした時間が含まれる。

（単位：分）

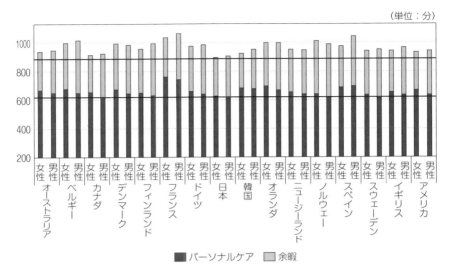

出所：OECD Statから作成。

図5-3　パーソナル・ケアと余暇の国際比較

　図5-3が示すように、日本の女性、男性のパーソナル・ケアと余暇の時間
は、他国に比べ比較的短いことが確認できる。たとえば、二つの時間が相対的
に長いフランスと比較すると、日本の女性のそれは1日当たり139分短く、日
本の男性のそれは157分短い。ワーク・ライフ・バランスがとれていないこと
が数値からうかがえる。

　さらに、日本の女性のパーソナル・ケアの時間単体でみても、その時間は他
国の女性に比べ短い傾向にあり、男性も低い水準となっている。ただし、日本
の男性の余暇の時間は292分であるのに対し、日本の女性の場合には266分で
あり、女性のほうが1日当たり30分弱短い状況にあることが確認できる。日
本の女性におけるパーソナル・ケアと余暇の時間は、国際的にみても、その短
さにおいて際立っている。なお図5-3から読みとることはできないが、世界
的にみて、日本における女性の睡眠時間が短くなっている点も特徴点のひとつ
である。

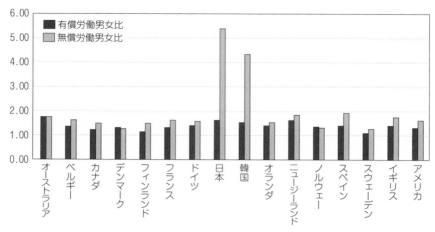

出所：OECD Statから作成。

図 5 - 4　各国における有償労働、無償労働の男女比

3）有償労働と無償労働の男女比

　日本における特殊な状況を理解するために、有償労働、無償労働の男女比を
確認しておくこととする。図 5 - 4 は、各国における有償労働および無償労働
の男女比、すなわち有償労働においては、男性は女性の何倍の時間を有償労働
に費やしているのか（男性の有償労働の時間／女性の有償労働の時間）、また無償労
働では、女性は男性の何倍の時間を無償労働に当てているのか（女性の無償労
働の時間／男性の無償労働の時間）をまとめたものである。

　図 5 - 4 に示されるように、オーストラリアでは、有償労働の男女比が比較
的高く、その値は 1.77 倍であり、それに次いで日本の有償労働の男女比 1.66
倍、ニュージーランドの同比率が 1.65 倍の順と続いている。同比率が最も低
いのは、スウェーデンの 1.14 倍であり、それに続くフィンランドは 1.19 倍で
あり、北欧諸国においては同比率が他国に比べて低いことがわかる。日本にお
ける有償労働の男女比は、相対的に高い比率になっているが、各国のなかで群
を抜いているわけではない。日本の男性の有償労働時間が長すぎることを考慮
すれば、つまり、日本の女性は有償労働にもかなりの時間を費やしている。

　他方、無償労働の男女比について確認すれば、日本と韓国の状況が他国と比
べ明らかに様相を異にしていることが把握できる。韓国の無償労働の比率は、

4.39 倍と高い水準にあるが、特に日本における同比率は 5.46 倍でさらに突出
しており、韓国の数字をも大きく上回っている状況にある。それに対して、ス
ウェーデンの同比率は、1.29 倍と最も低く、デンマーク 1.31 倍、ノルウェー
1.35 倍と続く。北欧諸国では男性が、家事・育児などを積極的にこなしてい
ることがわかる。

　以上より、日本の労働・生活時間の特徴は次のようにまとめられる。①日本
の男性の 1 日の有償労働の時間は他国の男性に比べて長く、②日本の女性・男
性ともに、1 日のパーソナル・ケア、余暇の時間は比較的短い状況にある。そ
して、③育児などを含む日常的な無償労働の時間は女性に大きく偏っている。

3　なぜ長時間労働になるのか

1）時間外労働・休日労働の上限規制の緩さ

　それでは日本における労働時間・生活時間は、なぜこのような状況になって
いるのであろうか。その要因は単純ではなく、またひとつの要因にのみ還元で
きるものではないが、本章では、それに関連する問題として、日本における法
制度上、許容されている時間外労働・休日労働の上限について取り上げること
とする。

　2018 年にいわゆる「働き方改革関連法」が成立し、時間外労働・休日労働
の上限規制は、次のとおり定められた。すなわち、原則として時間外労働は月
45 時間、年間 360 時間以内とする。ただし、予算・決算業務、ボーナス商戦、
納期の逼迫、大規模なクレームへの対応等、通常予見することのできない業務
の大幅増加が発生した場合など、臨時的な特別の事情がある場合に限って、
それらの原則をこえて時間外労働をさせることが可能である。その場合におけ
る労働時間の上限規制は、①〜⑥のとおりである。

　① 時間外労働を年間では 720 時間以内とする。
　② 月間における時間外労働と休日労働時間の合計時間は 100 時間未満とす
　　る。
　③ 2 〜 6 か月の各期間すべてにおいて、時間外労働と休日労働の合計時間

の平均が 80 時間をこえないものとする。

④ 原則である月 45 時間の時間外労働をこえて時間外労働をさせることができるのは、年間で 6 か月までとする。

⑤ 臨時的な特別の事情がない場合のもとでは、時間外労働と休日労働の合計時間を、1 か月あたり 100 時間未満とする。

⑥ 2 〜 6 か月の各期間において、時間外労働と休日労働の合計時間の平均を 80 時間以下とする。

それでは、これらの労働時間の上限規制のもと、実際問題として年間で最大でどれぐらいの時間外労働・休日労働をさせることが可能であるのか、確認しておくこととしよう。まず臨時的な特別の事情がある場合について確認すれば、（④から）年間で最大 6 か月の間、原則の時間をこえることが認められている。この場合、（①と③から）この期間において時間外労働と休日労働をさせることができる最大の時間は、80 時間 × 6 か月＝480 時間となる。他方、臨時的な特別の事情がない期間についてみれば、残りの 6 か月の期間においても時間外労働と休日労働の合計は、（⑥から）80 時間 × 6 か月の 480 時間となる。すなわち、臨時的な特別の事情がある期間と臨時的な特別の事情がない期間を合わせ、年間において許容されている時間外労働と休日労働の合計時間は 960 時間ということになる。

先に確認したとおり、原則における時間外労働は年間 360 時間以内であるが、臨時的な特別な事情のある場合には、720 時間以内となり、許容されている休日労働の時間を加味すれば 960 時間まで可能となる。原則の時間に照らして、それらの時間は、かなりの幅があるうえに、時間が非常に長い。

2）過労死の認定基準

それでは、960 時間という年間の時間外労働と休日労働の合計時間は、どのように評価できるのであろうか。この点について検討するうえで**過労死の認定基準**（「令和 3 年 9 月 14 日付基発 0914 第 1 号」）の内容を確認しておくこととする。過労死とは、仕事における過度な負荷による脳・心臓疾患、あるいは強い心理的負荷による精神障害を要因とする労働者の死亡を指す。

　2021 年に改正された過労死の認定基準では、新たに認定基準として、労働
時間と労働時間以外の負荷要因を総合的に評価すること、勤務時間インターバ
ルなど労働時間以外の負荷要因の見直しなどが行われた。他方、長期間の過重
業務については従前における改正前の基準が維持され、労働時間では発症前の
1 か月間で 100 時間の時間外労働、あるいは発症前の 2 か月〜 6 か月間におけ
る各期間の平均で月間 80 時間をこえる時間外労働が行われていた場合には、
発症との関連性が強いとの基準となっている。

　ここで注目すべき点は、労働時間数でみれば、現行における労働時間の上限、
すなわち 1 か月間で 100 時間未満と 2 〜 6 か月において平均で 80 時間以下と
いう設定は、過労死の認定基準と同等の労働時間となっている点である。過労
死認定基準と同等の労働時間まで、原理的に働かせることができる現行の時間
外労働・休日労働の上限規制は、労働者の健康・生活を脅かすものであり、本
来の「規制」の機能を果たしていない点で、労働政策上、問題である。

4　時間外・休日労働時間の見直し

　日本は男性の長時間労働がみられ、女性は有償労働に加え家事育児などの無
償労働を多く行っており、男女ともに自身の睡眠や余暇時間が少ないことが
データから示された。ウェルビーイングの実現が課題といえる。しかし労働時
間を規制するはずの法律に例外規定があり、規制は十分に機能していない。そ
こで労働時間の上限規制を確かにするための提言を 3 点述べておきたい。

　第一に、時間外労働の時間における原則と制度上、「臨時的な特別の事情が
ある場合」の名のもと、実際に働かせることができる労働時間との乖離を是正
する必要がある。先述のとおり、時間外労働の原則は月 45 時間、年間 360 時
間以内であるが、「臨時的な特別の事情がある場合」と認められる場合には、
時間外労働は年間 720 時間以内となり、その幅が 2 倍となっている。さらに休
日労働時間の規制は、それと時間外労働単体は別に定められていることから、
月間における時間外労働と休日労働の時間は、1 か月あたり 100 時間未満など、
労働時間をさらに延ばすことが可能となっている。「臨時的な特別の事情」と
いうタガが、一応は存在するものの、原則をこえて働かせる時間の幅が長く、

その時間のあり方が適切であるか、あらためて検討することが必要である。

　第二に、そもそも「臨時的な特別の事情がある場合」における「通常予見することのできない業務」の名目と実質とが乖離しているという意味で、現行の制度は羊頭狗肉となっており、その業務の範囲を見直すことである。繰り返しになるが、「通常予見することのできない業務」の場合には、特例として時間外労働の原則を上回る労働時間が許容されるわけだが、その「通常予見されることのできない業務」のなかには、「予算・決算業務」「ボーナス商戦」などの業務が含まれる。あえて指摘するまでもなく「予算・決算業務」「ボーナス商戦」は、特異な業務ではなく、例年、通常繰り返し行われるものであることから、文字どおりに解釈すれば、十分「通常予見すること」ができる業務である。現状においては、それらの業務が入っていることで、「臨時的な特別の事情」の要件を満たすことが比較的容易となっている。

　第三に、現行における時間外労働と休日労働の上限規制を引き下げることである。過労死の認定基準は、適当に何の根拠もなく、専門性を欠くなか、いい加減に決められているものではない。その基準は、医学および法学などの専門家からなる「脳・心臓疾患の労災認定の基準に関する専門検討会」によって、最新の医学的知見等を踏まえ、検討されるものである。そのような手続きにより定められた基準と同等の労働時間を労働者に許容することは、労働者の健康・生活そのものを危険に晒すものであるというほかなく、その上限規制が適切なものであるか、再点検することが求められる。また2018年から1日の勤務を終えた後、翌日の仕事までに一定時間以上の休息時間を設けるインターバル制度導入が努力義務化されたが、同制度の強化も視野に入れるべきである。

　むろんのこと、少子高齢化が進み、生産年齢人口が減少する社会においては、労働力の確保が焦眉の課題であることは言うまでもない。そのこと自体は否定するものではなく、その確保の必要性は論を俟たない。しかしながら、過度に労働力の確保に傾斜した労働政策のあり方は、中長期的には、世代間を含む労働力再生産を阻害し、かえって労働力の確保を困難なものとする可能性がある。さらに長時間労働は、労働者の健康を害し、生活の質を低下させることにおいても深刻な問題であり、社会にとって必要な労働時間の上限規制のあり方を検討していくことが肝要である。そのさい、36協定の締結など、労働者自身が

労働時間短縮におけるアクターのひとりであることを念頭におくことが必要である。

【参考文献】

厚生労働省・都道府県労働局・労働基準監督署［2021］『時間外労働の上限規制　わかりやすい解説』。
厚生労働省労働基準局［2021］「血管病変等を著しく増悪させる業務による脳血管疾患及び虚血性心疾患等の認定基準について」。
黒田兼一・関口定一・青山秀雄・堀龍二［2001］『現代の人事労務管理』八千代出版。
櫻井純理編［2021］『どうする日本の労働政策』ミネルヴァ書房。

〔山縣宏寿〕

第6章　就労と妊娠・出産・育児

なぜ「両立」が問題となるのか

keyword　M字型就労　母性保護　育児休業法
　　　　　マタニティ・ハラスメント　パタニティ・ハラスメント

1　女性のキャリア・ブレイクとしての妊娠・出産・育児

1）仕事か子どもかの二者択一が迫られた時代

　「生涯子供なし、日本突出　50歳女性の27％」、この原稿を執筆している2023年1月、こんな見出しの記事が掲載された（日本経済新聞電子版、2023年1月11日配信）。OECDのデータで1970年生まれの女性の無子率を比べると、先進国のなかで日本が最も高い、というものだ。なぜ、女性の子どもなし率が高いのだろうか。それはこの記事に寄せられた当事者の女性たちの「声」が教えてくれる。この記事を受けて、朝日新聞の杉原里美記者は個人のTwitter（当時）で「同世代の私ですが、この帰結は当然だと思います。空気を読まずに子どもを産んで、民間企業の正社員として働き続けられる女性は、ほとんどいませんでした」（2023年1月12日）と綴っている。働く女性が子どもをもつことは困難だった、という指摘だ。このツイートは1日余りで60万回以上表示され、返信欄には多くの女性たちが続々と、自らの経験や思いを寄せている。杉原記者は続く同日のツイートに「今の50代が「産み時」だった1990年代前半、雇用保険からの育児休業給付もなく、収入もないのに社会保険料は満額自分で支払って大損。短時間勤務制度もなく、育休による不利益取り扱いは当然視されていた。ついでに、「3歳児神話」から周囲に責められる地獄」と訴える。筆者は60年代生まれだが、90年代に働きながらの妊娠・出産・育児を経験しており、ここに綴られた状況は手に取るようにわかる。

　民間企業でも育児休業が利用できるようになったのは1992年からだが、当

時は、育休取得は「あたりまえ」ではなく、各自が会社と「交渉」をしなけれ
ばならなかった。職場で育休取得者1号、2号となった女性たちは、数か月の
休暇（1年間とれる、という雰囲気ではなかった）を取得するために神経をすり減
らした。交渉しても取得が認められない場合もあれば、取得できたとしても給
与保障も社会保険料免除もなく、経済的負担は大きかった。子どもが幼いうち
は仕事を辞め母親業に専念するほうがよい、という3歳児神話が根強く残る社
会のなかで「肩身の狭い思い」で職場に気を使い続けた人もいれば、周囲の心
無い言葉に傷つく人もいた。それでも産後休暇の8週間だけで職場復帰せざる
をえなかった先輩たちよりは「ずっとまし」と言われ、実際そうだった。そう
した「産めない状況」に絶望し「産まない選択」をした女性たち、あるいは
「産む選択」をしたがために、仕事やキャリアを失った女性たちが大勢いたの
だ。

　30年後のいま、状況は大きく変わった。女子学生のみなさんは仕事を続け
ながらの妊娠・出産・育児に希望をもっている方も多いだろうし、男子学生の
みなさんも共働きをしながらの父親業を楽しみにしているかもしれない。みな
さんが期待しているように、制度的支援は拡充され、人びとの意識も変化した。
改善された点は多い。だが一方で、一向に改善されない問題、新たに生じた問
題もある。本章では、それらを確かめながら、働きながらの妊娠・出産・育児
について、いっしょに考えていきたい。

2）M字型就労の変化

　高度経済成長期以降の企業中心社会［大沢 1993］において、男性が賃金労働
を担い、女性は男性が賃金労働に専念できるよう家庭役割を担う、という性別
役割分業が成立した。結婚や出産を機に仕事を辞め、育児が一段落したら仕事
に戻るという女性の働き方が「一般的」とされた。女性たちが労働市場から
いったん退出し労働人口が減少することで、女性の労働力率線は「M字カー
ブ」を描く。だがその**M字型就労**も近年大きく変化している。図6-1はこの
40年間のM字カーブの変化をみたものだ。1981年は20代後半から30代前半
の女性の労働力率は約5割だが、2021年は20代後半で86.9％、30代前半で
もほぼ8割となっている。この年代の女性たちが結婚や出産でいっせいに退職

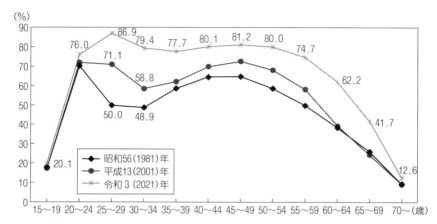

注：1．総務省「労働力調査（基本集計）」より作成。
　　2．労働力率は、「労働力人口（就業者＋完全失業者）」／「15歳以上人口」×100。
出所：内閣府「令和4年版男女共同参画白書」。

図6-1　女性の年齢階級別労働力率（M字カーブ）の推移

する、という状況はなくなりつつあることがわかる。

　結婚退職が減少した後も「出産退職は減少せず、むしろ増加傾向」［新谷 1998］、「結婚退職から出産退職へという離職時期のシフト」［岩澤 2004］が指摘され、90年代以降、女性の退職理由は「第一子の妊娠・出産」とされてきた。そこで出産退職の変化について確認してみよう。

　国立社会保障・人口問題研究所が実施している「出生動向基本調査」のデータをみると、1980年代から90年代にかけては妊娠判明時に仕事をもっていた女性の6割以上が第一子出産時に退職しており、就業を継続する女性は4割に満たなかった。2000年代に入って出産退職が6割を切るようになり、2010年代前半では出産退職と就業継続の割合が逆転、出産後も仕事を続ける女性が半数をこえた［国立社会保障・人口問題研究所 2017］。最新の第16回調査では2015〜19年に出産をした女性のデータが示されているが、妊娠判明時に仕事をもっていた女性の就業継続率は約7割となった（そのうちの79.2％が育児休業を利用している）。2000年代以降高まっていた正規雇用の女性の就業継続率（出産後は非正規も含む）はさらに高く83.4％である。正規から正規への継続も増えており、妊娠判明時と子が1歳の両時点で正規の職員であり育児休業を利用し

た女性は 68.3 ％（前回調査より 10 ポイントアップ）、育休利用なし（6.5 ％）も含めると正規雇用を継続した割合は 74.8 ％となる［国立社会保障・人口問題研究所 2022］。民間企業での育児休業取得が可能となった 1990 年代前半をみると、妊娠判明時に正規の職員であっても、子が 1 歳時に正規のままであった女性は育休利用なしでの継続を含めて 38 ％にすぎなかった（うち育休を利用したのは 19.1 ％である）。制度導入時からみれば大きな変化といえよう。

3）就業は継続してもキャリアは断続する？

　「M 字カーブ」に変わる新たな課題として「L 字カーブ」が指摘されている（図 6 - 2 参照）。以前より M 字の山の左側と右側の「働き方」の違いが指摘されてきた。退職前は正規雇用でも再就職以降は非正規雇用が多いということだ。子どもをもつ女性を正社員として採用する企業は少なく女性の再就職には大きな障壁があった。2000 年代半ばには女性がいったん正規雇用を離れ非正規雇用で復帰すると生涯賃金の損失額は 2 億円との試算も出され［朝日新聞 2006］、だからこそ就業継続の重要さが主張されてきた。だが、図 6 - 2 をみると現在でも女性の正規雇用率は 20 代後半でピークを迎えた後、低下を続けている。

　90 年代以降、女性労働の非正規化が急速に進行し、2003 年に正規・非正規の割合が逆転して以来、非正規雇用で働く女性のほうが多いという状況が続いている。2022 年のデータでも女性雇用労働者に占める非正規雇用の割合は 53.4 ％、男性労働者の非正規化も進んでいるが正規雇用割合は 77.8 ％であり、男性の 8 割は正規雇用で働き、女性の半数以上は非正規雇用で働く構造となっている［厚生労働省 2023a］。派遣や契約など「弱い立場」で働く女性が増えたのだ。妊娠・出産というライフイベントを迎える人が多いであろう 25 歳〜34 歳においても 3 割以上の女性が非正規雇用となっており、35 歳〜44 歳では約半数となる。パート・派遣等の非正規雇用の女性の出産後における就業継続率は 40.3 ％で、前項で紹介した全体の平均を大きく下回る。妊娠判明時と子が 1 歳の両時点で派遣・パートだった女性が育児休業を利用した割合は 21.2 ％にすぎない［国立社会保障・人口問題研究所 2022］。次節でふれるが産休や育休などの各種制度は非正規雇用労働者にも保障されている。だがこうしたデータからは、制度はあっても現実的には利用が困難な状況も浮かびあがる。

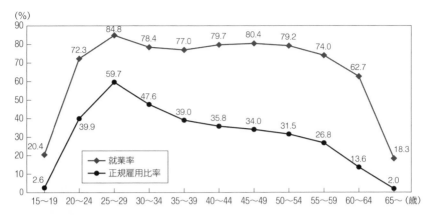

注：1．総務省「労働力調査（基本集計）」より作成。
　　2．就業率は、「就業者」／「15歳以上人口」×100。
　　3．正規雇用比率は、「正規の職員・従業員」／「15歳以上人口」×100。
出所：内閣府「令和5年版男女共同参画白書」。

図6-2　女性の年齢階級別正規雇用比率

　育休を利用し就業継続する女性が増えたといっても、それは「限られた層」
ではないのか。さらにその「限られた層」の女性たちにおいても、キャリアを
積み上げていくような働き方がなされているのだろうか。L字カーブにみるよ
うに、もし女性の断続的なキャリア［杉浦 2015］に変化がないとすれば、仕事
か子どもかの二者択一は様相を変えながらも維持されてしまうことになる。多
くの女性が出産後も働き続ける社会が到来したのであれば、次はその「働き方
の中身」が重要となるはずだ。そこで次節では妊娠・出産・育児期の働き方を
考えるために、両立のための法制度や支援について確認し、その課題もみてい
こう。

2　「健康に働き産み育てる権利」をめぐって

　働きながら健康に産み育てる権利は男女ともに保障されるべき権利であり、
子ども（胎児）の命を守るためにも欠かせないものである。本節で紹介する各
種法制度は、正規・非正規といった雇用形態にかかわらず「すべての労働者」
がその対象とされており、少なくとも法の上ではその権利が保障されている。

以下、個々にみていくことにしよう。

1）妊娠・出産との両立

①労働基準法における母性保護規定

　労働基準法には産前・産後休業があり、産前 6 週間は女性が請求した場合に利用できる休業、産後 8 週間は雇用主が就業をさせてはならない強制休業となっている（6 週間を経過後に女性本人が請求し、医師が支障ないと認めた場合は就業が認められる）。また産前・産後休業期間及びその後 30 日間は解雇制限があり、解雇は禁止されている。産休期間中の賃金保障については法の規定はないが、無給の場合は健康保険組合から出産手当金が支払われる仕組み等がある。育児休業を取得する場合は産後休業から育児休業へと移行することになる。

　産前休業に入るまで女性は「働く妊婦」として 8 か月あまりを職場で過ごすことになる。身体的制約を伴う妊娠期間中、身体的にはもちろん精神的にも安心して働けることが重要となる。労働基準法には各種の就業制限措置が設けられている。妊婦の軽易業務転換、妊産婦等の危険有害業務の就業制限、妊産婦に対する変形労働時間制の適用制限、妊産婦の時間外労働、休日労働、深夜業の制限である。これらは「妊婦の請求」によって認められるもので、事業主が応じない場合は罰則（6 か月以下の懲役又は 30 万円以下の罰金）が科せられる。

②男女雇用機会均等法における母性健康管理措置

　男女雇用機会均等法（以下均等法）にもさまざまな**母性保護**措置が規定されている。妊娠中は定期的に通院する必要があるが、保健指導又は健康診査を受けるための時間の確保が保障されている。また医師等から指導があればそれら指導事項を守ることができるようにするための措置を講じなければならない。必要な措置とは具体的には妊娠中の通勤緩和措置、妊娠中の休憩に関する措置、妊娠中又は出産後の症状等に対応する措置である。また医師等の指導事項を的確に事業主に伝えるための「母性健康管理指導事項連絡カード」の利用が推奨されている。さらに通勤緩和措置及び休憩に関する措置については、医師からの具体的な指導がない場合においても、女性本人から申し出があった場合は適切な対応をとるよう求めている。

これらの制度を利用したことによって女性労働者が不利益を被ることがあってはならない。均等法には妊娠・出産等を理由とする不利益取扱いの禁止（第9条第3項）が定められている。不利益取扱いとは具体的には、解雇や減給、降格人事等の不当行為を指す。ただし均等法には労働基準法のような罰則規定はない。事業主に対する行政指導とそれに従わない悪質なケースについては制裁措置として企業名が公表される。

③制度利用の課題

　妊娠・出産保護は制度的には拡充されてきた。だが、それらが十分活用されているとは言いがたい。均等法の母性健康管理措置は規定率も利用率もいまだ低く、厚生労働省の調査によれば通院休暇の規定がある事業所が57.0％、通勤緩和措置が47.9％など規定率は5割台、4割台にとどまっている［厚生労働省 2023b］。利用状況も通院休暇が12.5％とやっと1割をこえる程度で、通勤緩和措置、妊娠中の休憩に関する措置の利用率は5％程度である［厚生労働省 2014］。筆者は2000年頃から働く妊婦の問題に取り組んでいるが、以前ある企業の管理職に制度の利用率の低さを指摘したことがある。そのさい、「利用する必要がないのだろう」と言われ、大きな違和感をもった。

　先に紹介した母性保護に関する制度は産後休業が強制休業である以外は「妊婦の請求」「妊婦の申出」によって利用できる仕組みとなっている。「請求」や「申出」がなければ必要ないのだろうとみなされてしまう。だが筆者の調査からは利用したくても利用できない職場環境や「周囲に迷惑をかけたくない」と女性自らが制度利用を抑制する状況もみえてくる［杉浦 2009］。また、妊娠期の症状は個人差が大きく、ある人にとっては切実に必要な措置（たとえば妊娠中の休憩措置）も、ある人にとっては必要ない、ということもある。そうした妊娠期特有の身体の事情が理解されていないと、「あの人は頑張って働いているのに、あなたは休憩を請求するのか」といった、いわれのない批判にさらされてしまう。そうした周囲の無理解のために、あるいは上司の評価を落とすことを恐れ、必要な制度利用をせずに、かなり無理をした「リスキーな働き方」をしてしまうケースもある。

　有害物質や放射線を扱うなど母体への直接的な危険が伴うような業務はもち

ろんだが、重い物を扱う、高所での作業がある、長時間の車移動があるなどリスクを伴う仕事は他にもたくさんある。残業や出張、夜勤など、妊娠中には避けたい／避けるべき業務もある。「働く妊婦」が安全・安心に働くためには、必要な人が必要に応じて制度を利用できる職場をつくっていかなければならない。そのためには、職場のみならず社会全体で妊娠期の労働への理解や共感を深めていく必要がある。

2）育児との両立

①育児休業（育児・介護休業法）

1989 年の合計特殊出生率が 1.57 と戦後最低となったことが翌 90 年に公表され（いわゆる 1.57 ショック）、以後、少子化は「社会問題」となった。92 年に育児休業等に関する法律（**育児休業法**）が施行され、それまでは看護職や保育職など一部の専門職にしか適用されなかった育児休業が民間企業でも利用できるようになる。1995 年に同法は「育児休業、介護休業等育児又は家族介護を行う労働者の福祉に関する法律」（育児・介護休業法）に改正され、育児や介護といった家族的責任を果たしながら働ける社会が目指されることになった。以下、育児休業制度について確認しよう。

育児休業は男女労働者が取得できる休業であり、期間は原則子が 1 歳になるまで、保育園に入所できない等の特別な事情がある場合は最長 2 歳まで認められる。2010 年導入の「パパ・ママ育休プラス」によって、父親と母親の両方が取得した場合はプラス 2 か月、つまり 1 歳 2 か月まで取得できるようになっている。さらに 2021 年の改正（2022 年施行）では期間を分割して取得することが可能となり、いったん復帰しても再取得できるようになった。父親、母親が時期をずらして交代で取得することもできるし、同時期に取得することもできる。また同改正では新たに「産後パパ育休」という制度もスタート、これは父親が育児休業とは別に取得できる休業で子の出生後 8 週間以内に 4 週間まで取得できる（分割取得も可能）。出生後 8 週間というのは母親の産後休業にあたる期間で、女性はまだ身体的負荷が大きく、十分な休養を必要とする。その時期に父親が子育てを一緒に担えれば、母親も心強いはずだ。

育休期間中は雇用保険から育児休業給付金が支給され、給与の 67 ％、7 か

月目以降は 50 ％が保障される（現在、さらなる引き上げの議論も続いている）。期間中の社会保険料は免除され、免除期間中も保険料は支払ったとみなされるので、将来の年金受給額が影響を受けることはない。

　育休から復帰した後の働き方についても、育児・介護休業法にさまざまな規定が設けられている。3 歳に満たない子を養育する労働者については短時間勤務制度や所定外労働の制限があり、小学校就学の始期に達するまでの子を養育する労働者についても時間外労働の制限や深夜業の制限がある。これらは労働者が「希望」「請求」すれば利用できるようにすることが雇用主に義務づけられている。働く親が最も悩む子どもの病気については、子の看護休暇が取得できるようになっており、労働者 1 人につき 5 日（子が 2 人以上の場合には 10 日）の取得が可能である。2022 年からは 1 日もしくは半日単位など時間単位での取得も可能となった。

　育児・介護休業法第 10 条では育児休業の申出・取得等を理由とする不利益取扱いを禁止しており、そのほか、子の看護休暇や短時間勤務制度等についても、その申出や利用したことを理由とする解雇等の不利益取扱いは禁止されている。

②男女の育休取得格差

　2021 年 6 月にユニセフが発表した報告書『先進国の子育て支援の現状』の評価ランキングによると、日本の育児休業制度は 1 位であった。「父親に認められている育児休業の期間が最も長いこと」がその評価理由である [unicef 2021]。だが、世界一と評価された男性の育休も活用されなければ意味がない。そしてその男性の利用率の低さこそが日本の大きな課題となっているのだ。

　2010 年代半ばまで男性の育休取得率は 2 〜 3 ％台を推移、2017 年に 5 ％をこえ、2020 年にやっと 10 ％をこえた。2022 年は 17.13 ％と過去最高となったが、スウェーデンやノルウェーでは 8 割以上の男性が取得すると言われており、国際的にみても取得率は著しく低い（ちなみに女性は 2007 年に 89.7 ％と初めて 8 割台になって以降、8 割以上をキープしている）。さらに男性は取得したとしてもその取得期間が短い。女性は 9 割以上が 6 か月以上、うち半数が 1 年以上取得

しているのに対し、男性の場合は半数が 2 週間未満の取得にとどまる。うち 5 日未満が 25.0 ％となっている［厚生労働省 2021］。こんな短期間ではとうてい育児の経験などできないだろう。

　男女の育休取得格差の背景にはさまざまな要因があるが、現実的な問題として男女の賃金格差が指摘されている。1 節でふれたように給与保障が一切なかった時代に比べれば保障は手厚くなっているのだが、それでも収入の減少は否めない。日本は男女の賃金格差が大きい国として知られ、正社員であっても男性 10 に対して女性 7 である。賃金の安いほうが、すなわち多くの場合母親が取得したほうが経済的側面からは「合理的」となる。だが一方でその「合理的選択」は男女の賃金格差を維持することにもつながる。女性だけが育児を担う状況こそが男女の働き方の違いを生み、それが結局は賃金格差につながるからだ。

　女性だけが育児を担うという状況は育休復帰後のキャリアにも影響を与える。子どものいる女性はマミートラック、すなわち「ママ用トラック」を走らされ、昇進や昇給から遠ざけられてしまう現象が指摘されている。筆者が調査で出会った女性たちは「キャリアがダウンサイズした」「キャリアがリセットされてしまった」などの表現を用いていた。語られた内容はさまざまだが、それぞれに葛藤を抱えていた。もちろん、育児をしながらの就業には制約があり、残業や出張など一定期間、担えない業務も出てくるだろう。だからこそ前項で紹介したように、育児休業法には時間外労働の制限や深夜業の制限等の規定が設けられている。子育て期の働き方がそれ以前と変わるのは当然のことだ。だがそれは本来なら男性も同じではないだろうか。男性は働き方をまったく変えることなく女性だけが働き方を変えることが「あたりまえ」とされ、それゆえキャリアからの離脱を否応なく宣告されてしまうのであれば、たとえ就業継続はできたとしてもキャリアが断続する状況は変わらないことになる。育休取得格差を解消し、子育て期の働き方を男性も実践することが、なにより求められているのだ。

3　マタニティ・ハラスメント／パタニティ・ハラスメント

1）マタニティ・ハラスメント

　男女ともに、妊娠・出産・育児期の働き方を共有し実践しようとするとき、残念ながらそれを阻もうとする力も存在する。職場のハラスメントである。本節では、**マタニティ・ハラスメント**と**パタニティ・ハラスメント**の問題を考えていこう。

　マタニティ・ハラスメントとは、妊娠・出産・育児を担う女性労働者に対して組織的、あるいは個人的になされる不当行為、嫌がらせ行為等を指す。具体的には妊娠・出産をきっかけとする解雇や退職強要、減給、降格といった不利益取扱い、上司や同僚らからの心無い発言や態度、必要な制度利用が阻まれるなど、その内容は多岐にわたる。

　マタニティ・ハラスメントという言葉や概念が社会的に広く用いられるようになったのは 2013 年頃からである。日本労働組合総連合会（以下、連合）が実施した「マタニティ・ハラスメントに関する意識調査」で「4 人にひとりがマタハラ被害を経験している」［連合 2013］という結果が大きく報道されたことで社会的関心を呼んだ。働く妊婦の問題に「名前がついた」ことで、それまで見逃されてきた職場のさまざまな行為が告発すべき問題としてクローズアップされ「見える化」したのだ。2015 年には厚生労働省が初めての調査を実施、妊娠等を理由とする不利益取扱い等の経験率は 21.4 ％、雇用形態別でみると派遣労働者が 45.3 ％と、派遣労働者の経験率が高いという結果が報告された［労働政策研究・研修機構 2016］。弱い立場で働く労働者により強い圧力がかけられていることがうかがえる。

　すでに紹介したように均等法で妊娠・出産差別は禁止されている。しかし、男性労働者中心の職場文化のなかで「お腹の大きな女性」が働き続けることにさまざまな圧力がかけられてきたことは半ば公然の事実であり、その多くは「泣き寝入り」されてきた。「マタハラ」が社会的ムーブメントとなり多くの女性たちが声をあげたことで、初めて均等法第 9 条第 3 項違反という司法判断が示され（2014 年、妊娠を理由とする降格人事をめぐる最高裁判断）、初めて均等法

違反の制裁措置である事業所名公表がなされた（2015年、妊娠を理由とする悪質な解雇事案に対して）。2016年の改正均等法（2017年施行）では新たに、職場における妊娠・出産等に関するハラスメントの防止措置を講ずることが企業に義務づけられた（第11条第2項）。解雇や減給といった明確な不利益取扱い（第9条第3項違反）のみならず、制度利用への圧力や同僚からの心無い言動など、職場のさまざまな行為も防止の対象となった。こうした一連の社会的な動きは職場の意識改革をうながすためにも大きな意味をもつ。

2）パタニティ・ハラスメント

　性別役割分業社会は男性から「育児する権利」を奪ってきた。家族を顧みず仕事に専念する男性労働者像こそが企業が求める労働者モデルだったからだ。その奪われた権利を取り戻そうとする男性たちの動きが活発化したのは2000年代に入ってからである。2006年11月、男性たちによる父親支援団体ファザーリング・ジャパンが設立（現NPO法人）、2010年には厚生労働省がイクメンプロジェクトをスタート、男性の育児参加への社会的気運も徐々に高まり始める。育休利用を希望する男性は年々増加傾向にあり、民間のネット調査などでは20代、30代男性の8割が希望しているといった結果も紹介されている。だが実際の取得がなかなか進まない状況は前節で指摘したとおりである。取りたくても取れない状況や取りづらい状況があること、また取ったとしても理不尽な仕打ちを受けるという父親へのハラスメントが問題化され始める。

　パタニティ・ハラスメントとは男性の「育児する権利」を侵害したり妨害したりする行為を指す。具体的には男性労働者が育児休業を取得したり育児のための短時間勤務やフレックス勤務を利用したりすることを妨げる行為、さらにそれらの制度利用を希望した、あるいは取得したことに対してなされる不当行為や嫌がらせ行為等を含む。2014年1月に連合が「パタニティ・ハラスメントに関する調査」を実施、その前後から「パタハラ」の略称で社会的に用いられるようになった。2017年12月、管理職だったカナダ出身の男性が育休から復帰後にハラスメントを受けたと提訴し、「パタハラ訴訟」として国内外の注目を集める。日本人男性も2019年6月、育休取得後に不当な配置転換や嫌がらせ行為を受けたとして大企業を相手に提訴、以後も訴訟は続いた。またこう

した訴訟だけではなく「育休取得がなかなか認められない」「育休復帰後に突然の転勤命令を受け退職せざるをえない」など、男性の被害経験が SNS 上などで次々と発信され、職場の現状が共有されるようになる。育休取得促進のかけ声の一方で、企業的価値観が一向に変化していないことが浮き彫りとなったのだ。2022 年施行の改正育児・介護休業法では「育児休業を申請しやすくするための雇用環境整備」を会社に義務づけ、いっそうの取り組み強化を求めている。企業の意識改革が喫緊の課題となっているのだ。

3）ハラスメントが生まれる構造

　妊娠・出産・育児を抱える男女労働者への職場のハラスメントとはいったいなんだろう。筆者は「妊娠・出産という身体の事情」や「育児といった家族の事情」を職場に持ち込ませないよう作動する排除装置であると考えている。ではなぜ、会社や職場はそれらを排除しようとするのだろうか。それは高度経済成長期以降、男性労働者がつくり上げてきた「働き方」、すなわち長時間労働や休日出勤をいとわない（身体へのケアが不在）、家族的責任も負わない（ケア役割が不在）といった「ケア不在の働き方」を「効率的」とする既存の価値観が、いまだに根強く残っているからだろう（➡序章・第 2 章・第 5 章参照）。

　この「ケア不在の働き方」が基準とされ、それに適応するよう求められるかぎり、いくら個々のハラスメント行為を防止しても根本的な解決とはならない。「身体ケア（妊娠・出産）」も「ケア役割（育児）」も、それらを主張したとたん「非効率的な労働者」とみなされるのであれば、制度利用の「希望」も「請求」もしにくいものとしてあり続けるからだ。それでは「働きながら健康に産み育てる権利」は守られない。そう考えるとマタニティ・ハラスメント、パタニティ・ハラスメントは、不当行為や嫌がらせ行為の防止という次元にとどまる問題ではない。職場のあり方や企業社会の価値観そのものを問い直す作業が必要となる。逆に言えばハラスメントの告発は、妊娠・出産・育児があたりまえに生きられる職場をつくるための男女労働者からのアクションなのである。

4　「両立」が問題とならない社会へ

　ここまで確認してきたように、働きながら妊娠・出産・育児をするための制度的な支援は拡充されてきた。一方で、拡充された制度が十分利用されていない、利用できる職場環境にない、利用すればハラスメントが生じるケースもある等の課題が生じている。その背景には性別役割分業時代からの「ケア不在の働き方」基準が、社会にも職場にも、人びとの意識にも根強く残り続けているという問題がある。本章ではふれなかったが、働きながらの介護も同じ問題を抱える。

　専業主婦世帯が多かった性別役割分業社会から共働き世帯が多い共働き社会へ移行してすでに25年以上が経過している。男女労働者がいろいろな事情を抱えながら働ける社会をつくる必要性は誰もが認識しているはずだ。にもかかわらずいまだに「両立」が問題となるのはなぜだろうか。一人ひとりの人生において、働くことも家族を生きることも、誰かをケアすることも、あたりまえのことではないのか。むしろそれが「選択」の問題とされ「困難な問題」とされてきた、そのことのほうが不思議ではないだろうか。

　「両立」が問題とならない社会へのシフトチェンジ、それはもう始まっている。みなさんはいま、新しい働き方をつくるその過渡期に立っている。なにができるか、ともに考えてほしい。たとえば、男性が長期の育休を取得することもひとつの実践となるだろう。「パパさん社員」があたりまえの職場が増えれば「ママさん社員」だけがレッテルを張られ、メイントラックから外される、などということはなくなるはずだ。子どもを抱えた社員を次から次へと除外すれば会社は成り立たない。排除装置としてのハラスメントも無効化できるかもしれない。そのためにはまず、みなさん自身が古い意識や既存の価値観に縛られていないか考えてみてほしい。そのうえで、先輩世代が苦しみながらも声をあげ、少しずつ獲得してきた法や制度を「堂々と」「十分に」活用し、新しい働き方を社会に示していってほしい。

【参考文献】

朝日新聞［2006］「育児で女性が仕事中断。生涯賃金はいくら減る？」4月23日朝刊。

岩澤美帆［2004］「妻の就業と出生行動——1970年～2002年結婚コーホートの分析」『人口問題研究』60巻1号。

国立社会保障・人口問題研究所［2017］「第15回出生動向基本調査」。

国立社会保障・人口問題研究所［2022］「第16回出生動向基本調査」。

厚生労働省［2014］「平成25年度雇用均等基本調査」。

厚生労働省［2021］「育児・介護休業法の改正について」。

厚生労働省［2023a］「令和4年版働く女性の実情」。

厚生労働省［2023b］「令和4年度雇用均等基本調査」。

三菱UFJリサーチ＆コンサルティング［2019］「平成30年度仕事と育児等の両立に関する実態把握のための調査研究事業報告書」。

内閣府［2022］「令和4年版男女共同参画白書」。

内閣府［2023］「令和5年版男女共同参画白書」。

日本経済新聞［2023］「生涯子供なし、日本突出　50歳女性の27％」1月11日WEB配信。

日本労働組合総連合会［2013］「マタニティ・ハラスメントに関する意識調査」。

日本労働組合総連合会［2014］「パタニティ・ハラスメントに関する調査」。

大沢真理［1993］『企業中心社会を超えて——現代日本を「ジェンダー」で読む』時事通信社。

労働政策研究・研修機構［2016］「妊娠等を理由とする不利益取扱い及びセクシュアルハラスメントに関する実態調査結果」。

新谷由里子［1998］「結婚・出産期の女性の就業とその規定要因——1980年代以降の出生行動の変化との関連より」『人口問題研究』54巻4号。

杉浦浩美［2009］『働く女性とマタニティ・ハラスメント——「労働する身体」と「産む身体」を生きる』大月書店。

杉浦浩美［2015］「就労意欲と断続するキャリア——初職離職と転職・再就職行動に着目して」岩田正美・大沢真知子編『なぜ女性は仕事を辞めるのか——5155人の軌跡から読み解く』青弓社。

unicef［2021］「先進国の子育て支援の現状」https://www.unicef-irc.org/publications/1203-where-do-rich-countries-stand-on-childcare.html

［杉浦浩美］

第7章　ハラスメント
働く者の尊厳が保たれる仕事場を

keyword　セクシュアルハラスメント　パワーハラスメント
仕事の世界における暴力及びハラスメントの撤廃に関する条約
男女雇用機会均等法　労働施策総合推進法

1　ハラスメントとはなにか

1）ハラスメントを禁ずる世界の動き

　2017年、ニューヨーク・タイムズ誌が、ハリウッドの映画プロデューサーによる女優やモデルに対する長年の**セクシュアルハラスメント**（以下セクハラ）を告発する記事を発表したことから、#MeToo（私も）と続く女性たちの声がグローバルなうねりとなった。

　#MeToo運動で明らかになったハラスメントの深刻さを受けて、創立100周年を迎えたILO（国際労働機関）は、2019年にセクシュアルハラスメントを含む「**仕事の世界における暴力及びハラスメントの撤廃に関する条約**」（条約第190号）と勧告（第206号）を採択した。この条約は仕事の世界における暴力とハラスメントの問題を扱う初の国際労働基準である。2023年10月1日時点でイギリスやカナダなど32か国が批准しており、今後も批准国は増えていくとみられる（日本は未批准）。

　同条約は仕事の世界における「暴力及びハラスメント」を定義して、その根絶に向けて明示的な方向性を示している点で高く評価できる。前文では、ハラスメントは労働者の人権を侵害するおそれがあり、機会均等に対する脅威であり、仕事と両立しない、容認できない行為であることが明記されている。

　また同条約のハラスメントの定義は広く包括的で、ジェンダーに基づくハラスメントを強調している点が特徴である。仕事の世界における「暴力及びハラスメント」とは、「一回限りのものであるか反復するものであるかを問わず、

身体的、精神的、性的又は経済的損害を目的とし、又はこれらの損害をもたらし、若しくはもたらすおそれのある一定の容認することができない行動及び慣行又はこれらの脅威をいい、ジェンダーに基づく暴力及びハラスメントを含む」(I定義　第1条　1(a))。

　この定義では、暴力とハラスメントを区別せず「身体的、精神的、性的又は経済的損害」を定義の中心内容に位置づけ、暴力の連続線上にあるハラスメントの深刻さが示されている。ハラスメント行為には、労働者に身体的、精神的、性的又は経済的損害をもたらしうる不当な組織の慣行や仕事上の不利益、解雇への脅威なども含まれる。

　そして「ジェンダーに基づく暴力及びハラスメント」とは、「性若しくはジェンダーを理由として個人に向けられた暴力及びハラスメント又は特定の性若しくはジェンダーの個人に対して不均衡に影響を及ぼす暴力及びハラスメントをいい、セクシュアル・ハラスメントを含む」(I定義　第1条　1(b))。

　ジェンダーに基づくハラスメントには、性やジェンダーを理由にして個人に直接に向けられる行為、そしてジェンダーやマイノリティの属性をもつ個人に不均衡な影響をもたらしうる行為を含む。#MeToo運動でセクシュアリティやジェンダーに基づく暴力やハラスメントが女性やマイノリティの労働環境を著しく害している現実が認識され、それが定義に反映されたと言えよう。

　条約の適用範囲も広く定められた。保護対象として、契約上の地位のいかんを問わず働く者、訓練中の者（実習生及び修習生を含む）、雇用が終了した労働者、ボランティア、求職者及び就職志望者まで含んでおり、規制すべき暴力及びハラスメントが発生する場も狭義の職場に限定せず、休憩室や職場への通勤路、仕事関連のオンライン空間など、広い意味での働く場を想定している。第三者から向けられる暴力及びハラスメントも規制の対象とされて、とりわけ、女性やマイノリティが被害を受けやすいとの認識も示された。

　条約で定められた先進的な労働基準は批准国の国内法によって初めて実現される。そのため締約国には、仕事の世界における暴力及びハラスメントの防止・撤廃のために、「包摂的で総合的、かつジェンダーに配慮した対策」に取り組むことが求められる。暴力及びハラスメントを明確に定義したうえで、そのような行為を禁止する法令を制定すること、かつ被害者に対する実効性のあ

る救済をもうけることで、すべての人が暴力とハラスメントのない仕事の世界で働ける権利を尊重、促進、実現するように努めることを求めている。

2）日本におけるハラスメント規制

　日本のハラスメント規制は、個別のハラスメント事件が注目を集め社会問題化されたことで、ハラスメントごとに法的な対応が施されてきた。その結果、多様なかたちをとりうるハラスメントを包括的に捉える上位法律はまだ導入されていない。日本でハラスメントが最初に注目されたのは、1989年に福岡で初のセクハラ裁判が起こされ、1992年に被害者の女性が全面勝訴したことによる。この判決をきっかけに、1997年改正（施行は1999年）の**男女雇用機会均等法**は、女性労働者に対するセクシュアルハラスメント防止のための配慮を事業主に義務づけた。さらに2006年（施行は2007年）には、男女労働者へのセクシュアルハラスメント防止のための雇用管理上の措置を事業主に義務づけた。2016年（施行は2017年）には妊娠・出産を理由にするハラスメント（マタハラ）、および育児休業・介護休業等に関するハラスメント（ケアハラ）の防止規定が、それぞれ男女雇用機会均等法と育児・介護休業法に導入された（➡第6章参照）。2019年（施行は2020年、全面施行2022年）には**パワーハラスメント**（以下パワハラ）対策が**労働施策総合推進法**の改正により法制化された。

　2019年の労働施策総合推進法改正やそれに伴う男女雇用機会均等法、育児・介護休業法の改正には、セクハラ、マタハラ、ケアハラ、パワハラの防止のための国、事業主、労働者の責務規定や、相談を理由にして相談者などを不利益扱いしてはいけないという禁止条文が追加され、ハラスメント対策の強化が図られた。

　しかし、男女雇用機会均等法、育児・介護休業法、労働施策総合推進法という三つの法律のどこにもハラスメントを定義して、それを禁止する条文はない。これらに共通して定められているのは、ハラスメントを防止するために「雇用管理上必要な措置を講じる」雇用主の「措置義務」である（この問題については本節3項で述べる）。まずそれぞれのハラスメントの内容について確認してみよう。

　男女雇用機会均等法（2006年改正法第11条第1項）と「セクハラ指針」によ

れば、セクハラとは「職場において行われる性的な言動」であり、対価型と環境型の2種類がある。「職場において、労働者の意に反する性的な言動が行われ、それを拒否したことで解雇、降格、減給などの不利益を受けること」を対価型セクハラ、「性的な言動が行われることで職場の環境が不快なものとなったため、労働者の能力の発揮に大きな悪影響が生じること」を環境型セクハラとする［厚生労働省ほか 2022］。なお、2006 年改正によって同性間でも、そして男性に向けられた意に反する性的な言動もセクハラに該当するようになった。

2016 年改正均等法には、マタニティハラスメントに対する事業主の措置義務規定が加わり、同年の「マタハラ指針」に事業主が対応すべき言動として、妊娠・出産に関する制度や措置の利用に関する言動（制度等の利用への嫌がらせ型）と、妊娠したこと、出産したことに関する言動（状態への嫌がらせ型）が示された。ケアハラについても 2016 年改正の育児・介護休業法と「育介法指針」に、育児休業・介護休業等の取得を理由とする言動とされている。

ハラスメント法体制のなかでも最も詳しく定められているのはパワハラである。労働施策総合推進法と「パワハラ指針」には、パワハラは「職場において行われる①優越的な関係を背景とした言動であって、②業務上必要かつ相当な範囲を超えたものにより、③労働者の就業環境が害されるものであり、①から③までの要素を全て満たすもの」としている。そしてパワハラの具体例を次のように六つの類型にまとめている（事例の列挙は一部省略）。

（1）身体的な攻撃（暴行・傷害）：足蹴り、物を投げるなど。

（2）精神的な攻撃（脅迫・名誉棄損・侮辱・ひどい暴言）：人格を否定するような暴言、性的指向・性自認に関する侮辱的な言動、長時間にわたる厳しい叱責などで、電子メールを使うことも含む。

（3）人間関係から切り離し（隔離・仲間はずし・無視）：仕事から外し、長時間に渡り別室に隔離したり、自宅研修させたりする、集団で無視し孤立させるなど。

（4）過大な要求（業務上明らかに不要なことや遂行不可能なことの強制・仕事の妨害）。

（5）過小な要求（能力と経験とかけ離れた程度の低い仕事を命じることや嫌がらせ

のために仕事を与えないこと）。

（6）個の侵害（私的なことに過度に立ち入ること）：性的指向・性自認や病歴、不妊治療等敏感な個人情報を暴露する。

2019 年の改正「パワハラ指針」には六つの類型に性自認、性的指向に関する記載が新しく加わり、いわゆる SOGI（Sexual Orientation, Gender Identity）ハラがパワハラの一形態として認められた［津野 2023］。ILO 条約の定義では SOGI ハラは、セクハラ、マタハラとともに「性若しくはジェンダーに基づくハラスメント」に当てはまるが、日本ではパワハラ法令に含まれたのである。

3）日本のハラスメント法規制の問題

以上のように日本では、ハラスメント全体を規制する法律がなく、三つの個別法でハラスメントごとに規制する仕組みをとっている。くわえて、三つの法律に定められている内容は、2006 年改正の男女雇用機会均等法のセクハラ規制に倣った抽象的な内容を繰り返しているだけで、一般市民にはわかりにくい指針、通達などで具体的な内容を補っている［新村 2021］。このような日本の法令のあり方はハラスメントを包括的に理解することを妨げている。

三つの法律ではハラスメントを禁止する条文がないことも問題である。法律の適用対象は事業主であり、事業主に対するハラスメント防止策の How to 的な指導がハラスメント法規制の主な内容となっている。そのため、被害者がハラスメントを訴えても、違法性の判断基準は、事業主による措置義務違反かどうかであって、加害者の行為がハラスメント当該行為だったのかどうか、ではない［浅倉 2021: 106］。多くの被害者は、自分が受けた行為がハラスメントであり、加害者からされたことは違法であると認めてもらいたいと望んでいる。しかし、法律の条文に禁止規定がないため、その願いが叶わない。たとえ被害者が都道府県労働局に申し出て、事業主が措置義務に違反したと認められる場合にも、企業名を公表する行政処分（処分のなかで最も重い）が下されるケースはきわめて稀である［浅倉 2021、内藤 2018］。

このように、日本の法律には労働者の視点に立ったハラスメントに対する包括的な理解と対策が示されていない。それがハラスメントに対する社会的認識

が培われない原因のひとつでもあるだろう。本来ハラスメント行為は働く環境を悪化させるだけでなく、被害を受ける労働者に取り返しのつかない損害や人権侵害をもたらしうる、容認できない行為のはずだが、現行法令のもとでは被害者はハラスメントの違法性を認めてもらうことも難しく、被害回復のために必要な心理的・経済的サポートも十分に得られない厳しい状況に置かれる。1節1項で紹介したILO条約に倣って、日本でも明確で包括的なハラスメント法規制を整えていくことが求められる。

2　データからみるハラスメントの状況とその特徴

1）ハラスメントの状況

　職場におけるハラスメントの実態を正確に把握することは難しい。ハラスメント言動をしている人のほとんどは自分がハラスメントをしているという認識がない。特にセクハラの加害者は、恋愛していると思い込んだり、相手も好意をもっていると勘違いしたりする場合が多い。ハラスメントを受けている側が自ら声を上げないかぎり、把握しにくい構造にある。しかも、ハラスメントは同じ職場で身近に仕事をしている状態で起きる場合が多いので、職場環境を気にして被害を訴えることは容易ではない。被害者も自分が受けている言動がハラスメントなのか疑ったり、被害を受けていることを認めることに心理的抵抗があったりして我慢することもある。

　ここでは、厚労省による『令和2年度厚生労働省委託事業　職場のハラスメントに関する実態調査報告書』（以下『実態調査』とする）［厚生労働省委託　東京海上日動リスクコンサルティング株式会社 2021］を手がかりにハラスメントの現状を確認しよう。同調査によると、労働者の3割強が過去3年の間にハラスメントを経験したことがある。この割合はその3年前の調査からも変わらず、仕事の世界におけるハラスメントの深刻さが浮かび上がる。具体的には、パワハラ、セクハラ、顧客等からの著しい迷惑行為を受けた比率はそれぞれ、回答者の31.4％、10.2％、15.0％であり、過去5年間に女性の妊娠・出産・育児休業等ハラスメント、妊娠・出産等に関する否定的な言動、男性の育児休業等ハラスメントを一度以上経験した当事者の割合も、それぞれ26.3％、17.1％、

26.2 ％であった。2017～19 年卒業で就活等セクハラを一度以上受けたと回答した者の割合も 25.5 ％にのぼる。

　被害には男女差もみられる。パワハラを一度以上経験したと答えた割合を男女でみると、男性が 33.3 ％、女性が 29.1 ％と、男性が女性より高い。パワハラの内容別にみると、男女ともに「精神的な攻撃」（49.4 ％）が最も多く、次に「過大な要求」（33.3 ％）が多い。「過大な要求」は男性が女性より多く、「人間関係からの切り離し」や「個の侵害」は女性が男性より多い。

　しかし性別と雇用形態をクロスしてみると、女性管理職の 38.1 ％がパワハラを受けたことがあると答えており、調査対象のなかで最も高い。連合が行った別の調査では 40 代の男性労働者の 4 割強がパワハラを受けた結果も出ており［連合 2021］、日本では地位が低いからハラスメントを受けているわけではなく、むしろキャリアの中間的地位にいる者がハラスメントに遭っている特徴がみえてくる。

　セクハラの被害は、女性が男性より多い（女性 12.8 ％、男性 7.9 ％）。受けたセクハラの内容は「性的な冗談やからかい」「不必要な身体への接触」「食事やデートへの執拗な誘い」が高い。セクハラの場合も女性管理職（26.2 ％）が最も高く、同調査で男性管理職の 9.2 ％がセクハラを受けたことがあると答えたのに対して、女性管理職は同じ管理職であっても男性より 2.5 倍以上高いことに注意を払いたい（➡第 8 章参照）。

　調査対象は異なるが、連合が 2017 年に実施した「雇用における男女平等に関する調査」では、セクハラの男女差がもっと大きく、過去 3 年間にセクハラを受けたことがあると答えた女性の割合は 15.6 ％だったが、男性は 2.9 ％と差があった［井上 2021］。年齢別の集計からは、若い世代の女性が被害を受けやすいことや（29 歳以下で 17.9 ％、30 代が 16.1 ％）、就職活動中の 20 代男性の 21.1 ％が「性的な冗談やからかい」などセクハラを受けており、就職活動中に限れば、20 代男性が最もセクハラを受けていることも明らかになっている［連合 2019］。

2）ハラスメントの加害者

　ハラスメントを行う人はどのような人なのだろうか。『実態調査』［2021］に

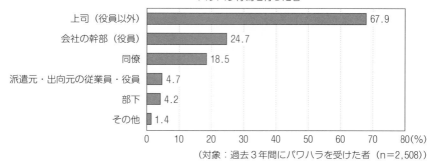

パワハラ行為を行った者

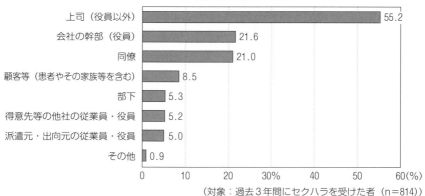

セクハラ行為を行った者

注：複数回答のため合計値は100％をこえる。
出所：厚生労働省委託 東京海上日動リスクコンサルティング株式会社［2021：80］。

図7-1　パワハラ、セクハラの加害者

よると、パワハラもセクハラも、加害者は仕事上の上司（役員以外）が断然多い。続いて会社の幹部（役員）が多く、同僚も相当程度、加害者になることがわかる（図7-1参照）。

　パワハラとセクハラの加害者には違いもみえる。パワハラの場合にはいわゆる職場の優越的な関係にある上司と役員が9割をこえる。それに対して、それ以外の第三者は6％程度である。一方、セクハラは職場の優越的な関係にある者からの場合が76.8％に対して、同僚と部下からが26.3％、顧客や取引先等の他社、派遣元・出向元の従業員・役員からのハラスメントも18.7％ほど

ある。セクハラの加害者は社内にとどまらず、労働者が接する顧客を含む第三者まで広い関係のなかで起きている実態がうかがえる。

　セクハラが発生する場所も多岐にわたる。就業時間外の懇親の場、休日の連絡（メールや電話など）、業務で使用する車中、取引先との打ち合わせの場所、在宅勤務時のウェブ会議など、出張先、通勤・退勤中や社員寮、顧客の自宅などで起きるのが3割をこえており、パワハラが通常の職場で発生することが9割近くであることと対照的である［『実態調査』2021：79］。第三者も含めた働く環境を対象としたハラスメント対策が求められる理由である。

3）ハラスメントの対策

　労働者の3割以上が遭遇しているハラスメントであるが、対策は十分にとられているだろうか。1節で言及したように、事業主は法律によってハラスメント防止のために必要な雇用上の措置を取ることが義務づけられている。各指針にはハラスメントごとに、雇用主が講ずるべき措置が示されている［厚生労働省2022］。たとえば、「パワハラ指針」には、以下のような措置が求められている。

- 事業主の方針の明確化及びその周知・啓発
- 相談（苦情を含む）に応じ、適切に対応するために必要な体制の整備
- 職場におけるハラスメントへの事後の迅速かつ適切な対応
- 併せて講ずるべき措置（プライバシー保護、不利益取扱いの禁止等）

　2019年の労働施策総合推進法等の改正によって、セクハラ、マタハラ、ケアハラ、パワハラを受けたことを相談したことで退職を強いられたり、減俸や望まない配置転換などが行われたりする不利益扱いをされたら直ちに違法となる。しかし、ハラスメントの防止のための企業の取り組みはいまだに遅れているのが実情だ。『実態調査』［2021］によると、最も多くの企業が取り組んでいるハラスメント対策は「ハラスメントの内容などに対する周知・啓発」と「ハラスメントの相談窓口の設置と周知」で、調査対象の企業の約8割に当たる（図7-2）。

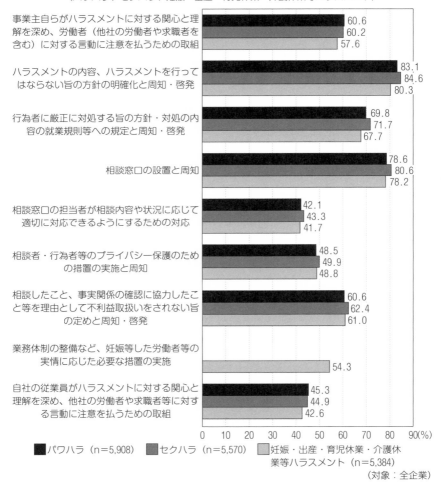

企業がハラスメントの予防・解決のための実施している取組
（パワハラ、セクハラ、妊娠・出産・育児休業、介護休業等ハラスメント）

事業主自らがハラスメントに対する関心と理
解を深め、労働者（他社の労働者や求職者を
含む）に対する言動に注意を払うための取組
- パワハラ 60.6
- セクハラ 60.2
- 妊娠等 57.6

ハラスメントの内容、ハラスメントを行って
はならない旨の方針の明確化と周知・啓発
- パワハラ 83.1
- セクハラ 84.6
- 妊娠等 80.3

行為者に厳正に対処する旨の方針・対処の内
容の就業規則等への規定と周知・啓発
- パワハラ 69.8
- セクハラ 71.7
- 妊娠等 67.7

相談窓口の設置と周知
- パワハラ 78.6
- セクハラ 80.6
- 妊娠等 78.2

相談窓口の担当者が相談内容や状況に応じて
適切に対応できるようにするための対応
- パワハラ 42.1
- セクハラ 43.3
- 妊娠等 41.7

相談者・行為者等のプライバシー保護のため
の措置の実施と周知
- パワハラ 48.5
- セクハラ 49.9
- 妊娠等 48.8

相談したこと、事実関係の確認に協力したこ
と等を理由として不利益取扱いをされない旨
の定めと周知・啓発
- パワハラ 60.6
- セクハラ 62.4
- 妊娠等 61.0

業務体制の整備など、妊娠等した労働者等の
実情に応じた必要な措置の実施
- 妊娠等 54.3

自社の従業員がハラスメントに対する関心と
理解を深め、他社の労働者や求職者等に対す
る言動に注意を払うための取組
- パワハラ 45.3
- セクハラ 44.9
- 妊娠等 42.6

■ パワハラ（n＝5,908）　■ セクハラ（n＝5,570）　□ 妊娠・出産・育児休業・介護休業等ハラスメント（n＝5,384）

（対象：全企業）

注：「業務体制の整備など」の選択肢は妊娠・出産・育児休業・介護休業等ハラスメントのみ。
出所：厚生労働省委託 東京海上日動リスクコンサルティング株式会社［2021：41］。

図7－2　ハラスメントに対する企業の対策

　しかし、相談窓口の実効性が問われる「相談窓口の担当者が相談内容や状況に応じて適切に対応できるようにするための対応」について聞くと、わずか4割程度の企業しか取り組んでいない。関係者のプライバシーの保護のための措置を取っている企業も5割を切っている。つまり、相談窓口は設置されていても、その半数は専門的な知識をもつ相談員による相談機能が保たれておらず、形のみの相談窓口である可能性が高い。また2割程度の企業は相談窓口すら設けていない。

　ハラスメントに対する企業の対策はどのハラスメントに対しても同じ程度である（図7-2参照）。セクハラ、マタハラ、ケアハラに対する事業主の措置義務はパワハラに先立って法制化されていたにもかかわらず、パワハラへの対策状況と大差がない。このような実態から、多くの企業においてハラスメントの対策はこれまで真剣に取り組まれてこなかったと言えよう。

　こうした背景があるからだろうか、『実態調査』［2021］によると、労働者の多くはハラスメントを受けても何もせずに我慢している（パワハラで35.9％、セクハラで39.8％）。ハラスメントを受けても何もしなかった理由は、「何をしても解決にならないと思ったから」の割合が最も高く（パワハラで67.7％、セクハラで58.6％）、回答者の半数をこえる。また、「職務上不利益が生じると思ったから」をあげている回答者の比率もパワハラで22.6％、セクハラで16.4％と高い。職場のハラスメントへの解決能力に疑問をもっていたり、相談したことで報復などの不利益を受けないかと心配したりしているからであろう。実際のところ、相談した内容が相談者の了解なく管理職全員に共有されたり、社内に漏洩して噂になったりして、加害者からの報復や人事措置により不利な取り扱いを受ける二次被害が発生する事例は珍しくない［新村 2021］。

　相談窓口がどれほど機能しているのかも重要な課題である。『実態調査』［2021］によると、相談の結果、「ハラスメントがあったともなかったとも判断せずあいまいなまま」にされている場合がパワハラでは59.3％、セクハラでは40.2％もあり、話を聞くだけで、調査も、事実判定もしていない現状がうかがえる。ハラスメントの認定があった場合でも、パワハラで会社が「行為者に謝罪させた」のは28.5％だけで、「何もしなかった」場合も22.3％であった。

セクハラでは「会社として謝罪をした」（32.4％）の割合と「行為者に謝罪させた」（27.0％）の割合が高かった。事業主の措置義務がない「顧客等からの著しい迷惑行為」に対しては、半数以上の会社が何の取り組みも行っていない（57.3％）。労働者は上司と相談して対応するか、個人的に対応しているのである。すでに指摘したように、セクハラは第三者が加害者である場合が相当数あるため、第三者に対する効果的な対策が欠かせないが、会社の対策は現状にまったく追いついていない。

　ハラスメント事件が社内で適切に解決できない場合には、都道府県労働局のような公的機関に申し出ることもできる。しかし、1節で述べたような法の構造上の問題により、救済の限界は明らかである。最後の手段である裁判も長い時間やコストがかかり、会社を相手にする精神的な負担もあるため、被害者には非常に壁が高い方法であると言わざるをえない。

3　ハラスメントはなぜ起きるのか

1）ハラスメントが起きる構造

　ハラスメントは人間関係のトラブルのようにみなされがちだが、たんに加害者と被害者の個人的な問題に帰結するものではない。たとえ相手を支配・コントロールしようとする個人的な動機に発動されても、その背景には社会的、組織的な要因が存在する。人は社会の価値観や身近な環境によって自分の行動に意味づけをするので、ハラスメント行為が受け入れられない環境にいるなら個人的な動機は抑制されるからである。

　パワハラを研究する津野香奈美は、パワハラを「個人が自分の意向で（組織の意向とは独立して）単独で行う個人的暴力（＝個人的パワハラ）と、組織の意向や職場風土による構造的暴力あるいはそれによって誘発される個人的暴力（＝構造的パワハラ）とを、切り分けて考える」必要があるとし［津野 2023: 133］、ハラスメントを個人間の問題のみに矮小化する傾向に警鐘を鳴らす。

　津野によれば、パワハラの個人的な要因は妬みが多い。加害者は自分のやり方が否定されたり、自分が築いてきた世界が脅かされると不安になって、怒りを覚えたあげく、相手に無理を強いたり、怒鳴ったり、中傷したりするハラス

メント言動に及ぶ。相手を萎縮させ常に自分の顔色をうかがわせることで、自らの優越性を確認しようとする。これらのハラスメントはいじめと似ていて、最初は些細なからかいから始まり、段々とエスカレートしていく。次第に周囲の人びともハラスメントに加担して集団攻撃になっていき、ハラスメントが常態化することで被害者が孤立し、被害が深刻化する。

　組織のなかで高い立場にいる者はその地位を利用したハラスメントに及びやすい。職場の上司は部下の業績に対して管理、評価、指導をする権限と、豊富な経験や仕事上の知識をもっていることから、部下を支配、コントロールしやすい立場にいる。2節でみたように、ハラスメントの加害者の圧倒的多数が上司であることからも明らかである。

　一方でパワハラは時に、組織内の社会秩序を維持するために行われることがあるため［津野 2023］、組織の体質や職場環境がハラスメントを誘発したり、ハラスメントを許してしまう原因になることがある。『実態調査』［2021］でハラスメントが起きている環境について尋ねると、パワハラを経験したことがある回答者が働く環境は「上司と部下のコミュニケーションが少ない／ない」「ハラスメント防止規定が制定されていない」「失敗が許されない／失敗への許容度が低い」「従業員間に冗談、おどかし、からかいが日常的に見られる」「従業員間の競争が激しい／個人業績と評価の連動が徹底している」といった項目に、当てはまると答えた割合が、パワハラを経験しなかった者より高い。

　セクハラにも同様の傾向がみられるが、とりわけ普段から「性的な冗談が横行している環境」であることが、セクハラを起こしやすいことが回答からわかる。これまでの研究からも、女性職員が少ない職場や、女性が伝統的に男性の仕事とみなされてきた仕事に進出する分野などで、女性を蔑ろにする風潮やセクハラを許容するような日常的な環境があることが多く、セクハラが起きやすいと指摘されている［申 2019、2021］。

　さらに、日本においては日本的雇用慣行と表裏一体となっている組織風土がハラスメントの土台になっているとの指摘にも注意を払いたい。野村［2021］は日本の典型的な大企業では「できないことをできないということが容易ではない風土」があり、そのような風土は新入社員研修のときから意図的に築かれるという。新入社員研修ではこれから配属される職場に必要な仕事上の知識を

伝えるというよりは、根性や規律、困難に負けない精神、協調性、会社への忠誠心といった精神教育をして、運命共同体としての社員間の連帯意識や愛社精神を育み、同質性の高い集団の利益を優先する文化を形成していく。それがトップダウン式の命令体制、序列関係が厳しい組織、成果至上主義をもたらす。このような職場の環境では、会社が実現困難な目標を設定して、社員にその必達を要求すると、社員は過酷な要求でも過剰にコミットしていく。またそこには同僚や会社に迷惑をかけるな、という同調圧力（ピア・プレッシャー）が働き、ひとりで離脱することは難しい。社風を内面化した社員が、私がやらねば、という責任感から自らを精神的・肉体的限界まで追い込んでいくこともある。このような過剰なコミット、ピア・プレッシャーが常態化した職場では、職場の暗黙のルールに従わず十分にコミットしない社員は叱責の対象になる。ルールを監視する立場にいる人が指導の名目でハラスメントの言動を繰り返すこともある。このような環境では、加害者も被害者もハラスメントであるとの認識がなく、常態化するハラスメントを業務遂行の一部分と考える傾向がある。それは加害者たちの認識——「ハラスメントをするつもりはなかった」「（被害者の）勤務態度が問題だ」等々——からもみて取れる［野村 2021］。

　労働施策総合推進法と「パワハラ指針」には、1節2項で述べたように、パワハラを「優越的な関係を背景とした言動」であって、「業務上必要かつ相当な範囲を超えたもの」と定義している。しかしこれは、ハラスメントと認識しにくい職場の社風やハラスメントに対する社会の認識不足を考慮しない狭い定義である。ハラスメントに包括的に対応するためには、優越的な関係に限ったり、「相当な範囲」のような曖昧な条件を改めていく必要があるだろう。

2）ハラスメントの複合的な性格

　ハラスメントは複合的な性格をもち、多様な形態のハラスメント行為は重なって起きることも指摘しておきたい。たとえば、セクハラの被害者が加害者を敬遠することで職場の人間関係から切り離されるパワハラを同時に受けたり、妊娠中の女性労働者が妊娠を理由として仕事を与えられないパワハラを受けたり、社会通念上男らしくないとみなされる男性労働者が性的に侮辱的なコメントとともに身体的な暴力を加えられたりと、複数タイプのハラスメント被害が

起きる。つまり、現実にはひとつのハラスメントに収まらず、セクハラ、パワ
ハラ、マタハラなどが重なり合う形態となる。

　その理由のひとつは、ハラスメントが起きる背景そのものが複合的であるこ
とだ。たとえば、セクハラの背景には相手を性的対象としてみる加害者の差別
的ジェンダー観や、「意に反する」性的な言動を受けても自分の意思を明確に
表明しにくい女性の性規範、職場の人間関係を優先する日本の職場文化、仕事
に不利益を受けないためにトラブルを避けようとする労働者の弱い立場などが
複合的に絡んでいる。

　女性やマイノリティがハラスメントを被りやすい背景には社会のジェンダー
規範やマイノリティに対する偏見や不平等構造がある。LGBTQ＋（多様なジェ
ンダー・セクシュアリティを包括する用語）や、障がいをもつ人、民族的マイノリ
ティに属する人びとなど、社会的マイノリティ集団に属する労働者の場合には、
職場における上下関係から発生する力関係に加えて、社会がマジョリティを基
準としているために発生する構造的な脆弱性も被る。たとえば、職場で戸籍名
の使用を要請するとしよう。日本人／男性にとって戸籍名を使用することになん
の不都合もない。しかし、通称使用を希望する既婚女性や、婚姻したり離婚
することによって名前が変わる女性は不本意にプライバシーが侵害される。ま
た差別を恐れて日本名を使用してきた外国籍の人は本名を暴露され、心理的な
苦痛を被ることもあるだろう。

　ILO条約や勧告でも、LGBTQ＋や外国人など、「被害を受けやすい集団」
について言及し、差別の交差性（インターセクショナリティ）について理解をう
ながす。「女性」といっても年齢や国籍、障がいの有無などによって置かれた
状況は異なり、ハラスメントや差別の経験も異なる。トランス女性は生物学決
定論に基づく性別二元論のジェンダー規範や制度によって人格否定のような苦
痛を経験する。効果的なハラスメントの対策のためには、新しい形態のハラス
メントが話題になる度に個別のハラスメントの対策を付け加えていくのではな
く、ハラスメントとはなにかを包括的に定義して、あってはならない言動であ
るがゆえにハラスメントを禁じる、と明確に示すことから始めなければならな
い。

4　誰もが安心して働けるように

　ハラスメントは、人を傷つけ、人権を無視して、労働する権利を脅かす、あってはならない言動である。誰もが安心して働け、自己実現をはかるためには、ハラスメントがない環境を保障することが基本的な条件である。ハラスメントを根絶する第一歩として、ハラスメントに対する組織の対策を「雇用上必要な措置」という消極的な義務感から、ハラスメントのない仕事環境をつくるための「共同体」としての積極的な責任であるという認識の転換が必要である。そのためには、雇用主はもちろん、職場で一緒に働くすべての人が、ハラスメント根絶のための責任を分かち合い、それぞれの役割を果たすことが重要だ。

　読者のみなさんも、アルバイトの学生であっても、就職活動中の学生であっても、社会人になった後でも、顧客であっても、どんなときもすべての人の人権を尊重して、また自分の人権も尊重されているかを確認し、当事者としてハラスメントのない働く場をつくり上げていってほしい。

【参考文献】

浅倉むつ子［2021］「セクシュアル・ハラスメントをめぐる法的問題——労働法の領域から」、角田由紀子・伊藤和子編『脱セクシュアル・ハラスメント宣言——法制度と社会環境を変えるために』かもがわ出版。

井上久美枝［2021］「連合調査からみた職場におけるセクシュアル・ハラスメントの現状」角田由紀子・伊藤和子編『脱セクシュアル・ハラスメント宣言——法制度と社会環境を変えるために』かもがわ出版。

厚生労働省　都道府県労働局雇用環境・均等部（室）［2022］『職場におけるパワーハラスメント対策が事業主の義務になりました！～～セクシュアルハラスメント対策や妊娠・出産・育児休業等に関するハラスメント対策とともに対応をお願いします～～』。

厚生労働省委託　東京海上日動リスクコンサルティング株式会社［2021］『令和２年度厚生労働省委託事業　職場のハラスメントに関する実態調査報告書』。

内藤忍［2018］「職場のハラスメントに関する法政策の実効性確保——労働局の利用者調査からみた均等法のセクシュアルハラスメントの行政救済に関する一考察」『季刊労働法』260号。

「2019 年の暴力及びハラスメント条約（第 190 条、ILO 駐日本事務所日本語訳）」
　　https://www.ilo.org/tokyo/standards/list-of-conventions/WCMS_723156/lang-
　　-ja/index.htm

野村正實［2021］「パワーハラスメントを生み出す組織風土」『社会政策』13 巻 1 号。

連合［2019］『仕事の世界におけるハラスメントに関する実態調査 2019』。

連合［2021］『仕事の世界におけるハラスメントに関する実態調査 2021』。

申琪榮［2019］「性化された権力――#MeToo 運動が明らかにしたハラスメントの実
　　態と変革の可能性」『女性労働研究』63 号。

申琪榮［2021］「セクシュアルハラスメントの理論的展開―― 4 つの害アプローチ
　　（Four-harms Aproach）」『社会政策』13 巻 1 号。

新村響子［2021］「パワハラ防止法の動向と課題――ILO ハラスメント撤廃条約と対
　　比して」『社会政策』13 巻 1 号。

津野香奈美［2023］『パワハラ上司を科学する』ちくま新書。

［申琪榮］

第8章 管理職

誰もが働きやすい職場づくりのキーパーソン

keyword 意思決定 役職 プレイングマネージャー
女性管理職 双方向型コミュニケーション
短時間管理職

1 管理職とは

　管理職になると、民間企業でも公務労働でも、一般的に組織のなかでの**意思決定**への関与の度合いが大きくなり、やれる仕事や自分でコントロールできることも増える。責任の程度も重くなるため、処遇も高くなる。社会的な地位や名声も得られるようになる場合も多い。一方で、両親や親せきなど周囲の人から「管理職になって残業手当が出なくなって給料が下がった」などという話を聞いたことがあるかもしれない。この話の根拠は、労働基準法上、労働条件の決定その他労務管理について経営者と一体的な立場にある管理監督者は、労働基準法で定められた労働時間、休憩、休日の制限を受けなくなるというものである。経営者や会社と一体とみなされる管理職は、労働者に適用される労働時間管理を受けなくなるために「時間外労働」という概念がなくなり、いくら働いても残業代は支払われなくなる（➡第5章参照）。後で詳しくみるように、労働基準法上の管理監督者に誰が該当するのかは簡単には決まらない。

　ピラミッド型の組織を前提にすれば、管理職といっても、部長級、課長級、係長級のほか「部下なし管理職」では、それぞれの管理職がもつ裁量権や意思決定のレベル、担う役割や機能が異なる。また、誰を管理職とみなすのか自体が学問的な議論を呼ぶ領域となっている。本章では、これらの概念を整理しながら、管理職の実像に迫りたい。また、経済環境の変化やコロナ禍による在宅ワークの増加などの影響で、職場の要である管理職の役割や機能も変化せざるをえない状況にある。現在、管理職はどのような課題に直面しているのだろう

か。さらに、日本では諸外国と比べて圧倒的に女性の管理職が少なく、企業や国・地方自治体などで意思決定にかかわる女性が少ない。このことが意味することについても考えてみよう。

1）管理職とは誰を指すか

　管理職は、統計上どのように把握されているのだろうか。国際比較する場合、国際労働機関（ILO）が定めている国際職業分類（ISCO）を参照しながらも、各国が定めた職業分類を用いて統計把握している。そのため、「管理的職業従事者」が、各国間でかなり異なった層を捉えている可能性がある［三谷・脇坂 2016］。日本では職務レベルが社会的に特定されていないため、**表8‒1**でみるように国際比較すると管理職の割合が極端に低く、かなり限定された上層部の管理職しか把握されていないことが示唆される。また管理職の自己理解としても、日本では自らの職種を「管理職」としては認識していないようだ［久本 2018］。これは、職種という概念がそもそも日本では希薄であることとも関係している。

　さらに日本の統計のなかでも、管理職で捉える範疇が異なっている。たとえば総務省「国勢調査」では、管理職という**役職**とその他の職種を兼ねているいわゆる**プレイングマネージャー**やスタッフ職の場合、管理職でないほうに分類されることが少なからずある［坂爪・高村 2020］。厚生労働省「賃金構造基本統計調査」では、部長級では19人以上、課長級では9人以上の部下をもつことなどと決められているが、雇用期間に定めのない一般労働者のみを対象に回答するよう調査設計されているため、基幹労働力化したパートタイム労働者の管理職などが漏れている可能性もある［神林・樋口 2018］。

　もうひとつの把握のされ方として、法律上の管理監督者という概念がある。労働基準法上の管理監督者は、労働条件の決定その他労務管理について、経営者と一体的な立場にあり、労働時間等の規制の枠をこえて活動せざるをえない重要な職務内容を有している者を指す。したがって、課長や部長、店長と呼ばれていても、労働基準法の管理監督者に必ずしも該当するわけではない。日本マクドナルドの店長が、「名ばかり管理職」問題として有名になったのを知っている人もいるかもしれない。2008年に日本マクドナルドの店長が労働基準

表 8-1　管理的職業従事者の割合と女性比率の国際比較（2020 年）

| | 管理的職業従事者の割合（%） | | | 女性比率 |
	男女計	男性	女性	（%）
日本	1.9	3.0	0.6	13.3
アメリカ	11.5	12.8	10.1	41.1
イギリス	11.3	13.7	8.7	36.6
ドイツ	4.1	5.6	2.5	28.1
フランス	7.8	9.8	5.7	35.5
オランダ	5.2	7.3	2.9	26.2
スウェーデン	6.3	6.9	5.7	42.3
フィンランド	2.7	3.3	2.1	37.5
韓国	1.5	2.2	0.5	15.7

注：1．ISCO分類記号は「B表国際標準職業分類（ISCO）」（p. 134）を参照。
　　2．日本独自の分類（JSCO）による数値を、大分類レベルでISCOに当ては
　　　　めて集計したもので、厳密には国際分類とは異なる。
出所：JILPT［2022］『国際比較データブック』より作成。

法の管理監督者として扱われているのは違法だとして、支払われていない残業代などを求めて、訴えを起こした。裁判では、①職務内容や権限・責任からみて、企業経営に関する重要事項にどの程度関与しているか、②勤務の実態が労働時間規制には馴染まないものか、③基本給や手当、一時金において管理監督者に相応しい処遇がなされているかという観点から、同社の店長は管理監督者に該当するとは認められないという判決を下し、残業代等約 750 万円の支払いが命じられた［八代 2009］。ほかにも法律上は、労働組合法第 2 条第 1 号で「使用者の利益を代表する」かどうかという指標が存在し、使用者の利益を代表する者は、組合員資格を有しないと規定されている（➡第 11 章参照）。

　このように、労働基準法上の管理監督者、労働組合法上の「使用者の利益を代表する」かどうかは、厳密には個々の仕事の内容を精査しなければ判断できないことが多いが、多くの企業では、人事制度上の「役職（職位）」や「資格（職能資格制度の等級）」で一律に選別して管理職と判断していることが多い。

2）管理職はなにをしているか

　ミンツバーグの有名な著書『マネジャーの仕事』は、5 人の経営者が朝、出勤してから退勤するまでなにをしているのか、参与観察から具体的項目をあげたうえで、抽象概念によって整理している。ミンツバーグは、管理職を「組織、あるいはそのサブユニットを預かっている人物」と定義して、「対人関係」「情報」「意思決定」に関する役割があるとする。管理職は、ある組織単位に対するフォーマルな権限を付与されているため、その権限からさまざまな対人関係が生まれ、円滑に労働者間のコミュニケーションを図る要にもなるし、組織にいる部下のモチベーションを保つためにリーダーシップを発揮するなどの「対人関係」にかかわる役割がある。また、この対人関係によって、さまざまな情報にアクセスすることが可能となり、情報を収集したり伝えたりする役割がある。この情報はそれ自体が目的ではなく、意思決定をするうえでのインプットとなる。管理職は、さまざまな情報を得たうえで、自分の組織のために意思決定し、戦略を策定することが可能になる。

　つまり、管理職は（1）意思決定、（2）マネジメント・コントロールの担い手として、部下に委譲した業務が円滑に遂行されているかを管理監督する業務、（3）管理職自身がタスクを遂行する、といった仕事を果たしている。（2）のマネジメント・コントロールは、①影響活動（部下の意思決定に管理職が望ましい影響を与えようとすること）、②直接介入（命令）、③選別（昇進・配置転換）の三つから構成される。さらに、①責任、②業績測定、③目標設定、④インセンティブ、⑤モニタリング、⑥人事評価、⑦コミュニケーション、⑧教育という手段を使って、管理職は部下の意思決定に望ましい影響を与え、仕事の遂行を管理監督している［伊丹 1986］。そして、管理職の意思決定は、部下に情報を伝えつつ、部下にアイディアを出させ、それを加工し、より高いレベルの管理職に意思決定にかかわる構想（いくつかの選択肢を出す）と実行（いくつかの実行する方法のなかから最も良い方法を選択する＝戦術）について提案することで行われる。（3）タスクの遂行は、意思決定やマネジメント業務以外のプレイヤー業務を管理職も担っており、日本はこの割合が高い傾向にあることは 3 節でふれる。

3）管理職の役割の変化

　近年、経営環境の変化のなかで、世界的に管理職の役割が変化してきている。ガーソンとグラットン［2022］は以下のように整理する。第一に、経営環境の変化として、官僚的な制度や体質を取り除き、オペレーションの効率を高めることを目的に、組織階層を削減して組織のフラット化が進んだ。そこで、管理職のプレイングマネージャー化が進み、第一線の働き手としての仕事も要求されるようになった。

　第二に、2010 年ころからはデジタル化が進み、社長や役員たちがデジタルテクノロジーを駆使して、従業員とじかにコミュニケーションがとれるようになり、特に下層・ミドル管理職は情報の伝達プロセスで不可欠な存在ではなくなった。

　第三に、2010 年代半ばころからは、企業が社内の内部労働市場を活用して、業務とそれに適したスキルをもつ社員をマッチングさせて、必要に応じて素早くプロジェクトチームを組織できるようにした。そこで、管理職は部下との接点を大きく失っただけでなく、部下のキャリア開発の仲介役としての権力や権限も失われた。

　第四に、2020 年の新型コロナウイルス感染症の流行をきっかけに、在宅ワークが進み、管理職は社員のパフォーマンスと行動を細かくコントロールできなくなった。一方でこうした部下たちのフレキシブルな働き方が進んだことで、管理職は部下への共感を示して部下のエンゲージメントを高め、会社への定着をうながすことがさらに期待されるようになった。

　このように、権力や権限が以前よりも制限される管理職が増える一方で、部下育成や従業員のエンゲージメントを高める要としての役割がさらに求められるようになっている。

2　データからみる日本の管理職

1）管理職の比率・年齢・配偶者および子どもの有無

　雇用されて働く人のなかで、管理職はどのくらいの割合いるだろうか。2022年の厚生労働省「賃金構造基本統計調査」で一般労働者に占める「部・課長比

率」をみると 14.2 ％である。時系列でみると、1981 年の 6.3 ％から 1980 年代の後半から 2000 年代初めにかけて上昇し、2005 年と 2007 年の 9.3 ％をピークにその後低下傾向にあった［坂爪・高村 2020］。2020 年から集計法が変更され、10 人以上の常用労働者を雇用している企業の役職者を集計するようになったため（それまでは 100 人以上だった）、2022 年の数字は過去の数字とは比較できない。一方、国勢調査では、就業者に占める「管理的職業従事者」の比率は 2020 年でみると 1.9 ％で、賃金構造基本統計調査でみる割合と開きがあるだけでなく、上記期間は一貫して役職者数も役職者比率も減少している［神林・樋口 2018］。上述したように、国勢調査と賃金構造基本統計調査では管理職として捉える範疇が異なっているため、齟齬が生じているが、賃金構造基本統計調査のほうが日本の組織で管理職と呼ばれる人を捉えていると考えられる。

　次に管理職の年齢階級をみていこう。平均年齢でみると、係長級であっても男女ともに 45 歳、課長級では男女ともに約 49 歳、部長級で男女ともに約 53 歳と「遅い昇進」である（➡第 4 章参照）。また、男性よりも女性のほうで、役職についている平均年齢が高い傾向にある。国際比較した三谷・脇坂［2016］は、アメリカ、ドイツ、フランス、イギリスでは比較的若い層で就業者に占める管理的職業従事者の割合が高く、日本と対照をなしていると指摘している。

　さらに、管理職の配偶関係および子どもの有無を男女別にみる。JILPT が 2012 年度に実施した「男女正社員のキャリアと両立支援に関する調査」（以下 JILPT2012 年調査）によると、男性管理職の未婚者は 300 人以上の企業では 8.6 ％、100 〜 299 人では 9.4 ％なのに対して、女性ではそれぞれ 41.5 ％、33.9 ％と高い。また、子どもがいる者も、男性は 300 人以上の企業で 80.8 ％、100 〜 299 人でも 80.4 ％なのに対して、女性はそれぞれ 37.4 ％、45.4 ％と男性の半分近い割合になっている。このように、日本では、男女の管理職で配偶関係や子どもの有無が大きく異なっているのが特徴である。女性が結婚して子育てをしながら管理職になることが難しい状況にあることを示す一方、男性にとっては管理職という地位の信頼性に、結婚していることや子どもがいることが関係しているのかもしれない。こうした違いを生みだす管理職の働き方を次にみていこう。

2） 管理職の働き方

　小倉［2009］は労働者へのアンケート調査から役職別に1か月の総実労働時間が何時間かを聞いたデータを使って、役職があがるほど、総実労働時間が増加している傾向を明らかにしている。一般社員より、係長・主任クラス、それよりも課長クラス、それよりも部長クラスのほうが総実労働時間が長い（図8－1参照）。また、日本・中国・アメリカの管理職の比較研究をした久米・中村［2020］は、管理職の長時間労働の傾向はアメリカと日本で共通するが、10時間以上働く部下の割合はアメリカでは9.5％であるのに対して、日本では28.5％と、アメリカでは管理職と部下は職階に基づいて仕事と働き方に違いがあるのに対して、日本では、長時間労働を共にする管理職と部下が、同質的で相似形の働き方をしているという。

　では、管理職の休日勤務・深夜勤務の状況はどうだろうか。JILPT2012年調査では、休日の勤務が「ほとんどない」男性は40％台、女性は50％台で約半数は休日出勤がある。深夜の勤務は、「ほとんどない」が男女とも約80％前後となっている。ただし、どのような管理職についているのかの差が大きい可能性がある。生命保険産業で働く労働者のなかでも営業所の機関長という役割を担う管理職は、平均労働時間が突出して長いだけでなく、年休取得日数も突

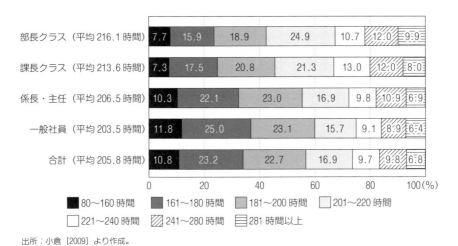

出所：小倉［2009］より作成。

図8－1　役職別にみた1か月の総実労働時間

出して少ない［金井 2018］。管理職の職位だけでなく、どういう仕事を担う管理職かによっても労働時間や年休取得の少なさが関連している。

　管理職になるには、転勤や配置転換の経験が必要だと言われることがある。実際はどうであろうか。管理職の配置転換経験を JILPT2012 年調査からみると、「転居を伴う国内転勤」を経験しているのは、300 人以上では男性 26 ％、女性 12 ％と管理職の大部分が転居転勤していない。「同じ事業所内での配置転換」を経験しているのも 300 人以上だと男性で 53.4 ％、女性で 56.9 ％となっている。そして、いずれの配置転換も経験していない管理職が男性 27 ％、女性 41 ％と一定数いることがわかる。

3 ）女性管理職の状況

　表 8 - 1 でみたように、**女性管理職**比率を国際比較すると 2020 年現在でも日本の管理職の女性比率は非常に低い。スウェーデンやアメリカでは 4 割をこえ、イギリス・フランス・フィンランドは 3 割台後半、ドイツ・オランダが 2 割台後半である一方、日本では 13.3 ％とようやく 1 割をこえた程度にとどまり、韓国の 15.7 ％よりも下回っている。しかし、日本のなかでみれば、経年的には女性管理職比率は少しずつではあるが、高まってきた。厚生労働省「賃金構造基本統計調査」から、近年の女性管理職比率の推移を「部長級」「課長級」「係長級」についてみると、1989 年にはそれぞれ 1.3 ％、2.0 ％、4.6 ％だったものが、2022 年でそれぞれ 9.5 ％、14.4 ％、24.4 ％となっており、係長級では女性比率が 20 ％をこえた。

　それを産業別にみると異なった様相が浮かび上がる。一般労働者に占める女性比率の高い「金融業・保険業」「医療・福祉」で女性管理職比率は高いが、「医療・福祉」ではどの役職階層においても女性比率が高い一方、「金融業・保険業」では「係長級」の女性比率が突出して高く、それに比べて部長級・課長級の女性比率が非常に少ない。女性比率の低い産業であっても、「運輸業・郵便業」のように係長級の女性比率が一般労働者に占める女性比率と同水準となっている産業もある（図 8 - 2 ）。

　管理職は職位が高くなるため、ハラスメントは受けにくくなると思われるかもしれない。しかし、スウェーデン、アメリカ、日本の比較研究では、管理職

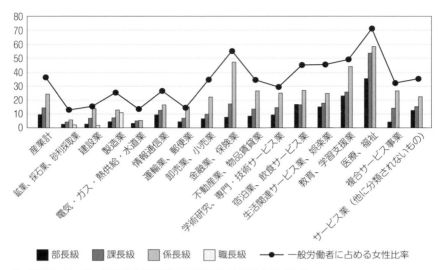

凡例：■部長級　■課長級　■係長級　□職長級　—●—一般労働者に占める女性比率

注：役職者については、10人以上の常用労働者を雇用している企業を集計している。
出所：厚生労働省「賃金構造基本統計調査」2022年版より作成。

図 8-2　産業別の役職別女性管理職比率と一般労働者に占める女性比率

の女性のほうが昇進していない女性よりもセクハラにあった人の割合が高いことが明らかとなった［Olle et al. 2020］。特に、部下に男性の多い職場のほうが、女性管理職はセクハラにあいやすい。また、日米の調査では係長や課長といった中間管理職でセクハラにあう割合が高くなる。昇進構造が女性に不利にはたらくだけでなく（➡第4章参照）、ハラスメントを生みだす職場文化も女性管理職が少ない要因となっている（➡第7章参照）。

3　日本の管理職の特徴と課題

1）遅い昇進と複数職能

　日本では諸外国と比べて、管理職の年齢が高く「遅い昇進」である（➡本章2節・第4章参照）。このことと関わって、日本の管理職には二つの特徴がある。第一に、企業内キャリアが広い傾向にある。「人事」「経理」「営業」など10部門を職能と定義して、同一企業内で経験したことのある職能の数をみると、ア

メリカやドイツの管理職では複数職能型が少なく、単一職能型が圧倒的に多い。一方、日本の管理職では複数職能型が約 3 割、単一職能型が約 4 割であった［八代 2002］。第二に、日本の管理職は人事部が主導する人事異動による内部昇進がほとんどで、社内公募や中途採用は例外であった（➡第 4 章参照）。そのため、日本の管理職は職種としての専門性が高いわけでなく、社内の人間関係や社内文化をより知っていて、内部昇進の先に管理職が位置づけられていると言える。

　その他の特徴に、日本では部下なし管理職が一定数いることがあげられる。2011 年の JILPT 調査では、6 〜 7 割は部下がまったくいないか、わずかな部下しかいない管理職であった［久本 2018］。2015 年に実施されたリクルートワークスの日本・中国・アメリカの比較研究でも、部下なし管理職は、中国では 6.2 ％、アメリカでは 14.6 ％である一方、日本では 20.2 ％と、日本の部下なし管理職の割合が高い［久米・中村 2020］。これは、日本では職能資格制度を取り、能力の伸長に合わせて昇格させてきたことと関連する（➡第 3 章・第 4 章参照）。マネジメントする管理職のポストには限りがあるが、労働者の能力伸長をうながすモチベーション維持が重視されてきた。そこで、大企業では「専門職」コースをつくり、マネジメントはしないが社内等級を高くし、「管理職」という肩書を与え処遇してきたのである。ただし近年は、企業のコスト削減意識も強まっているため、次項でみるように管理職の役割や仕事の範囲に合わせて、処遇を見直す動きが強まっている。

2）管理職の仕事の範囲と評価

　日本では雇用慣行上、労働者の職務が特定されていないことが多いが、管理職も役割が不明確で仕事の成果が把握しにくいと言われている。リクルートワークス［2020］では、管理職が詳細な職務内容を書面もしくは口頭で説明されている割合は、日本が 36 ％であるのに対して、アメリカでは 89.3 ％、中国では 87.3 ％となっている。アメリカの管理職は、役割が明確で定型的な仕事をするが、日本の管理職はむしろ管理職の職務範囲があいまいであるため、業務上に生じる不確実性への柔軟な対応をしている［久米・中村 2020］。

　しかし、近年、若年層の社員に対しては職能資格制度を残し、年功による経

験を重視しつつ、管理職については担っている「役割」に応じて「職責グレード」のような仕事のレベルを具体的に定義し、賃金を当てはめる会社が増えてきた。役割は、①業務の遂行上の複雑度や求められる創造・革新性、②業務遂行上の障害の多さや関係者との折衝の困難さ、③業務遂行上の裁量度や、組織やプロジェクトの管理責任、判断の影響範囲、④関係者へのリーダーシップ発揮や人材育成、ノウハウの蓄積・共有、⑤収益・業績への影響度などによって評価される。管理職は、シングルレートの役割給とその役割に対する成果を評価された額が年俸で支払われるよう設計されていることも多い。そのため、積み上げ式ではなく役割と成果によって報酬が1年ごとに上下するような企業も出てきた。このように、管理職については遂行されるべき職務を役割として特定化していく動きがみられる。

3）プレイングマネージャー化

　1節でプレイングマネージャーの増加が世界的な傾向であることをみたが、日本でも近年、監督者としての役割のみを担う者は減少し、タスクの遂行を合わせて担うプレイングマネージャーが増加している［坂爪 2020］。2021 年の産業能率大学『上場企業の課長に関する実態調査』でも、プレイヤーとしての役割がまったくない課長は 0.5％で、加重平均すると課長の業務の半分がプレイヤーとしての仕事になっている。さらに、プレイヤーとしての役割をもつ課長に「プレイヤーとしての活動がどの程度マネジメント業務に支障があるか」を尋ねたところ、「支障がある」とする回答が 49.5％と、約半数の課長にとってプレイング業務を担うことは負担になっている。プレイヤー度が高いと労働時間も長くなるという回帰分析の結果もある［労働政策研究・研修機構 2011］。

　図8-3は、リクルートワークス研究所が管理職の仕事の割合を国際比較調査した結果である。「組織運営」には仕事の割り振りや進捗状況の管理、予算の管理、組織の戦略設計、「部下マネジメント」には部下の育成、評価、モチベーション維持、「情報伝達」には重要な経営情報を現場に伝えたり、経営運営に必要な現場情報を経営層に伝えたりするメンバー間の情報共有と定義される。「プレイヤー」はマネージャー自身が業績目標を担っている業務の遂行で、「その他」には伝票処理などの雑務やコンプライアンスなど組織維持のために

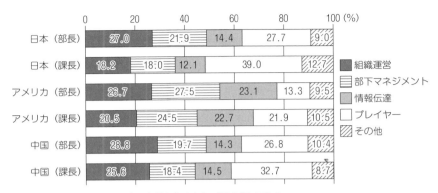

注：リクルートワークス研究所［2015］図表 2 - 1 より一部を抜粋して作成。
出所：久米・中村［2020］。

図 8 - 3　部長と課長の仕事の割合（日米中比較）

発生する業務が含まれる。日本の部長と課長のプレイヤー度がアメリカ・中国の部長と課長に比べてそれぞれ高い。

4）部下とのコミュニケーションの増加

　管理職は、部下とのミーティングに費やす時間が増え、外部者との時間が減少するという時間の使い方の変化が指摘されている。特にアメリカで、部下マネジメントにかける時間の割合が長い（図8-3）。坂爪［2020］によると、部下とのコミュニケーションは、管理職が情報を集めて意思決定を行うというよりは、自律的な部下と問題の解決策について話し合うタイプへと変化している。また、管理職は部下への配慮や心遣いに時間を費やす、サポーティブなリーダーシップを発揮している。部下も管理職に対し、人への接し方についてのスキルをもっていることを重視し、優れたリーダーとは毅然としつつも、人間というものを理解し、話しやすく、部下と話す時間をとり、部下をひとりの人間として扱う存在であるべきと考えるようになっている。

　近年、日本でも管理職と部下の間の**双方向型コミュニケーション**を制度化する企業が増えている。１ on １ミーティングと呼ばれ、多くの企業では月に１回程度、すべての部下と管理職が30分程度の面談を行うというものである。上司と部下の信頼関係を構築し、そのなかで日々の仕事や言動についての内省

や振り返りを通じて、従業員一人ひとりが自律して課題設定や業務遂行できるよううながす目的で行われている。企業では自律的キャリア形成の支援の一環としても捉えている。こうした取り組みは、従業員側から好意的に受け取られているとする調査結果が多いが、日々多忙で労働時間の長い管理職をさらに多忙にする側面もある。

4　多様な管理職像を構築する

　日本では、組織上も管理職の認識においても、職種ではなく内部昇進の結果として管理職が位置づけられている。その結果、管理職は経営者というよりも従業員寄りの存在である。このことが日本の管理職の仕事のプレイヤー比率の高さとも関わっているかもしれない。従業員寄りの管理職であることは、部下との対話の重視やサポーティブなリーダーシップの発揮とも親和性が高い。部下のことを常に考え、部下が必要とするときは、会社にいてもいなくても、いつでも相談や支援できることが「いい管理職」という理想像が管理職からも部下からも生まれている。

　一方で、管理職は人事制度や組織慣行の翻訳者の役割も担っているため、管理職自身のジェンダーバイアスも組織や部下に影響を与えやすい。特に内部昇進した管理職は、当該企業の男性を中心とした世界で社会化されたコード（長時間働くことが当然など）や女性排除的なトーク（下ネタなど）といった社会的・制度的な配置や組織的なふるまいを内面化しやすい。また、男性従業員のほうが「上司から期待されて高い目標を与えられ成長をうながされている」と認識している割合が高いというアンケート結果もある。部下の育成方針に関わる上司のマネジメントのあり方が男女で異なり、それが部下の性別による能力開発の機会の違いとなってきた［武石 2014］。そこで近年は、「女性活躍推進」施策により、女性を後押しするような意識変革をうながす管理職研修なども行われるようになっている。

　「働き方改革」が進められるなかで、一般社員の労働時間を減らすことが管理職の責任となっている。その結果、管理職の労働時間が長くなるのだとしたら、本末転倒である。なにが必要な業務なのかを精査して、職場全体で労働時

間を減らす取り組みも必要である。金融産業において短時間勤務で子育て中の女性管理職Aさんは、部下に権限委譲して、育成も兼ねて部下が自発的に働く土壌をつくり、自身のプレイヤー業務をなくし管理業務に集中できるようにしていた。そのために1 on 1ミーティングで、管理職としてやってほしいことを押し付けるのではなく、部下がやりたいことを引き出し、すり合わせる場にして、部下との信頼関係を築いていた。これは、Aさんが管理職としての仕事の難易度を落とさずに短時間で仕事を遂行するために、「仕事のやり方を変える」ことを意識したことから生まれた「工夫」である［金井 2022］。このように管理職には、業務の見直しを含めて、誰もが働きやすい職場にしていくための工夫をして実行していく力がある。

　そして、多様性がある意思決定機関では、さまざまな観点で多面的に議論することが可能になるため、重要な利害関係者の視点が抜け落ちにくくなり、組織として間違った判断を回避できるようになる［羽生 2022］。したがって、多様な人材が管理職を担えるようにすることは重要である。そのためには、**短時間管理職**のAさんのように個人の「工夫」だけでなく、多様な人材が管理職を担うことができるための昇進や評価制度、管理職の職務などの組織としての仕組みを考えていくことが必要だろう。NPO法人ファザーリング・ジャパンは「管理職養成事業」として、職場で共に働く部下・スタッフのワーク・ライフ・バランス（仕事と生活の両立）を考え、部下のキャリアと人生を応援しながら、組織の業績も結果を出しつつ、自らも仕事と私生活を楽しむことができる上司（経営者・管理職）を増やす取り組みを行っている。こうした取り組みに賛同する企業や公的機関も増えている。実践を積み重ねていくことで、多様な人材が管理職になるための組織としての「工夫」が「仕組み」として蓄積されていくことが期待される。

【参考文献】

Folke, Olle, Johanna Rickne, Seiki Tanaka& Yasuka Tateishi［2020］"Sexual Harassment of Women Leaders," *American Academy of Arts & Sciences* 149(1).

ガーソン、ダイアン／リンダ・グラットン［2022］「リーダーシップの転換点——部下の管理監督から成長支援へ」『ハーバード・ビジネス・レビュー』47巻5号。

羽生祥子［2022］『多様性って何ですか？——SDGs、ESG 経営に必須：D & I、ジェンダー平等入門』日経 BP。

久本憲夫［2018］『新・正社員論——共稼ぎ正社員モデルの提言』中央経済社。

ミンツバーグ、ヘンリー［1993］『マネジャーの仕事』奥村哲史・須貝栄訳、白桃書房。

伊丹敬之［1986］『マネジメント・コントロールの理論』岩波書店。

神林龍・樋口美雄［2018］「管理職の一側面」RIETI Discussion Paper Series 18-J-013。

金井郁［2018］「産別組織における働き方改革の展開——生保労連を事例に」『Int'lecowk：国際経済労働研究』1083 号。

金井郁［2022］「日本の職場における管理職の役割と女性——コロナ禍での変化と短時間管理職の可能性」『生活協同組合研究』556 号。

久米功一・中村天江［2020］「日・米・中の管理職の働き方——ジョブ型雇用を目指す日本企業への示唆」『日本労働研究雑誌』725 号。

三谷直紀・脇坂明［2016］「女性管理職比率の国際比較——日仏比較を中心に」『岡山商大論叢』51 巻 3 号。

小倉一哉［2009］「管理職の労働時間と業務量の多さ」『日本労働研究雑誌』592 号。

リクルートワークス研究所［2015］『五カ国マネジャー調査　基本報告書』株式会社リクルート。

リクルートワークス研究所［2020］『五カ国リレーション調査　データ集』株式会社リクルート。

労働政策研究・研修機構［2011］『労働政策研究報告書 No.128　仕事特性・個人特性と労働時間』。

労働政策研究・研修機構［2013］『調査シリーズ No.106　男女正社員のキャリアと両立支援に関する調査結果』。

坂爪洋美［2020］「管理職の役割の変化とその課題——文献レビューによる検討」『日本労働研究雑誌』725 号。

坂爪洋美・高村静［2020］『管理職の役割』中央経済社。

武石恵美子［2014］「女性の昇進意欲を高める職場の要因」『日本労働研究雑誌』648 号。

八代充史［2002］『管理職層の人的資源管理——労働市場論的アプローチ』有斐閣。

八代充史［2009］「なぜ「名ばかり管理職」が生まれるのか」『日本労働研究雑誌』585 号。

〔金井郁〕

第9章　離職・転職

長期的キャリア形成の実現に向けて

keyword　転職　離職　能力形成　公的職業訓練　失業

1　選択肢としての離職と転職

1）離職する・転職するという現実

　就職活動をするみなさんのなかには、できるかぎり安定した企業に就職したいと考える人も多いだろう。では、安定した企業に就職すれば、一生安泰といえるだろうか。

　現代の日本では未婚化、高齢化、公的年金制度をはじめとする老後の生活保障への不安等によって、すべての人びとが長期にわたって働き、収入を得ることが求められるようになっている。一方で、1社に長く勤めることをうながしてきた終身雇用制や年功序列賃金が変容しつつあり、勤め先を辞める可能性も増えた。キャリアの向上を目指す**転職**もあれば、ハラスメント（➡第7章参照）や劣悪な労働環境を逃れるための**離職**もありうる。労働者にとっての離職・転職は今後より一般的になると考えられる。

　離職後、間を置かずにすぐに再就職できれば、生活上の問題は生じないが、離職から再就職までに時間がかかる場合、その期間は失業者となる。失業者には失業時の生活を保障することと、再就職に向けた**能力形成**が必要となる。日本型雇用慣行の大企業では内部労働市場が発達しており、正社員であれば、その企業でのOJTが重視され、能力形成したとみなされて昇格・昇進していく。そのため、男性正社員の離職・転職は抑制されてきた。法政策も失業者への再就職支援や所得保障を充実するより、そうした正社員の雇用を維持する方向に向いてきた。一方で、非正社員は企業内での能力形成の機会は限られ、たとえ

公的職業訓練等の外部労働市場で能力形成をしても、日本の労働市場では評価されてこなかった。その結果、非正規から非正規への転職、離職、**失業**を繰り返す構造になっている。

　筆者は新卒で会社員となり、退職後にフリーランスとして独立した経験をもつ。働くうえでさまざまな困難に直面した経験から研究者を目指し、現在に至る。退職した当時の日本は長期雇用があたりまえだったため、一度退職して失業者となった後、再就職するための支援は手薄だった。職業訓練の現場において就労支援の講師として携わった経験からも、離職時の所得保障や再就職に向けた職業訓練の必要性を痛感している。

　近年、政府は「自律的キャリアの強化」「労働市場の流動性をうながす」という政策を掲げ始めた。労働者、とりわけ若者の離職・転職への意識も変わってきている。本章では、離職・転職や失業、能力形成の実態について、データを示しながら捉え、今後求められる能力形成や能力評価のあり方を検討しよう。

2）離職の理由

　人びとはどのような理由から離職するのだろうか。男女ともに労働条件、仕事の内容に関わる理由がある一方、結婚・出産・育児といった女性に偏った理由もみられる。離職前後が雇用の常用労働者、いわゆる正社員である転職者が直前の勤め先を離職したおもな理由を 2021 年の厚生労働省「転職者実態調査」からみてみよう（**表9-1**）。自己都合で離職した者（76.6％）において、男性は「満足のいく仕事内容でなかったから」は 28.4％と最も高く、「労働条件（賃金以外）がよくなかったから」28.3％、「会社の将来に不安を感じたから」27.5％の順となっている。女性は「労働条件（賃金以外）がよくなかったから」28.1％が最も高く、次に「人間関係がうまくいかなかったから」25.4％となっている。

　一方で、前職が非正規雇用の転職者の離職理由をみると、近年、「収入が少なかったため」「労働条件が悪かったため」の割合が高い。男女別では、「その他」の理由を除くと、男性では「定年または雇用契約満了のため」17.2％が最も割合が高く、女性では「労働条件が悪かったため」14.3％が最も高い（厚生労働省「令和4年版　労働経済の分析」）。非正規雇用の労働者の場合、雇用契約

表9-1　自己都合による転職者（正社員）が直前の勤め先を離職した理由

(%)

転職理由	総数	男性	女性
満足のいく仕事内容でなかったから	26.0	**28.4**	22.8
賃金が低かったから	23.8	25.3	21.8
労働条件（賃金以外）がよくなかったから	**28.2**	28.3	**28.1**
人間関係がうまくいかなかったから	23.0	21.1	25.4
会社の将来に不安を感じたから	23.3	27.5	17.8
結婚・出産・育児のため	6.2	4.3	8.7

注：三つまでの複数回答。強調は筆者による。
出所：厚生労働省 [2021]「転職者実態調査」より作成。

が満了することや労働条件が悪いことなど、労働環境が不安定であることが主要な離職要因であることがわかる。

3）解雇される可能性

　日本は終身雇用だから、正社員ならば解雇されにくい国と思っている人が多いかもしれない。離職者のうち解雇による者の割合は約7％と少ないが、実数としては無視できる数ではない（厚生労働省「令和2年 転職者実態調査の概況」）。どのような場合、解雇されるのだろうか。2019年のOECD「Employment Outlook」（「日本に関する分析（カントリーノート）」）によると、解雇規制の強さ（解雇のしにくさ）の比較では、日本は正社員についても、37か国の加盟国の平均よりも下回っている。さらに非正規雇用では平均よりかなり下回っている。つまり、終身雇用は慣行としては成立しているが、実際に企業が解雇しようとした場合、解雇を規制する法制度はOECD諸国と比べると弱いといえる。

　日本では、解雇を行うためには、①解雇の合理的理由と②解雇という措置を取ることの社会的相当性が求められる（解雇権乱用法理）。さらに、会社の経営悪化により、人員整理を行ういわゆる「リストラ」と呼ばれる整理解雇には、規制がかけられている。整理解雇するには、整理解雇の4要件を満たすことが必要というものである。①整理解雇することに客観的な必要があること、②解

雇を回避するために最大限の努力を行ったこと、③解雇の対象となる人選の基準、運用が合理的に行われていること、④労使間で十分に協議を行う、あるいは協議を行わなくても十分に周知していることである［東京労働局 2018］。ただし、近年は、整理解雇の4要件が緩和される傾向にある。

　リストラの例として、日本航空の整理解雇事件をみてみよう。日本航空（以下、会社）に勤務していた客室乗務員が、倒産後の再建計画時に過去の病気欠勤等を理由に整理解雇されたため、解雇の無効と社員としての地位の確認を求めた事件である。

　2010年1月に会社更生法を申請して倒産した会社は、会社再生のための計画として、2010年9月28日時点で、2011年3月末時点における客室乗務員の必要人員数を4,120人とし、その時点での有効配置数を4,726人と想定したうえで、その差である稼働ベース606名分を余剰人員として希望退職で削減する人員削減計画を策定した。しかし、希望退職では計画どおり削減できなかったため、①基準時現在において休職中の者を対象とする「休職者基準」、②過去の一定期間において一定日数以上の休職や病気欠勤のある者を対象とする「病欠日数・休職日数基準」、③その他の基準において削減目標数に到達しなかった場合に職種・職位ごとに年齢の高い者を対象とする「年齢基準」によって、該当者を2010年12月9日に12月31日付で解雇する旨の意思表示を行った。しかし、運航乗務員、客室乗務員が解雇無効を主張して、労働契約上の権利を有する地位にあることの確認および未払い賃金等を求めて提訴した［民主法律時報 2016］。この整理解雇事件では、解雇の必要性をめぐって争われた。というのも、会社は倒産したが、債権放棄されたために財務体質が改善し、2010年度末に更生計画を大きく上回る過去最高益を達成していたからである。しかし、東京地方裁判所は、原告敗訴の判決を下し、東京高等裁判所も控訴を棄却し、さらに最高裁判所は運航乗務員や客室乗務員の上告を棄却した［朴 2016: 344-345］。このように大企業においても整理解雇は行われ、たまたま過去に病気で休職していたり、倒産時に年齢が高いということをもって、解雇される可能性はある。

　一方で、非正規雇用などの有期雇用契約の場合は、解雇ではなく雇用契約期間満了後に契約を更新されない「雇い止め」が起きやすい。反復して契約更新

されている場合には雇い止めは無効になるが、実際にはそれを避けるため、更新前に契約を打ち切られることもある。上述した整理解雇の4要件には、労働者を解雇する以外の手段を尽くしたかどうかが問われるが、ここに非正規雇用の雇い止め等を行ったかどうかが入っている。このように非正規雇用とは、雇用の調整弁とみなされている存在なのである。

2　データからみる日本の失業・離転職

1）失業率の低い日本

　失業にどのような傾向があるのかを男女別にみていこう。図9-1にあるように、完全失業率は1950年代以降3%未満で推移してきたが、1990年代以降は急上昇して2001年に5%をこえた。ただし、国際比較した場合、5%であっても低い水準である。また、このグラフをみると、好景気が続いた日本の高度経済成長期（1955～1973年）でさえ、失業率はゼロにはなっていない。つまり、どんなに好景気で人手不足の時代でも失業者は存在している。これは、失業は需要不足からだけでなく、情報が求人者や求職者にいきわたらないために起こる摩擦的失業や、求人者が求める条件を満たす求職者がいないといった人材のミスマッチによって起こる構造的失業があるからである。

　男女別にみると、多くの時代で男性の失業率のほうが若干高くなっている。

出所：総務省『労働力調査』各年版より作成。

図9-1　男女別完全失業率の推移

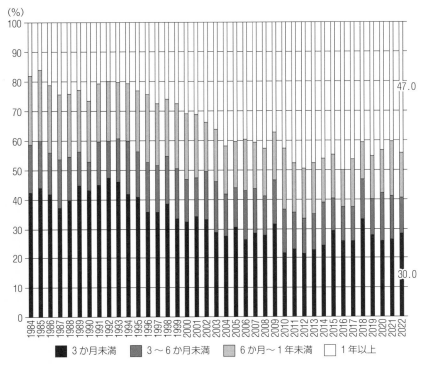

(%)

47.0

30.0

■ 3か月未満　　▨ 3〜6か月未満　　▨ 6か月〜1年未満　　□ 1年以上

出所：総務省『労働力調査』各年版より作成。

図 9 - 2　　男性失業者の失業期間別割合

しかし、男女の失業率を考える場合には注意が必要である。なぜならば、失業
者とは、①仕事がない、②仕事を探している、③すぐに仕事に就けるという三
つの条件を満たした人だからだ。こうした定義のため、失業率は女性のほうが
低く出やすいと指摘されてきた。実際に、コロナ禍で女性の就業者数は男性よ
りも大きく減ったが、失業者とはならずに非労働力化したため、失業率は男性
のほうが高くなっている。
　　さらに、失業の特徴も男女で異なっている（図9-2、図9-3）。男性は正社
員であることが多いため失業をしにくいが、一度失業すると長期化する傾向が
ある。一方、女性は非正規雇用で働いている割合が高いので、失業しやすい傾
向にあるが、失業期間は短く、再就職も早い。失業期間に着目すると、男女と
もに短期的な失業者の割合は減少傾向にある一方で、一年以上の失業者の割合

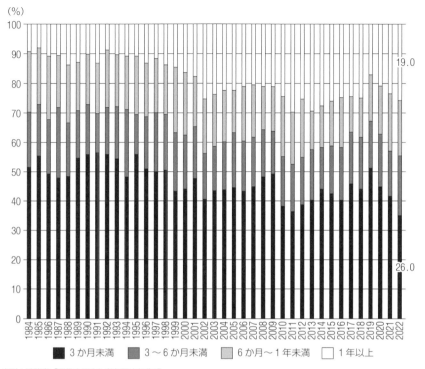

出所：総務省『労働力調査』各年版より作成。

図 9‑3　女性失業者の失業期間別割合

は増加の傾向がみられることから、全体的に失業期間が長期化していることが
わかる。特に、その傾向は男性で顕著である。

　失業期間の長期化の要因のひとつとして、上述した構造的失業があげられる。
社会的ニーズの多様化やデジタル化が急速に進む現在では、労働市場において
人材の需要と供給のミスマッチが発生しやすくなっているといえよう。そのた
め、離職・転職する労働者は、失業期間中に労働市場で求められる能力を習得
する必要があり、4節で述べる公的職業訓練での能力形成の重要性がますます
高まっていくと考えられる。

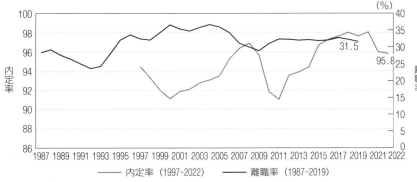

出所：厚生労働省［2022］「新規学卒就職者の離職状況」より作成。

図 9 - 4　大卒の就職内定率と就職 3 年以内離職率

2）新卒（大学）の 3 割は 3 年以内に離職？

　近年、新卒の新入社員は入社から 3 年以内に 3 割が離職すると言われている。2019 年 3 月に卒業した新規学卒就職者の就職後 3 年以内の離職率は、新規高卒就職者35.9％、新規大卒就職者31.5％であった（厚生労働省「新規学卒就職者の離職状況（令和 4 年 10 月 28 日発表分）」）。90 年代以降、高卒で 5 割、大卒で 3 割が離職する傾向にあったが、大卒と高卒の離職率の差が少なくなっている。

　なぜ若者は就職してすぐに会社を辞めるのだろうか。第一に、新卒就職のさいに、希望の仕事に就けなかったことが考えられる。図 9 - 4 は、大卒の内定率と離職率の関係をみたものであるが、新卒の内定率が低い年では、 3 年後の離職率が高くなる傾向にある。つまり、内定率が低いときは、就職状況が厳しく希望の仕事に就けていない人が多い可能性がある。第二に、労働条件の悪さがあげられる。新卒の離職率は、産業や企業規模によって大きく異なっている。新規学卒就職者の離職率の高い産業をみると、高卒、大卒ともに 1 位は宿泊業・飲食サービス業、 2 位は生活関連サービス業・娯楽業、 3 位は教育・学習支援業である。宿泊業・飲食サービス業は賃金が相対的に低く、長時間労働、勤務時間帯が不規則等の特徴があり、労働環境が離職率の高さにつながっているのだろう（表 9 - 2 ）。

　次に、若者の転職に対する意識の変化をみていこう。内閣府「我が国と諸外

表 9 - 2　新規学卒就職者の産業別就職後 3 年以内離職率のうち離職率の高い上位 5 産業

高校		大学	
宿泊業・飲食サービス業	60.6％（▲0.5P）	宿泊業・飲食サービス業	49.7％（▲1.8P）
生活関連サービス業・娯楽業	57.2％（＋0.3P）	生活関連サービス業・娯楽業	47.4％（＋0.9P）
教育・学習支援業	53.5％（＋3.4P）	教育・学習支援業	45.5％（▲0.1P）
小売業	47.6％（▲0.2P）	医療、福祉	38.6％（±0.0P）
医療、福祉	45.2％（▲1.0P）	不動産業、物品賃貸業	36.1％（＋1.6P）

注：1. 調査対象は平成31年 3 月卒生。
　　2.（　）内は前年比増減。「その他」を除く。
出所：厚生労働省［2022］「新規学卒就職者の離職状況」。

国の若者の意識に関する調査」によると、2013 年度の調査では「できるだけ
転職せずに同じ職場で働きたい」と答えた割合が 31.5％と最も高く、「職場に
強い不満があれば転職することもやむをえない」が 28.6％、「職場に不満があ
れば転職する方がよい」は 14.2％であった。2018 年度の調査では「職場に強
い不満があれば転職することもやむをえない」が 26.4％と最も高くなり、「職
場に不満があれば転職する方がよい」は 22.8％へ上昇した。一方で、「できる
だけ転職せずに同じ職場で働きたい」と答えた割合は 23.6％と減少した。職
場に不満があった場合には、その職場に留まるよりは転職するほうがよい、と
考える割合が高まっていることから、若者が転職を肯定的に捉える意識の変化
をみてとれる。

3 ）転職者の採用状況

　2022 年を通じて最も有効求人倍率の高かった職業、つまり人手不足の仕事
は保安であり、次に建設採掘、サービスとなっている。一方で有効求人倍率の
低い、つまり競争率の最も高い職業は事務であり、次に運搬・清掃・包装等で
あった（厚生労働省「一般職業紹介状況（令和 5 年 6 月分）」）。事務職は求人が少な
いうえに希望者が多く、とりわけ女性求職者からの希望が高い特徴がある。
　近年の企業の中途採用の動向に眼を向けると、前職での経験を基準にする
（第二新卒を含まない）キャリア採用等により、社外から多様な人材を受け入れ
ることで社内を活性化する企業、情報プラットフォームを提供してミスマッチ

の少ない転職を支援する仲介専門企業等、採用後も人材の定着や能力発揮に力を入れる企業の動きも活発化してきている［労働政策研究・研修機構 2022］。

　このような企業の取り組みもあり、転職に対するハードルは下がっているが、実際に企業は、どのような理由から中途採用を行っているのだろうか。事業所が転職者の採用にあたり重視した事項（複数回答）をみると、「人員構成の歪みの是正」（43.8％）が最も高く、次に「既存事業の拡大・強化」（42.0％）であった。転職者の採用理由を職種ごとにみると、「管理的な仕事」および「専門的・技術的な仕事」では、「経験を活かし即戦力になるから」がそれぞれ62.3％、66.1％と最も高い結果となった。「事務的な仕事」や「サービスの仕事」等では「離職者の補充のため」が最も高かった（厚生労働省「令和2年転職者実態調査の概況（令和3年11月8日発表分）」）。このように、実情では経験者の即戦力としての採用と離職者の補充のための採用が中心となっている。

　転職による雇用形態の変化をみると、正規雇用の場合には転職後も正規雇用となる可能性が高いが、非正規から正規雇用への転職は困難である。厚生労働省「令和3年雇用動向調査結果の概況」によると、2021年1年間の転職入職者の雇用形態間の移動状況では、正規雇用から正規雇用への移動は46.9％、正規雇用から非正規は16.2％、非正規から正規雇用へは7.2％、非正規から非正規へは27.8％であった（自営業からの転職入職者は含まない）。

　さらに、賃金と退職金を合わせた生涯賃金の転職による変化では、一度も転職せずに定年を迎えた場合に比べ、転職を一度だけ経験してから定年を迎えた場合の生涯賃金は、転職時の年齢によってかなりの差がみられる。転職時の年齢が25歳であれば、減少率は5％に満たない。しかし、年齢が上がるにつれて減少率も大きくなり、40～45歳時での転職による減少率が最も大きくなり、それ以降は、年齢とともに減少率が低下していく（労働政策研究・研修機構「ユースフル労働統計──労働統計加工指標集　2022」）。日本において一度でも転職することは、多かれ少なかれ生涯賃金が減少する可能性が高いことには注意が必要であろう。

3　能力形成の機会と評価

1）企業内能力形成

　企業内能力形成とは、企業における社員向けに実施される能力形成を指す。日本の能力形成は、企業内における正社員への OJT が中心である（➡第 2 章参照）。しかし、近年、企業内において社員への教育訓練への投資は減少の一途をたどっている。常用労働者ひとり当たりの 1 か月平均の教育訓練費をみると、1991 年には 1,600 円をこえており、その後、2006 年までは 1,400 円前後で推移していたが、2011 年以降には 1,000 円程度にまで減少した。教育訓練費が労働費用総額に占める割合では、2006 年が 0.33 ％、2016 年では 0.24 ％とさらに減少している。また、1000 人以上の規模の企業における教育訓練費は、30〜99 人の企業の教育訓練費の 3.6 倍であることから、企業の規模により受けられる教育訓練は大きく変わることがわかる［内閣府 2018］。

　このように社員への教育訓練費が減少していることに加え、企業の規模によって能力形成の機会が左右されるということは、転職や再就職のさいの能力評価にも当然影響する。では、企業内訓練の機会に恵まれなかった場合には、どのような能力形成の機会があるのだろうか。

2）企業外職業訓練

　企業外職業訓練とは、国や地方自治体によって運営されている職業能力開発のための公的職業訓練を指す。無料、あるいは低額で受講できることから、非正社員や小規模企業の社員にとって重要な能力形成の場といえる。公的職業訓練には、離職者訓練、学卒者訓練、障害者訓練、在職者訓練の公共職業訓練、そして、求職者支援訓練がある。ここでは、企業に勤務する労働者が受講できる在職者訓練をみていく。

　厚生労働省「令和 3 年度　公共職業訓練等実績」［2022］から在職者訓練の実施状況を企業規模の構成比からみると、1 〜29 人（26.8 ％）と 1000 人以上（21.3 ％）の規模での実施が全体の過半数をこえている。企業の教育訓練費が全体的に減少していることから、在職者訓練の重要度は今度さらに増すと考え

られ、企業外職業訓練を評価するシステムの構築が求められる。

　2023年現在、政府によって掲げられている「リスキリング」についてふれ
ておこう。「リスキリング」とは、仕事の現場で新たに求められるスキルを従
業員に習得させる、企業主体の取り組みとされ、その主体が主に個人である
「リカレント教育」と対比されている。このコンセプトが注目された背景には
デジタル化がある。デジタル化は企業のあり方やプロセスを抜本的に変え、従
業員にデジタル技術のスキルを習得させることが企業の生き残りに不可欠と
なっている。経済社会環境の大幅な変化により、主体的なキャリア形成への転
換が必要であり、従来のOJT中心・集合型階層研修は時代遅れになっている
［山田 2023］という見方もある。

3）離職をうながす政策？　雇用を維持する政策？

　2022年10月、岸田首相はリスキリング支援や年功序列的な職能給からジョ
ブ型の職務給への移行等、労働移動の円滑化に向けた指針を取りまとめる考え
を示した。現在の雇用政策は、離職をうながす政策と雇用を維持する政策とい
う異なるベクトルの施策が実施されている。前者には労働移動支援助成金が、
後者には雇用調整助成金がある。

　労働移動支援助成金は、事業規模の縮小等に伴い離職を余儀なくされた従業
員の再就職支援やその従業員を受入れる事業主に助成金を支給する制度である。
送り出し企業だけでなく、受入れ企業にもメリットがある。労働移動支援助成
金には、「再就職支援コース奨励金」と「早期雇入れ支援コース奨励金」があ
る。

　「再就職支援コース奨励金」とは、離職する従業員の再就職支援を就職支援
会社に委託した場合に助成される制度である。再就職支援委託時と求職活動の
ための休暇を与えて、再就職が実現されたときに支給される。「早期雇入れ支
援コース奨励金」とは、再就職援助計画等の対象者を離職日の翌日から3か月
以内に期間の定めのない労働者として雇い入れ、継続して雇用することが確実
である事業主に助成される制度である。

　一方で、雇用を維持する政策である雇用調整助成金とは、経済上の理由によ
り事業活動の縮小を余儀なくされた企業が、休業等を行い従業員の雇用の維持

を図った場合、実際に払った休業手当等の一部が助成される制度である。なお、事業主が労働者を出向させることで雇用を維持した場合も雇用調整助成金の支給対象となる。

雇用調整助成金は、景気回復後に訓練済みの労働者を優先的に雇用したいという企業の希望と整合的であるが、労働移動支援助成金は、再就職の成功を前提とするかぎり、たとえ技能訓練の実費全額を支給する助成金であっても、企業にとっての期待利得はマイナスである。利用をうながすためには実費以上の助成額を用意しなければならず、インセンティブ上の問題が大きい［今井 2013: 59］。そのため、送り出し企業に対する助成ではなく、離職を余儀なくされた労働者に直接支援を行う制度の設計が必要である［阿部 2016: 17］。

4　何度でもやり直しができる社会へ

1）失業時の所得保障と職業訓練

離職して失業者となった場合、失業時の所得保障と再就職支援としての職業訓練が重要となる。そして、それを支える仕組みとして雇用保険制度がある。

雇用保険は、政府が管掌する強制保険制度であり、労働者を雇用する事業は原則として強制的に適用されるものである。雇用される労働者は、常用・パート・アルバイト・派遣等、名称や雇用形態にかかわらず、①1週間の所定労働時間が 20 時間以上であり、② 31 日以上の雇用見込みがある場合には、原則として被保険者となる。雇用保険には、被保険者が離職して失業状態にある場合に、失業者の生活の安定を図るとともに、求職活動時の生活保障を目的として支給される給付がある。

もし、みなさんが会社を退職して失業者になったとき、まず自身の居住地の最寄りのハローワーク（公共職業安定所）に行き、雇用保険被保険者の場合には求職者給付（基本手当、「失業保険」とも呼ばれる）の手続きと求職の申込みをしよう。離職の日以前の2年間に 12 か月以上の被保険者期間があること、働く意志と能力を有していることが基本手当の受給要件となっており、自己都合退職か会社都合退職かによって、給付の金額や期間が異なる。失業期間中に職業訓練（離職者訓練）を受講する場合は、求職者給付の支給手続きのためにハ

ローワークに通う必要はない。

　離職者訓練にはどのような科目があるのだろうか。ものづくりを中心とした「施設内訓練」は、機械、建築、電気、印刷等の技術系科目が中心であり、民間教育機関で実施される。労働市場において人手不足の産業や成長産業への就職を目指す「委託訓練」では、現在は IT、福祉・医療、事務、サービス等の科目が中心となっている。訓練によって取得可能な資格として、技術系では、第一種電気工事士、CAD 利用技術者、基本情報技術者、IT パスポート、インテリアコーディネーター等がある。事務系では、診療報酬請求事務能力認定、調剤薬局事務検定、日商簿記検定、Microsoft Office Specialist（MOS）、ビジネス実務法務検定など多岐にわたる。職業訓練には資格試験を見据えた科目も多く、近年では、デジタル関連の資格取得を目指す科目が人気となっている。

　雇用保険に加入していなかったり、雇用保険の受給要件を満たさない場合は、求職者支援制度がある。雇用保険の受給期間が過ぎても失業状態にある長期失業者や、新卒未就職者、ニート状態の者、自営業廃業者、ひとり親世帯等が対象で、失業時には無料の職業訓練を提供し、一定要件を満たす場合には訓練中の所得が保障される。求職者支援訓練の訓練科目は、離職者訓練の「委託訓練」とほぼ同様の内容となっている。

　2021 度の離職者訓練の就職率は施設内訓練 84.3％、委託訓練 86.1％であり、ともに 8 割以上と高いが、求職者支援訓練の就職率は 55.9％（実践コース）となっている（厚生労働省「令和 3 年度公的職業訓練の実施状況」）。就職率、とりわけ求職者支援訓練の就職率を高めていくことが、政策的にも実践的にも必要である。そのためには、企業外職業訓練で身につけた能力や資格を企業が正当に評価する仕組みをつくることが必要だろう。そして、公的職業訓練においては、企業のニーズに合った、実践的で多様なカリキュラムを開発・拡充していくことが求められる。

2）長期的なキャリア形成に向けた支援

　本章では、離職・転職や失業、能力形成の実態をみてきた。正社員であっても解雇されることとは無縁ではないため、読者のみなさんも離職・転職・失業は人生にあたりまえに起こりうると心しておこう。失業したさいには、所得保

障制度があることを覚えておこう。公的職業訓練を利用し、必要に応じて能力形成につとめよう。そして、これまでの経験を生かしながら、次の仕事をみつけよう。筆者自身も会社員やフリーランス等、これまでのすべての経験が現在の仕事に役立っているように思う。

　労働市場では性別や雇用形態での差別が根強い。とりわけ女性の多くは正社員になることが困難で、非正規を繰り返し、能力形成の機会にも恵まれていないことが多い。しかし、男性を含めて病気や介護等のさまざまな要因から、一度レールを外れることは誰にでもありうる。キャリアの途中にブランクがあっても、何度でもやり直しができる社会にしていかなければならない。

　そのためには、企業は自社のOJTばかり評価するのではなく、さまざまな職場で培ってきた能力や、公的職業訓練で身につけた能力を正当に評価しなければならない。能力形成がどの企業に就職したかで左右されるのは不平等であり、誰もが無料・安価に能力形成できる機会を保障されるべきである。国は公的職業訓練のプログラムをより一層充実させ、希望する人を支援していく必要がある。

　労働市場の構造を変革せず、流動性のみをうながしたり、安易な自律的キャリアを推奨するだけでは事態を悪化させるだけである。これからの時代を生きやすくするためには、離職・転職した人も雇用形態による差別や能力形成の機会の不利益を受けずに働ける社会を構築する必要がある。人生における長期的なキャリア形成を目指して離職・転職ができることは、個人のクオリティ・オブ・ライフのためにも、社会の持続可能性のためにも重要なことであろう。

【参考文献】

阿部正浩［2016］「一事例から見た再就職支援と労働移動支援助成金の課題」『日本労働研究雑誌』671号。

今井亮一［2013］「労働移動支援政策の課題」『日本労働研究雑誌』641号。

民主法律時報［2016］「日本航空（JAL）整理解雇　大阪高裁逆転不当判決」。

内閣府［2018］「日本経済2017-2018——成長力強化に向けた課題と展望」。

朴承斗［2016］「判例研究　日本航空整理解雇事件判決が残した課題」『比較法雑誌』50巻3号。

労働政策研究・研修機構［2022］「ビジネス・レーバー・トレンド」2022年11月号。

東京労働局［2018］「しっかりマスター労働基準法——解雇編」。

山田久［2023］「政府のリスキリングを中心とした『人への投資』の狙いと課題」『連合総研レポートDIO』383号。

〔林亜美〕

第10章　非正規雇用

まっとうな雇用の実現のために

keyword　　非正規雇用　有期雇用　女性の貧困
　　　　　　ジェンダー・ギャップ　ワーキングプア

1　非正規雇用とはなにか

1）身近な非正規雇用

　就職活動が近づいてきた。就活をちゃんとしないと。正規雇用に就くのと非
正規に就くのとでは生涯年収もずいぶんと違うらしい。安定した正規の仕事に
就くようにと親も大学の先生たちも、ことあるごとに助言してくる。でも、そ
ういう母親だって、家事や親の介護のための時間を確保するために「パート」
で働いている。大学の授業で聞いたところによれば、女性は半数超が**非正規雇
用**だという。避けたほうがいいと言われるタイプの雇用が雇用全体の半数以上
を占めているのはなぜなんだろう。家事とか子育てとかを担う女性向けの雇用
なんだろうか。日本は女性の社会的、経済的な地位が低いとニュースで報道さ
れていたけれども、そのことと関係あるんだろうか。でも、毎日残業続きの父
親・正規雇用の姿をみていると、正規雇用イコールよい雇用とも思えない。

　とはいえ、正社員になれなくて非正規で自活しているバイト先の先輩の姿を
みていると、非正規雇用にはリスクを感じる。朝から晩まで「契約社員」とし
てフルタイムで働いたうえに「派遣」でも働いているらしい。一度非正規にな
ると正規にはなかなかなれないとぼやいていた。

　非正規雇用にもいろいろあるようだけれども、結局、なにをもって非正規雇
用と言うんだろうか。

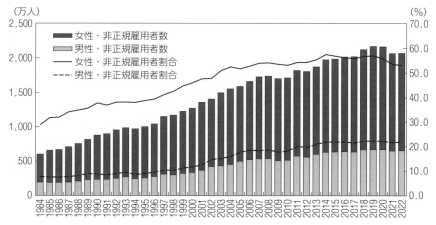

（万人）
（%）

凡例:
- 女性・非正規雇用者数
- 男性・非正規雇用者数
- 女性・非正規雇用者割合
- 男性・非正規雇用者割合

出所：総務省「労働力調査（詳細、長期時系列表 9）」より作成。

図 10-1　男女別にみた非正規雇用者数及び非正規雇用者割合の推移

2）非正規雇用者の定義

　総務省「労働力調査」（以下、「労調」）では、勤め先の呼称で正規雇用者と非正規雇用者とを分け、後者の具体例として、パート、アルバイト、労働者派遣事業所の派遣社員、契約社員、嘱託、その他があげられている。

　一般的には正規雇用者とは、企業との間に直接の、期間の定めのない雇用契約を結び（直接雇用、無期雇用）、フルタイムで働く労働者を指す。そう考えると、非正規雇用者とはこうした特徴をもたない雇用と、さしあたりは言える。ただ、処遇面や教育訓練のあり方などを含めると、非正規雇用とは、雇われ方の単なる違いというより、いわば「雇用身分」が正規雇用とは違う雇用であり、企業のメンバーシップから外れた雇用という特徴をもっている。ローンが組めなかったり、結婚できる確率が低くなったり、その身分は社会的な身分にもつながっている。

　さて、「労調（2022年平均値）」によれば、非正規雇用者の人数は2,101万人、役員を除く雇用者を分母とする割合は36.9％である（図10-1）。女性に限っては1,432万人、53.4％と半数をこえている。非正規雇用者全体に占める女性の割合は7割近くに及ぶ（68.2％）。非正規が増えたと言われているけれども、男性に限ると、非正規は、2割超である。非正規雇用が女性に偏っている

表 10- 1　正社員と比較した職務タイプ別にみた有期雇用者の割合

(単位：%)

	有期契約労働者計	正社員と比較した職務タイプ					
		①正社員同様職務型	②高度技能活用型	③別職務・同水準型	④軽易職務型	事業所に正社員がいない	無回答
全体	100.0	36.6	1.8	11.4	42.8	4.0	3.4
男性	100.0	49.6	3.1	5.7	37.4	2.2	2.0
女性	100.0	31.5	1.3	13.4	45.1	4.7	3.9

出所：厚生労働省［2021］「令和 3 年有期労働契約に関する実態調査（個人調査）」より作成。

ことは、企業内における女性の地位や、男女・夫婦間における仕事（有償労働）と家庭内のケア労働（無償労働）との役割分担のあり方とつながっている。

3）非正規雇用の職務や働き方

　非正規雇用と一口に言っても、職場で求められている仕事内容や責任、働き方などはさまざまである。短い時間で、責任があまり重くない仕事に従事する非正規雇用者もいれば、正社員と同じ時間数で同じ仕事に従事する非正規雇用者もいる。

　たとえば厚生労働省による「令和 3 年有期労働契約に関する実態調査（個人調査）」［2021］は、正規雇用者の職務と比較して、**有期雇用**を次の四つのタイプに分けて、その活用状況を調べている。同調査によれば、最多こそ④軽易職務型（正社員よりも軽易な職務に従事するタイプ）で女性では 45.1％であるが、一方で、①正社員同様職務型（正社員と同様の職務に従事するタイプ）も同じく女性で 31.5％、③別職務・同水準型（正社員とは別の職務であるが、高度でも軽易でもない職務に従事するタイプ）が 13.4％である（表 10- 1）。

　また、パート・アルバイトを中心に非正規雇用には短時間労働者が多いとはいえ、フルタイム型の非正規雇用者が増えている。女性では 4 割が、男性では 6 割が、週 30 時間以上就労者であって、週 35 時間以上に限っても、女性では 3 割、男性では 5 割が該当する。

　つまり、正規雇用者と同様の職務に就き、フルタイムで働いている非正規雇

用者は少なくないのだ。にもかかわらず非正規雇用という位置づけなのは、お
かしくないだろうか。

2　なぜ日本は非正規大国となったのか

1）非正規雇用活用の推移

　非正規雇用の問題は古く、戦前からすでにみられた。雇用期間の定めのある
臨時工、発注主たる親企業の構内で働く社外工（今日でいう請負労働者）の存在
がそれである。朝鮮戦争が始まった1950年代には臨時工が急増し、社会問題
化している。

　高度経済成長期には、中小零細の製造業を中心に女性のパートタイム労働者
（フルタイム型のパート労働者）が増加してきた。その後、電化製品の普及によ
る家事負担の軽減も背景にして、主婦層の短時間就労の活用が進んだ。「労
調」で非正規雇用の把握が始まったのは1984年であるが（当時は「労働力調査
特別調査」）、その当時、男性の非正規雇用が7.7％にとどまっていたのに対し
て、女性ではすでに3割近く（29.0％）に及んだ（以上は高梨・花見［2000］よ
り）。

　業種別に今日の非正規活用状況をみると、学生のアルバイト先で多い、「宿
泊業、飲食サービス業」中の「飲食店」や「卸売業、小売業」中の「飲食料品
小売業」では、非正規がじつに8割にも及んでいる。また、高齢者人口の増大
に伴い「医療、福祉」分野では労働力の増加が顕著であるが、保育や介護など
「社会保険・社会福祉・介護事業」では半数が非正規である。

　なお、近年では65歳以上の労働市場への参入が著しいが、男性では300万
人近くの約7割が、女性では200数十万人の約8割が非正規雇用での参入であ
る。

2）非正規雇用が重宝される理由

　非正規雇用がここまで拡大してきたのはなぜか。まず、労働者を使う側から
考えよう。厚生労働省「令和元年就業形態の多様化に関する総合実態調査」
［2021］（以下「総合実態調査」）を参照する。

　第一に、1 日・週のなかでの仕事の繁閑のほか、季節的な業務量の変化、あるいは、景気変動などへの対応、すなわち雇用調整が容易な点があげられている。労働者をもし正規（無期）雇用で雇ってしまえば、需要量の増減にあわせた生産活動が難しくなったり、経営が悪化したさいの雇用調整が難しくなる。その点で非正規（有期）雇用は重宝する。

　しかも、派遣雇用、請負労働者など、間接雇用と呼ばれる労働者群では、ユーザー企業は雇用関係を結ぶ必要はない。派遣会社、請負会社との事業契約の締結ですむ。直接雇用の有期雇用に輪をかけて、必要なときに必要な人を必要な数だけ調達することが可能になった。雇用のジャストインタイム（JIT）という考えだ。JIT は、もともとは、無駄な在庫をもたず、その都度部品を調達する製造業でみられた生産方式であるが、それが雇用の分野にも広がった。経済のグローバル化に伴い生産変動の予測が難しくなるなかで、こうした間接雇用は重宝されている。

　なお、日本の正規雇用は、閑散期に合わせたギリギリの要員で雇われているため、繁忙期にはめいっぱいの残業を余儀なくされる。こうした正規雇用の時間数の調整と非正規雇用の人数調整を組み合わせて効率的な生産が可能になっている。

　第二に、非正規を使うとコストを安く抑えることができる。それも単に労働時間の短縮で人件費支出も比例的に少なくなる、という単純なものではない。雇用保険や社会保険（医療、年金保険）の適用から外して保険料の支払いを免れたり、同じ仕事をしていても、時間当たり賃金を低く設定したり、正規雇用者には支給される諸手当・一時金・退職金などの支給を抑制したりすることが可能になるのだ。

　「総合実態調査」でも、たとえば、雇用保険、健康保険、厚生年金の適用状況が、正規雇用者ではいずれも 90 ％をこえているのに対して、非正規雇用者の最大勢力であるパートタイム労働者では、64.0 ％、48.7 ％、43.1 ％にまで抑えられている（表 10-2）。退職金制度も、前者が 77.7 ％であるのに対して後者ではわずか 8.0 ％である。退職金の法的性格は、企業への功労、賃金の後払い、老後の生活保障などと考えられているが、非正規雇用者にはいずれも該当しないと判断されているのだろう。

表 10- 2　雇用形態別にみた現在の会社における各種制度等の適用状況

(複数回答／単位：％)

	全労働者注1	①雇用保険	②健康保険	③厚生年金	④企業年金	⑤退職金制度	⑥財形制度	⑦賞与支給制度	⑧福利厚生施設等の利用	⑨自己啓発援助制度	⑩いわゆる正社員への転換制度	⑪多様な正社員への転換制度
正社員	100.0	92.7	97.2	96.1	27.2	77.7	43.4	86.8	55.8	36.4	15.9	10.4
正社員以外の労働者	100.0	71.2	62.7	58.1	5.3	13.4	8.3	35.6	25.3	10.1	11.2	3.5
出向社員	100.0	88.4	93.0	91.9	42.8	74.8	53.8	85.4	71.0	51.0	17.9	10.9
契約社員（専門職）	100.0	85.0	89.9	86.7	7.1	20.1	8.9	45.1	27.4	11.7	17.8	3.3
嘱託社員（再雇用者）	100.0	83.7	90.4	86.6	11.6	19.5	15.2	59.4	43.2	16.5	4.1	2.3
パートタイム労働者	100.0	64.0	48.7	43.1	2.7	8.0	5.8	29.3	20.4	6.1	10.3	2.9
臨時労働者	100.0	47.5	36.6	34.8	2.0	10.8	2.3	21.2	12.3	2.7	2.9	1.8
派遣労働者注2	100.0	86.4	86.6	84.1	7.7	17.0	8.1	24.8	31.9	19.2	9.5	4.8
登録型	100.0	86.5	85.2	83.2	6.1	9.5	5.1	15.1	28.7	16.5	7.9	3.3
常時雇用型	100.0	86.3	88.0	84.9	9.2	24.3	11.1	34.3	35.0	21.9	11.1	6.3
その他	100.0	83.3	83.0	79.3	5.3	18.4	9.0	48.0	27.6	12.5	17.6	5.5

注：1．「全労働者」には、各種制度等の適用状況が不詳の労働者を含む。
　　2．派遣労働者は、派遣元での状況について回答している。
出所：厚生労働省［2021］「令和元年就業形態の多様化に関する総合実態調査」より作成。

　第三に、働く側からみた利点として、都合のよい時間に働くことができることがあげられる。「労調」によれば、女性が非正規を選んだ理由で最も多いのは、「自分の都合のよい時間に働きたいから」が 1,291 万人中 405 万人で最多である。「家計の補助・学費等を得たいから」（281 万人）をおいてその後に、「家事・育児・介護等と両立しやすいから」が 207 万人である。それに対して「正規の職員・従業員の仕事がないから」は 107 万人だ。そうしたことから、非正規雇用は働く側の選択の結果とも説明される。

　なるほど、日本の正規雇用者には、長時間の労働・残業もいとわぬ精鋭としての働き方が求められる（➡第 5 章参照）。家庭内のケア労働の責任が課された女性がそのような働き方を選択するのは容易ではなかろう（➡第 6 章参照）。女性が非正規を選択する背景には、こうした正規雇用者の拘束性の高い働き方と性別役割分業とがある。はたしてそれは「選択」と言えるのだろうか。さらに、

学校を卒業して初めて就く仕事から非正規雇用である女性が増加していることも近年の大きな特徴である。

　第四に、女性にみられるこうした就業行動は、保育や介護など、わが国の福祉・社会保障への公的支出を抑制することにも寄与してきた。夫婦の関係でみても、家庭内でのケアを無償でしてくれる存在がいれば、男性は、企業の要請に応じて、ケア責任から解放されてめいっぱい働くことができる。逆に女性には、家庭内での仕事を引き受け、仮に外で働くにしても、ケア責任・仕事に支障がないかぎりにおいて短時間に限定した就労が期待されることになる。

　こうした性別役割分業は、政治による主導の結果でもある。福祉の充実は財政の危機や個人の怠惰をもたらすとみなし、そうした「先進国病」を回避するためにも、家庭内での自助努力、とりわけ女性には家庭内での長としての役割が提唱された（自民党「日本型福祉社会論」など参照）。外で働く時間が長くなることのないよう、年収が一定の枠内であれば、所得税を徴収しなかったり社会保険料を徴収しなかったりするなど、課税や社会保険料徴収のあり方で女性の働き方がコントロールされた。いわゆる年収の壁と呼ばれるものである。

3）雇用管理の変化

　非正規大国日本が生まれてきた背景には、企業の労務管理の変化がある。よく引き合いに出されるのは、経済団体のひとつである日経連（当時。現在は経団連と統合し日本経団連）が 1995 年に発表した『新時代の「日本的経営」——挑戦すべき方向とその具体策』である。経済のグローバル化などを背景にして、日本の雇用のあり方をどうしていくのか、経営者の間で侃々諤々の議論の末にまとめられたものだ。

　そこでは、①長期蓄積能力活用型、②高度専門能力活用型、③雇用柔軟型という三つのグループに分け、経営環境に応じて、企業にとって最も効果的な組み合わせで雇用・賃金の支払い等を行うことが提言された。ユーザー企業が直接の雇用関係をもたない派遣雇用などは、③にじつに適合したものである。

　こうした経済界の意向を反映して、労働法制度の規制緩和が進んだ。労働法はそもそも労使間の力の圧倒的な不均衡を修正し、労働者を保護するために設けられた。その歴史的な経緯を軽視し、労働法規制を緩和することでより自由

な働き方が可能になるという考え方が打ち出された。

　労働者派遣事業がその典型である。当初こそ対象業務を限定して始まった労働者派遣事業であったが、対象業務も派遣期間も緩和されていった。こうした日本の特異な派遣雇用のあり方は、リーマンショックに端を発した世界不況のもとでの派遣切り・非正規切りで、規制強化の機運も高まったが、根本的な見直しはされていない。2015年の法改定では、同一の事業場で働くことができるのは原則3年までの期間となっているが、労働者が代われば、ユーザー企業は派遣を使い続けることができる、という本来の派遣雇用から逸脱した内容になっている。

　日本では、雇用に対する法規制も弱い。恒常的に存在する仕事に対しても、有期で人を雇い続ける（反復更新する）ことが容認されてきた。さらに、企業が経営難に陥ったときには、稼ぎ主である男性・正規雇用者の雇用を守るために、先んじて非正規雇用を解雇の対象とすることも認められてきた。非正規雇用者は失業リスクが高いにもかかわらず失業保険・雇用保険の適用から長い間外されてきた（リーマンショック以降、適用拡大が大きく進んだ）。

　さらに日本は、賃金に対する規制も弱い。家族を養う賃金を稼ぐことが正規雇用である夫に期待されてきたことで、主として非正規雇用者の賃金の防波堤となるべき最低賃金の水準は著しく低く据え置かれてきた（最低賃金に注目が集まったのは最近のことである）。均等待遇に関する規制も弱く、たとえば、日本のパートタイム労働法は、同じ仕事をしていても配置転換の頻度や範囲などの人材活用の仕組みが正規雇用と異なれば、時間当たり賃金額を同一にせずともよいなど、非正規雇用の低賃金を「合理化」してきた側面がある。いわば、雇用形態が異なれば賃金が低くてもよい、とされてきたのである（➡第3章参照）。

3　非正規雇用がもたらす問題点

1）ワーキングプア

　非正規雇用者は、働いているのに、貧困状態におかれている。総務省により5年に一度行われる「就業構造基本調査」で非正規雇用者の年収をみると、男性の6割弱が、女性では8割弱が、200万円未満である（表10-3）。住まいや

表 10- 3　雇用形態別にみた年収 200 万円未満の規模

		男性		女性	
		正規雇用	非正規雇用	正規雇用	非正規雇用
総数	（万人）	2339.8	664.2	1271.7	1446.8
200万円未満（万人）		78.7	372.9	138.0	1118.8
同、割合	（%）	3.4	56.1	10.9	77.3

出所：総務省［2023］「令和 4 年就業構造基本調査」より作成。

教育など含めた手厚い社会保障がなく、日々の生活費を賃金に依存する割合の高い日本で、これは扶養を前提とした収入水準であると言えよう。

また、厚生労働省「賃金構造基本統計調査」で雇用形態と年齢とを掛け合わせてみると、正規雇用＞非正規雇用、男性＞女性の関係がクリアにみられる。とくに非正規雇用者では、年齢に伴う賃金の上昇がみられないことが特徴である（ただし、同一人物の賃金の動きをみたものではないことには注意）。非正規雇用の低処遇は**女性の貧困**、ひいては子どもの貧困という深刻な問題を引き起こしている。

雇用が非正規化すると賃金はなぜ安くなるのか。扶養されていることが賃金の低い理由としてあげられる。しかし、扶養されているから安くてよいという考えは、賃金の決定基準は世帯内での位置づけであるということになり、まったく合理性がない。

くわえて、自らの収入で生計を営む非正規雇用者が増えている。たとえば、男性・非正規雇用者では 9 割近くが、女性・非正規雇用者では 3 割がそれに当てはまる。しかも主に「配偶者の収入」で生計を営む女性・非正規雇用者であっても、彼女らの収入が世帯収入に占めるウェイトは大きくなっている。家計の補助という捉え方はもはや現実を反映していない。

2）雇用主責任の回避

非正規雇用に対する法規制の弱さを 2 節で確認したが、労働者派遣事業の解禁は、不安定雇用を拡大すると同時に、雇用主責任の空洞化をもたらした［伍

賀 2014]。

　そもそも戦後の日本においては、職業安定法によって、労働者供給事業
（「供給契約に基づいて労働者を他人の指揮命令を受けて労働に従事させること」）は原
則として禁じられていた。強制労働や中間搾取が発生したこと、また、労働者
を使って利益を上げるものは当該労働者に対する責任を果たすべきである（使
用するなら雇用せよ）という考えが戦後には確立されたことによる。

　派遣労働は、派遣会社と派遣労働者との間に雇用関係を設けることによって、
労働者供給事業を可能にする抜け道をつくった。しかし、形式上の雇用主が雇
用や労働条件の責任を負うことはできず、雇用主責任の空洞化状態が生じてい
る。指揮命令権を確保しつつ雇用主責任を完全に回避するいわゆる偽装請負も
大手製造業で広がっていることが明らかにされた。

　こうした有期雇用や間接雇用は、労使間の力の不均衡を拡大し、労働者側の
発言・権利行使を困難にするという点でも問題である。

3）固定化される男女の生き方

　世界経済フォーラムが 2023 年に発表した**ジェンダー・ギャップ**指数で、日
本の総合順位は、146 か国中 125 位と低かった。とりわけ女性の地位が低いの
は政治と経済の分野である。労働参加、賃金・収入、管理職など、経済分野で
はいずれも大きな男女格差がみられる。

　日本では、ケア責任を免除された男性が稼ぎ主となることが期待される働き
方（男性稼ぎ主モデル、ケアレスマンモデル）が標準となっている。女性の職場進
出は進んでいるが、両立支援がないなかで働き続けるのは容易ではない。いく
ら育児休業制度が整備されても、職場に復帰すれば精鋭としての働きが求めら
れる。先にみた「労調」への回答（自分の都合のよい時間に働きたい、家事等と両
立しやすい）は、正規雇用者の働き方の窮屈さを示すものでもある。

　他方で、精鋭からの離脱を選択すれば、被扶養が前提の「劣等処遇」が待ち
受けている。被扶養モデルから外れた、女性の単身世帯やひとり親世帯を中心
に相対的貧困率は高くなっている。

　もちろん、こうした状況は、妻子の扶養を求められ、拘束性の高い働き方に
より、家族との時間を犠牲にせざるをえない男性（育休の取得率の低さをみよ

➡第 6 章参照）にとっても生きづらい社会ではないだろうか（このテーマは大沢［2020］など参照）。

4　非正規雇用の濫用防止に向けて

1）労働法からの対応

　3 節でみてきた非正規雇用問題に対して労働法はどのような対応をしているだろうか。ここでは、雇用の安定と賃金問題（低賃金、賃金格差）に焦点をあててみていこう。

　リーマンショック時の派遣切り・非正規切りを受けて有期雇用の濫用に対する見直しが始まった。2007 年にすでに制定されていた労働契約法を、より実効性あるものにするため、2012 年の法改定で無期雇用転換制度が第 18 条に新設された。有期雇用を繰り返し、通算 5 年をこえれば無期雇用への転換権が労働者に付与されるという制度だ。労働者が申し出れば使用者はそれを拒否できない。正規雇用化と違い処遇改善を伴うものではないが、この制度で約 118 万人（企業独自の制度も含めると約 158 万人）の無期転換が実現したと言われている（厚生労働省［2022］「多様化する労働契約のルールに関する検討会」報告）。

　しかし、制度の趣旨を逃れようとする脱法行為が新たな問題として浮上している。雇用の更新は認めるが、採用日から起算して 5 年をこえることはしないという更新限度条項を就業規則に挿入し、無期転換権が発生する直前で雇い止めにしてしまっているのだ。じつは読者のみなさんが学んでいる大学業界で広くみられる問題である。

　無期転換制度は、一定の期間・回数の更新を経た後に行われる「出口規制」と呼ばれるものであるが、EU 加盟国では、3 年（2 回の更新）が多く、お隣の国韓国では 2 年である。日本の 5 年は長すぎると言えるだろう。フランスのように、理由なく有期雇用での採用を認めないという「入口規制」を課している国もある。

　働いても生活していくことが困難な状況の是正には最低賃金の引き上げが必要である。今日、貧困対策のほか内需拡大を実現する経済政策として最低賃金を大きく引き上げる動きが海外ではみられるのに対して、日本では不十分な引

き上げにとどまっている。

　もっとも、以前は生活保護の給付水準よりも最低賃金が低かったためにその逆転現象を解消するための最低賃金法の改定が2007年に行われなければならぬほどであったから、それに比べれば引き上げ幅は大きくなった。しかし、暮らしていくのに必要な最低生計費を満たすだけの水準にはまだまだ達していない。最低生計費試算調査などを行っている研究者や労働組合の取り組みでは、どこの地域で暮らしてもおおよそ時給1,500円は必要であるという調査結果が出されている。

　不合理な格差の是正も必要だ。2007年にパートタイム労働法が改定され、差別的取扱いを禁止する規定が導入された。ただ、その対象は、正規雇用者と仕事の内容も人材育成の仕組みも同じで無期契約で働くパートと、非常に限られていた。2020年にパートタイム・有期雇用労働法（以下、パート・有期雇用労働法）が施行された（中小企業では2021年施行）。これは、労働契約法第20条やパートタイム労働法が統合されてできたものだ。基本給や諸手当のほか福利厚生に至るまであらゆる待遇について、正規雇用者と非正規雇用者との間の不合理な待遇差を禁止していることをあらためて強調したほか、処遇に関する労働者への説明義務を使用者に課している。

　EU加盟国では、同じ仕事（あるいは同じ価値の仕事）をしていたら同じ賃金が支払われるという同一（価値）労働同一賃金の規制が原則である。こうした制度によって労働者は、仕事に力を入れたい場合にはフルタイムを選択し、育児に力を入れたい場合にはパートタイムを選択することが容易になる。

２）労働組合・裁判という選択肢

　法は自動的に問題を解決してくれるわけではない。問題を是正しようとする労働者の主体的な営みが不可欠である。とりわけ労使間の力の不均衡の是正のためには、労働組合という集団的な取り組みが不可欠である（➡第11章参照）。では労働組合は、この非正規問題にどんな取り組みをしてきただろうか。

　企業別に組織された日本の労働組合は企業間競争に歯止めをかけることが難しい。しかも多くは正規雇用者だけで組織されており、競争の手段として非正規雇用の活用を容認してきた歴史もある。

　そのようななかで注目されたケースのひとつが、広島の私鉄会社で働く労働者で組織された広電労組の取り組みである。経営危機への対応として導入された契約社員制度を廃止し、雇用・賃金を正規雇用者と一本化したのである。労組の粘り強い取り組みの成果である。この事例が注目されるのは、既存正規のなかでは月額収入が減る者も出たのに一本化の道を選択したことであろう。組合内で協議を重ね、同じ仕事をしていながら正規と非正規とで大きな賃金格差（昇給や退職金の有無）が存在することの問題性を説いた。使用者の譲歩も引き出し、定年を延長するなど生涯賃金を変化させないような取り組みもとられた。労働組合とは、使用者に対峙する組織であると同時に、労働者の側に団結をつくる組織である。

　法規制の強化を受けて、賃金格差の是正を目指す裁判闘争も活発化している。近年では、最高裁まで争われた有名な裁判例として、長澤運輸、ハマキョウレックス、日本郵政、大阪医科大学、メトロコマースなどの事件があげられる。これらの企業では、年末年始に仕事をしても、扶養する家族がいても、病気休暇を取得するにしても、非正規だからということで手当が支給されなかった。そうした待遇に対し、非正規労働者が「この賃金はおかしい！」と声をあげた。パート・有期雇用労働法以前の労働契約法第 20 条を根拠とする、「20 条裁判」と呼ばれている。

　しかし、大阪医科大学やメトロコマースで争われた賃金格差の本丸、すなわち、基本給・一時金・退職金などの是正はなされなかった。自分たちの行っている仕事を適切に評価してほしい、という当事者の訴えに対して、賃金は、労働者の、潜在的能力を含めた広義の能力に対して支給しているものであるからその格差には問題はない、という企業側の説明が容認されてしまった。

3）官製ワーキングプア問題

　公務員と聞けば、安定した仕事というイメージをおそらくもつだろう。しかしその公務員の世界にも非正規の雇用が拡大している。私たちに身近な地方自治体で働く非正規公務員は、総務省による最新の調べ（2020 年 4 月 1 日現在）では、100 万人をこえる。市区町村に限るとその割合は 4 割をこえる。多くは、やはりここでも女性である。1994 年の 328.2 万人をピークに正規の公務員が

50万人以上減らされるのを埋めるかのように、非正規公務員がなし崩し的に増やされてきた。

　なし崩しと書いたのは、彼・彼女らは、公務員であるものの非正規であり、非正規労働者であるものの公務員であるという、いわば法の狭間に落ちた存在として扱われてきたからである。雇用の不安定さや賃金水準の低さ、あるいは、制度の欠如・未整備は、民間の非正規雇用者以上であった。国や自治体（官）が**ワーキングプア**をつくりだしていること（官製ワーキングプア）に対して社会的な非難が集まり、地方自治体では、新たな非正規公務員制度（会計年度任用職員制度）が2020年度から始まっている。一般事務のほか、医療や保育、図書館、学校・給食、住民からの各種相談業務など、非正規公務員もまた民間の非正規雇用者と同様に、なくてはならない基幹的な業務に従事している。

　しかし、地方公務員法に彼らは位置づけられたものの、新制度は多くの問題をはらんでいる。たとえば、雇用（任用）は1会計年度ごとであることが強調され、制度上も、雇用「更新」ではなく、試用期間（条件付採用期間）が毎年設けられている。くわえて、能力実証のためにと推奨された公募制の導入に多くの自治体が従ったため、継続して働き続けたい場合には、一定期間（多くは3年）ごとに、新規求職者と一緒に公募に応じなければならない。民間の雇用安定化政策に逆行した制度設計になっている。また、勤務時間数がフルタイム勤務より1分でも短ければ異なる処遇体系に彼らは位置づけられることとなり、退職手当などの支給が不要とされた。結果、1日の勤務時間数を15分だけ短く設定する自治体が続出した。

　民間でこれら（無期転換、不合理な待遇差の禁止）を規定した労働契約法やパート・有期雇用労働法は、公務員には適用されない。最近では、最低賃金以下で雇われていた非正規公務員のケースが報道されたが、同じく、最低賃金法は公務員には適用されない。安定した世界とみなさんがイメージし、本来は民間の率先垂範たることが求められる公務の世界のなかでも、非正規に限ると、こうした不条理が蔓延しているのだ（以下は上林［2021］や竹信ら編［2020］など参照）。

　そして、この状況を変えることは、民間の非正規雇用者以上に容易ではない。公務員は労働基本権の制約を受けているからだ。しかしそれでも、自分たちの

働きに対してこうした扱われ方はおかしい、と当事者たちが声をあげ、法律や政治を動かし始めている。

　日本社会に根を張ってしまった非正規雇用問題を解決するためになにができるか、みなさんも考えてみてほしい。

【参考文献】

浅倉むつ子［2022］『新しい労働世界とジェンダー平等』かもがわ出版。

ブリントン、メアリー・C［2022］『縛られる日本人——人口減少をもたらす「規範」を打ち破れるか』池村千秋訳、中公新書。

伍賀一道［2014］『「非正規大国」日本の雇用と労働』新日本出版社。

濱口桂一郎［2021］『ジョブ型雇用社会とは何か——正社員体制の矛盾と転機』岩波新書。

上林陽治［2021］「会計年度任用職員白書 2020」『自治総研』514 号。

森岡孝二［2015］『雇用身分社会』岩波新書。

日本経団連出版編［2011］『人事・労務用語辞典〔第 7 版〕』日本経団連出版。

大沢真理［2020］『企業中心社会を超えて——現代日本を〈ジェンダー〉で読む』岩波現代文庫（時事通信社、1993 年）。

末冨芳・桜井啓太［2021］『子育て罰——「親子に冷たい日本」を変えるには』光文社新書。

髙梨昌・花見忠監修［2000］『事典・労働の世界』日本労働研究機構。

竹信三恵子・戒能民江・瀬山紀子編［2020］『官製ワーキングプアの女性たち——あなたを支える人たちのリアル』岩波ブックレット。

〔川村雅則〕

第11章　労働組合
労働条件の向上を私たちの手で

keyword　企業別組合　組織化　団体交渉　労使協議
　　　　　春闘　ジェンダーニーズ

1　労働組合と私たちの暮らし

1）労働組合の役割

　みなさんは、労働組合にどのようなイメージがあるだろうか。授業で労働組合を取り上げると、ニュースなどでハチマキをして気勢を上げる組合員の映像が流れることもあるからか、「こわい」といった声を聞くことがあるし、存在を知らないという人もいる。本章は、そうした労働組合への先入観をときほぐし、私たちの暮らしにとって身近で、私たち労働者自身がその主体であることを示していきたい。

　筆者がかかわった一例を紹介しよう。大学の教職員も労働組合を組織している。第10章でみたように正社員と非正社員の労働条件格差は大きい。これは大学も同じで、常勤と非常勤職員の労働条件格差が大きく、非常勤職員に賞与（ボーナス）は支給されてこなかった。学生の対応をしている職員には非常勤職員も多く、大学の運営にとってはいなくてはならない存在である。そこで労働組合が大学側に働きかけて交渉を行った結果、非常勤職員にも2020年6月から賞与が支給されるようになった。本節2項で述べるように、個人が「労働条件がおかしい」と不満をもっても、労働組合がなければ、使用者側が個人の不満に対して交渉に応じる法的な義務はない。筆者の大学のように、労働組合の取り組みによって、私たちの労働条件は変わりうる。また、労働者の労働条件を守れるのかといった視点から、経営のチェック機能を果たすのも労働組合である。この労働組合は、「誰か」がやってくれるものではない。私たち労働

者が労働組合を組織して、他の組合員の意見も聞きながら、どのような労働条件がいいのかを考え、組合方針を決めて、使用者と交渉する。ちなみに、労働組合は 2 人からつくることができ、ひとりでも後で述べるようなコミュニティ・ユニオンに加入することができる。

　労働組合は、国の社会保障制度や教育制度、税制度などの政策形成過程にも関与することで、私たちの暮らしと密接にかかわっている。そして労働者の視点に立った制度要求を実現させるために、支持政党をもち、政治をとおして、労働者の生活向上にかかわる政策を実現する試みもある。こうした活動は、労働組合の全国中央組織であるナショナル・センターが中心に行っており、日本では日本労働組合総連合会（連合）、全国労働組合総連合（全労連）の二つがある。2022 年の所属組合員の比率は連合 68.4 ％、全労連 4.8 ％となっている。

2）経済学・政治学からみた労働組合

　まず、労働組合の経済学的意味を考えてみよう。労働サービスの売り手の労働者と買い手の企業の間には、交渉上の地位において大きな格差がある。あるひとりの労働者がいなくても企業は代替する労働者を見つければいいが、労働者にとっては他の働き口が見つからなければ生活の糧を得る手段を失うことになるからだ。しかし、労働者が集団となって企業に労働サービスを販売しなければ、企業は大きな影響を受ける。そのため、労働サービスを集団的に取り引きすることは、売り手と買い手が対等な力関係で取り引きする条件となる。

　一方で、労働組合は労働市場の独占体で、競争水準以上に賃金を上げるため非組合員と経済の効率性を犠牲にしているという見方もある。これに対してフリーマンとメドフは、『労働組合の活路』という著書を出版し、アメリカの労働組合のある企業とない企業を比べて労働組合があるほうが、生産性が高いことを実証した。職場や企業に不満があるときに、なにも言わずに離職すると職場環境は悪いままになるが、労働組合をとおして不満を申し立てることで職場が変わり、それが生産性も高めるからである。

　次に政治学ではどのように捉えられているだろうか。労働者の生活のあり方を左右する事柄への当事者の発言権や意思決定への参加が確保されることが民主主義社会には不可欠である。このように民主主義は選挙など政治的な場だけ

でなく（政治的民主主義）、経済的な場でも実現されるべきである（産業民主主義）。そうした観点から、労働組合は単なる組合員の利益団体ではなく、社会的に公正な、経済面の民主主義を担う主体として理解される［久本 2021］。

　上述したような役割を果たすために、労働組合には法律的に特権的地位が与えられている。憲法第 28 条では「勤労者の団結する権利及び団体交渉その他の団体行動をする権利は、これを保障する」と規定され、労働三権が保障されている。「団結権」は労働者が労働組合を組織し運営する自由を保障する。「団体交渉権」は労働組合が使用者に対して、労働者の処遇や労使関係のルールについて交渉を申し入れることができる権利で、労働組合の交渉代表団対企業経営者といった集団的な交渉を行う権利を保障する。「団体行動権（ストライキ権）」は企業側と労働条件で折り合わなかったときに、労働組合員が集団的に職場を放棄する権利を保障する。通常、職場放棄は企業秩序を乱す行為とされ、雇用契約上も約束した仕事をしないことは不法行為になるが、労働組合が争議として集団的に行う場合には合法的な行為と認められる。憲法第 28 条を具体的に保障するために労働組合法が定められ、労働組合活動を理由に、企業が組合員に対して人事・処遇上で不利益な取扱いをすることや、労働組合活動を妨害したり労働組合の権利を侵害したりすること（「不当労働行為」）を禁止したり、2 節で述べる労働協約についての要件や効力を規定している。

3）労働組合はなぜ生まれ、どのように展開したか

　労働組合はそもそもなぜ生まれたのだろうか。その歴史をふりかえってみよう。労働組合はさまざまな形態をとるが、大きく分けると、①職能別組合（以下、クラフト・ユニオン）、②産業別組合、③一般組合、④**企業別組合**、がある。

　クラフト・ユニオンは、歴史上最も古い伝統をもち、1850 年代イギリスの印刷業の活版工や建築業の大工など特定職業の熟練工だけを組織した労働組合である。組合が技能養成を行うのと引き換えに労働供給を制限することによって、自分たちの賃金・労働条件を高めに維持することを目指した。クラフト・ユニオンは、労働時間、1 日の仕事量（標準作業量）、標準賃金率などを組合規約で定め、雇い主はその職能の労働者を雇いたければ、自動的に組合規約に定められた条件を受け入れなければならない。雇い主のなかに組合の定めた標準

的労働条件を守らない者がいれば、クラフト・ユニオンはその経営者をボイ
コットし、自発的に失業することを選ぶ。そのため、クラフト・ユニオンが失
業期間中の失業手当制度をつくるなど、労働組合による共済制度が発展した。

　19 世紀末になると、機械化の進展によって、クラフト・ユニオンの統制の
及ばない半熟練工や不熟練工が増加した。企業内で養成される半熟練労働者が
増えると、彼・彼女らは熟練労働者のような労働供給制限による規制力はない
が、不熟練労働者のようにすぐには代替されない技能を有することが交渉力の
源泉のひとつとなった。それを有効にするために、産業別に技能の類似する労
働者を**組織化**してストライキのさいに容易に代替させられることを回避すると
いった産業別組合に発展した。やがてこれらは不熟練工も包摂するようになり、
産業レベルで賃金水準などの社会的標準をつくり、企業に反映させている。ク
ラフト・ユニオンから産業別組合への発展過程は、国によって違いはみられる
ものの、ヨーロッパ諸国、アメリカでも認められ［前浦 2021］、日本以外の国
の労働組合の主流の形態といえる。

　一方、イギリスでは古くからのクラフト・ユニオンが合同で半熟練工まで組
合員資格を広げる方法をとったため、それらの組合に加入できない不熟練労働
者は、産業の枠をこえて、一般組合を組織することになった。つまり、特定の
熟練をもたず職業や産業を問わず、誰でも加入できる労働組合が一般組合であ
る。特定の熟練を持たないため、交渉力は一般市民からの支持やカンパなどに
支えられた団結したストライキが主となる。日本でも 1955 年に、個人加盟の
各地の合同労組が集まって全国一般合同労組協議会を結成し、コミュニティ・
ユニオンと呼ばれる一般組合をつくった。コミュニティ・ユニオンは、中小企
業の労働者・非正規・女性などの駆け込み寺として機能してきた。

　企業別組合は「特定の企業ないしその事業所ごとに、その企業の本雇いの従
業員という身分資格をもつ労働者（職員含めて）だけを組合員として成立する
労働組合」［白井 1968］である。日本に特徴的な形態で、組合数の 9 割以上を
占めている。法律上、組合員資格を正社員に限定しているわけではないが、長
い間、正社員に限定されてきた。日本の企業別組合は企業の事業活動の維持に
協力し（生産主義）、それをもとに成果の分配を追求することを活動原理とする
ため、欧米のような社会的規制を形成する主体としては脆弱で［富田 2010］、

組合活動が企業の枠をこえにくい。また、企業の中核的な存在である男性正社員の利害関心をもとにした賃上げと雇用保障が組合活動の中心になりがちであったことは、3節でふれる。

2 　労働組合はどうやって職場や労働条件をよくするのか

1）団体交渉と労使協議

　みなさんもアルバイトなどで働いているときに、賃金や労働時間のほか、休憩室の環境や制服などについて不満をもったり、こうしてほしいなど要望をもつことがあると思う。労働組合はそうした多数の組合員個人の意見や要望を収集し、労働者個人に代わって労働条件の交渉や話合いを使用者と行う。労使の交渉や話合いは、あくまで労使双方の代表によって行われ、代表的な形式として**団体交渉**と**労使協議**がある。

　労働組合のストライキ権を背景に労使の利害対立が明確な労働条件事項を交渉し、交渉が妥結すれば労働協約となり、決裂すればストライキにつながるものが団体交渉である。労働協約とは、労働組合と使用者が合意により締結する文書で、労働組合と使用者との「契約」である。たとえば、労働契約を結ぶときに住宅手当が1万円だったとしても、労働協約で2万円となれば、労働協約の適用を受ける労働者は住宅手当2万円が支払われるようになる。

　団体交渉ではなく、使用者と労働者の代表が企業経営上の問題、特に労働者の雇用や労働条件にかかわる問題について情報や意見を交換するための常設的な話合いの場が労使協議と呼ばれる。労使協議は、労使の対立が必ずしも明確ではない経営生産事項を協議したり、経営情報の共有、雇用関連の制度改変、労働条件にかかわる日常的調整などを行っている。

　どのような事項が団体交渉で交渉され、労使協議で話し合われているかをみてみよう。厚生労働省「令和4年労使間の交渉等に関する実態調査」[2023]によると、労働組合があるところでは、過去3年間において「何らかの労使間の交渉があった」事項の上位は「賃金・退職給付に関する事項」72.6％、「労働時間・休日・休暇に関する事項」70.0％、「雇用・人事に関する事項」60.4％となっている。**表11-1**は、事項別に使用者と団体交渉をしたのか、労

表 11- 1　過去 3 年間[注1]における労使間の交渉形態等の状況別割合

(%)

事　　項	何らかの労使間の交渉があった計	労使間の交渉形態（複数回答）					労働協約の改定がなされた又は新たに労働協約の規定が設けられた	
		使用者側と話合いが持たれた	団体交渉が行われた	労使協議機関での話合いが行われた	労働争議が生じた	使用者側から一方的に説明・報告・通知等がなされた	2022	2020
賃金・退職給付に関する事項	[72.6][注2] 100.0	90.0	57.3	37.6	1.4	5.5	35.7	38.3
賃金制度	[57.6] 100.0	88.0	50.1	33.7	1.4	4.6	32.1	33.3
賃金額	[64.6] 100.0	89.8	58.8	32.2	1.4	3.2	32.6	37.1
配偶者手当	[21.0] 100.0	78.0	41.1	32.6	1.6	5.2	30.0	24.0
退職給付（一時金・年金）	[34.2] 100.0	81.8	42.6	31.6	1.8	4.2	32.6	30.5
労働時間・休日・休暇に関する事項	[70.0] 100.0	86.7	42.5	43.1	1.4	4.9	37.4	37.0
所定内労働時間	[39.4] 100.0	83.7	38.3	40.1	1.8	4.2	26.0	28.0
所定外・休日労働	[42.7] 100.0	84.6	34.8	41.8	1.8	4.2	22.4	25.8
休日・休暇 [注3]	[49.5] 100.0	85.2	41.2	37.5	1.5	3.8	34.9	32.7
育児休業制度、介護休業制度、看護休暇制度、介護休暇制度	[47.5] 100.0	81.4	35.8	35.2	1.4	4.9	42.2	37.5
雇用・人事に関する事項	[60.4] 100.0	86.3	32.1	47.2	1.2	15.8	22.3	20.2
要員計画・採用計画	[34.3] 100.0	74.2	16.9	38.0	1.6	13.5	8.9	6.6
雇用の維持・解雇	[25.1] 100.0	73.3	20.2	37.2	1.4	9.2	15.0	13.3
配置転換・出向	[30.6] 100.0	71.8	14.2	39.8	1.6	15.2	12.3	11.0
昇進・昇格・懲戒処分	[35.8] 100.0	72.2	16.7	33.8	1.6	17.2	15.7	11.7
人事考課制度（慣行的制度を含む）	[34.5] 100.0	76.3	22.3	39.9	1.7	8.8	17.9	17.7
定年制・再雇用・勤務延長	[34.3] 100.0	80.9	28.9	35.2	1.3	6.6	21.9	18.5
職場環境に関する事項	[57.1] 100.0	86.1	24.0	43.1	1.1	2.4	10.3	10.5
健康管理に関する事項	[46.4] 100.0	83.7	17.7	44.1	1.3	4.7	10.0	10.5
経営に関する事項	[40.7] 100.0	79.1	15.9	46.6	1.1	12.6	8.7	7.8
企業組織の再編・事業部門の縮小等	[28.4] 100.0	73.5	16.5	42.9	0.7	15.5	12.0	10.7
教育訓練に関する事項	[26.2] 100.0	73.8	19.8	34.4	0.9	13.2	10.6	9.0
福利厚生に関する事項	[46.0] 100.0	81.9	27.4	36.9	1.6	5.2	17.9	20.2
男女の均等取扱いに関する事項	[21.8] 100.0	75.5	16.9	34.5	2.0	8.3	14.2	17.5
労働協約の解釈・疑義に関する事項	[19.7] 100.0	74.9	17.1	36.2	2.9	6.5	20.3	22.5
同一労働同一賃金に関する事項 [注4]	[31.4] 100.0	80.5	29.0	37.0	2.2	5.1	18.4	17.9

注： 1. 過去 3 年間とは、令和元年 7 月 1 日から令和 4 年 6 月30日までをいう。
　　 2. ［　］内は、労働組合の計を100とした「労使間の交渉事項」別の構成割合である。
　　 3. 育児休業制度、介護休業制度、看護休暇制度、介護休暇制度を除く。
　　 4. 教育訓練、福利厚生等を含む。
出所：厚生労働省［2023］「令和 4 年労使間の交渉等に関する実態調査の概況」。

使協議での話合いをしたのかを聞き、そのうちストライキが発生した割合を示している。賃金や賃金制度については団体交渉の割合が多いが、労使は組織内での利害を共有するもので、本来、労働条件事項と経営生産事項は不可分であ

る。そのため、どの事項を団体交渉にして、どの事項を労使協議事項にするかは、はっきりと分かれていないことがわかる。そして、現在の日本ではストライキの発生件数がきわめて少ないことも特徴である。

2）労働組合が力を入れてきた賃上げ

春闘という言葉をニュースなどで耳にしたことはあっても、それがなにかを知っている学生は少ないかもしれない。春闘とは、日本で行われている春の一定期間に組まれたスケジュールをもとに、先頭に立って賃上げムードをつくる大手産業別組織の賃上げを他の産業に波及させ、さらには公務員の人事院勧告や中小企業の賃上げにまで波及させることを狙いとした賃上げ交渉方式である。企業別組合が賃上げに関する団体交渉を行いつつも、運動としては産業別に組織された組織が賃上げ要求を統一して行う。日本では企業別組合が主流のため、産業別に要求を統一することで賃上げの個別企業への影響力を極力平準化・緩和し賃金の社会的な水準をつくろうという意図があった。経済成長期には賃上げを主導することが期待されただけでなく、低成長期には国民経済全体への配慮から賃上げ抑制の機能も春闘は担ってきたといえる。

経営側にとっては、個別企業の抜け駆け的賃上げを抑制できるため、合理性を見出せる側面もあった。一方、労働組合側にとっては、単なる賃上げの実現手段にとどまらず、毎年繰り返される春闘の過程での職場討議・学習によって、労働組合の目的・存在理由を、きわめて具体的なかたちで一人ひとりの労働者に実感させることができた［佐口 2018］。

しかしバブル崩壊後の景気低迷が長期化するなかで、経営側は1990年代後半から2000年代前半にかけて、基本給の水準を一律引き上げるベース・アップ（以下ベア）の不要論を唱え、産業横断的な賃金決定の見直しも主張するようになってきた。こうした経営側の人件費抑制政策に対して、労働組合側にもベア要求が困難であるという認識が浸透した。さらに、近年では賃金は政治・政策の問題であって、労働組合が介入できる範囲は限定されているという声が大きくなり、たとえば岸田総理の「新しい資本主義」の一環として政府のかけ声を利用した2％程度の賃上げで労働組合も満足する、穏やかな官製型の春闘になってしまっている［高木 2022］という指摘もある（**図11-1**）。その結果、

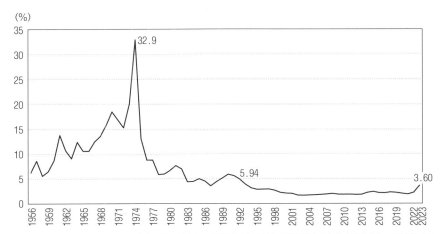

注：1．集計対象は原則として資本金10億円以上かつ従業員1,000人以上の労働組合のある企業のうち、妥結額（定期昇給込みの賃上げ額）などを把握できた企業である（2003年までは、東証または大証1部上場企業のうち、資本金20億円以上かつ従業員1,000人以上の労働組合がある企業である。1979年以前は単純平均、1980年以降は加重平均）。集計企業数は、1964年以前は約160社、1965年以降は約300社（2022年は358社）。
　　 2．1965年以降の各年は2022年8月発表「民間主要企業春季賃上げ要求・妥結状況」掲載表から、1964年以前の各年は労働省「昭和54年労働統計年報」掲載表から、それぞれ転記。
出所：厚生労働省「令和5年民間主要企業春季賃上げ要求・妥結状況」より作成。

図 11-1　主要企業春季賃上げ率（1956〜2023年）

現在の日本の平均賃金水準は、韓国に抜かれ、OECD34か国中24位と低いほうに位置している。

　ただし、物価上昇局面にあるなかでの2023年春闘は、ほぼ30年ぶりとなる水準の賃上げが実現した。物価上昇局面で価格転嫁するといった企業行動の変容がみられただけでなく、人手不足も賃金上昇を促進している。こうした変化のなかで、労働組合も春闘という企業をこえた集団的労使交渉による賃上げ闘争を積極的に推し進めたことによって、賃金上昇をうながすことに貢献した。

3）企業内における個人的な苦情等の処理

　労働者が、仕事や処遇や人間関係、仕事と生活の関係などに関して不満や苦情を抱き、それが解消されないことは、離職率を高めたり、勤労意欲および生産性や創造性の低下をもたらす。そこで、労働組合でも組合員ニーズを把握するため、不満や苦情を聞く仕組みをもっている。

しかし日本では、職場での日常的な問題を労働組合の職場委員に相談する慣行がないため、労働組合の苦情処理制度が有効に機能しているとは言いがたい。労働政策研究・研修機構が実施した「職場におけるコミュニケーションの状況と苦情・不満の解決に関する調査」[2009] によると、従業員の約7割はなんらかの不満をもっている。こうした不満を抱えた場合の相談先として、企業側は管理職への相談（55.9％）や人事労務部門（43.5％）による相談対応を重視している。また、従業員側も先輩職員・同僚への相談（41.8％）や管理職への相談（35.1％）を重視しており、特に従業員側の労働組合の役割への認識（4.9％）が企業（30.4％）よりも低い。

こうした職場慣行を反映してか、厚生労働省「令和3年労働組合活動等に関する実態調査」[2022] から、労働組合活動においてこれまで重点をおいてきた事項をみると、「賃金・賞与・一時金」90.8％が最も高く、次いで「労働時間（労働時間の適正把握を含む）・休日・休暇」76.9％、「組合員の雇用の維持」41.6％となっており、メンタルヘルスを含む「職場の安全衛生」38.3％や「セクハラ・パワハラなどハラスメント対策」23.5％などへの取り組みが弱い。組合員個々人の不満などに十分対応できていないことは、労働組合の意義をわかりにくくしている。

3　正社員の雇用を重視する弊害

1）男性正社員中心の企業別組合

正社員を中心とした日本の企業別組合は、2節でみたように、人事処遇制度などの制度改定、賃金や企業年金などの金額交渉、職場での要員交渉、経営基本計画に至るまで広範な領域において、日常的に交渉・協議している。なかでも、日本の企業別組合の取り組みの特徴として「事前協議制」のルール化があげられる。技術革新や生産性向上のための諸措置、設備の変更なども労働者の雇用や労働環境に影響を与える。そこで欧米諸国の労働組合は、リストラや労働強化などが生じうる技術革新や生産性向上のための諸措置に反対したが、日本では企業合理化措置についても、労働組合は反対せずに、計画が変更できる段階で企業側が労働組合に報告し、労働条件の不利益変更が生じないよう協議

を尽くす「事前協議制」がルール化された。要員・配転・応援・残業等について経営側の提案に柔軟に対応しつつも、職場や労働者の利害にかかわる問題には関与し発言する［佐口 2018］。このように日本の労働組合は、組織された男性正社員の賃金や雇用保障といった利害関心には経営側と歩調を合わせながらも一定の発言力を有していたといえる。

　一方で、企業経営の柔軟性を阻害することにつながる労働時間の削減や配転（転勤）の制限などへの労働組合の発言力は弱い。先進国のなかでも突出して長時間労働者の割合が高いことの一因として、労働組合の労働時間への取り組みの弱さが指摘されている。濱口［2006］は労働組合が残業時間の上限を決める 36 協定の締結当事者である場合でさえ、十分に時間外労働をコントロールしようとしていたとは言いがたいという（➡第 5 章参照）。

　このように男性正社員の賃金と雇用保障を中心においた日本の企業別組合は、労働時間規制や異動の制限など企業の柔軟性を阻害することになる事項への取り組みが弱い。このことは結果として、長時間労働や転居転勤など企業拘束的な働き方に対応しづらい女性の賃金や昇進などにマイナスの影響を及ぼしてきた。さらに、非正規雇用や女性雇用との公正性の問題に正面から取り組むことは正社員の既得権益の根幹を揺るがす恐れがあるとして回避され、男女や正規・非正規間の妥当性のない格差は事実上放置され続けた［佐口 2018］。

２）組織率の低下と非正規雇用の組織化

　近年、男性正社員を中心にしてきた企業別組合の影響力は弱くなっている。大きな要因は労働組合の推定組織率（雇用者に占める労働組合員の割合）の低下である。2022 年の推定組織率は 16.5％と、雇われて働く労働者の 6 人に 1 人以下しか労働組合に加入していない。戦後の推定組織率や組合員数の推移をみると、1949 年に 55.8％とピークを迎えた後、75 年までは 30％台前半の範囲で安定的に推移していた。第一次石油危機後の 75 年以降、組合員総数は低下傾向にある一方雇用者数は増加し続けているため、現在まで組織率の低下が止まらない状況となっている（図 11-2）。

　日本における組織率低下の構造的要因は、①産業構造の変化（小売業や飲食店・サービス業など組織率が低い産業の雇用者増）、②石油危機や円高後の減量経営

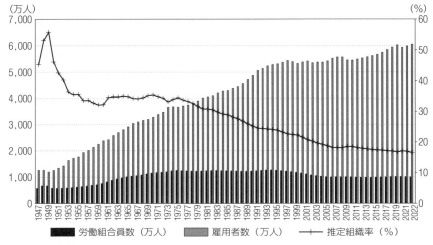

出所：厚生労働省「労働組合基礎調査」各年版より作成。

図 11- 2　雇用者数、労働組合員数および推定組織率の推移（単一労働組合）

により、組織率が高い大企業の雇用機会縮小、③パートタイム労働者（以下、パート労働者）や派遣・請負など企業別組合の組織範囲外にある雇用形態の比率が高くなった、④高齢化・高学歴化、企業の分社化など非組合員である管理職や管理職相当職が増加したことなどが指摘されてきた。①の産業構造の変化と③の非正規化は一体となって進んでいる。

　従来の正社員に限定した企業別組合は、企業の非正規化が進むにつれ従業員の少数派しか代表しない組織となった。そこで 1990 年代後半以降、企業内未組織労働者の組織化が急務として取り組まれてきた。パート労働者の組合員数の推移をみると、2022 年のパート労働者の労働組合員数は 140 万 4,000 人で、推定組織率は 8.5％、全労働組合員数に占める割合は 14.1％である。全体の組織率が低下するなかでパート労働者の組合員数は増加してきたが（コロナ禍で減少）、依然として組織率は低い。

3）組合要求とジェンダーニーズ

　女性が大半を占めるパート労働者の組織化が進むことは、男性正社員中心の企業別組合の組織や取り組みが変わる契機ともいえる。そして、パート労働者

の組織化が正社員と非正社員の格差解消の取り組みを推進したり、ジェンダー平等を推進するものとして期待されている面もある。たしかに女性や非正規労働者の組織化は第一歩ではある。しかしそれによって男女や正規・非正規の格差が解消されるとは限らない。

　なぜなら、女性組合員が育児や介護、家事などケア負担を偏って負っている現状を前提にすると、彼女らのニーズは残業しないことや転勤しないこととなる。労働組合はそうした「ニーズ」を聞いて、残業や転勤の少ない雇用管理区分制度をつくるといった施策を行ってきた。結果的に、残業や転勤の少ない雇用管理区分に女性が集まり、性別役割分業が行為遂行されてしまい[Zimmerman 1987]、企業の中核となって働く男性正社員の労働時間そのものを短くしたり、転勤を規制したりすることでジェンダー平等を追求することは見過ごされてしまう。つまり、女性が家庭責任を負うというジェンダー規範を内面化している女性／非正規組合員の意見を集約し組合政策に反映すると、女性が社会的に受け入れられている役割をとおして気づく「実際的**ジェンダーニーズ**」に沿って制度設計することになる。それに対して、現在の男女の役割分担を改め、女性が置かれている従属的地位を覆す「戦略的ジェンダーニーズ」[モーザ 1996]を可視化させ、満たしていくことが求められる[金井 2007、2011]。もちろん、実際にケアの負担が女性に多く偏っている現状では、実際的ジェンダーニーズに対応することも重要である。そこで、実際的ジェンダーニーズと戦略的ジェンダーニーズの関係を整理しながら、組合政策に反映していく必要がある。

4　組合から始める幸せな職場づくり

　ケアの時間を確保したうえで、生活できる賃金が保障され、人権が尊重されることは、すべての労働者にとってワーク・ライフ・バランスが保障されたディーセント・ワーク（働きがいのある人間らしい仕事）となる。全員がこのような働き方ができて初めて、ジェンダー平等は実現できる。

　現在は、生活できる賃金を保障される中核的な正社員は、長時間労働や頻繁な転居転勤などが課され企業拘束性が高い働き方をする一方、企業拘束性の低

い働き方は処遇が低く、ジェンダーによる正社員／非正社員の偏りを生みだし、男女間賃金格差の要因となっている（➡第1章・第2章・第3章参照）。しかし、女性が自ら処遇は低いが企業拘束性も低い働き方を選択しているとみなされ、正社員／非正社員の格差や男女間格差が問題と認識されづらい。そうした格差の構造を自覚的に顕在化させ是正する仕組みとして、ジェンダー主流化という手法がある。ジェンダー主流化とは、一見、ジェンダー中立的にみえる一般政策がどのように男女に異なる影響を与えているのかを分析し、政策形成過程に反映させることである。ジェンダー影響分析を通じて、あらゆる分野におけるジェンダー格差を浮き彫りにし、その分析に沿って予算や資源を再配分し、ジェンダー格差を是正することがジェンダー主流化の目的［申 2015］となる。

　ジェンダー主流化という手法を労働組合に導入することで、国や産業レベルでの取り組み、職場での労使の取り組みが男性と女性にどのような影響を与えるのかを可視化できるようになる。たとえば、職場の賃金・人事制度の改正を交渉するのであれば、その改正によって男性、女性にどのような影響を与えるのかを分析する。その改正が、実際的ジェンダーニーズを満たしたとしても、男女間賃金格差が拡大するのであれば、その制度改正は問題だと認識できるようになる。このような分析を行うには、ツールの開発も不可欠で、ジェンダー統計を整備し、政策のジェンダー影響分析を行い、評価する方法が確立されなければならない［金井 2022］。

　このように、どうしたら男性も女性もすべての労働者がケアを担う時間を確保しながら生活できる公正な賃金を保障されるのか、ハラスメントを受けず人権を保障された働き方ができるようになるのかを話し合うこと自体が、労働組合を身近なものとし、組織率の低下に歯止めをかけることにつながる。幸せに生きるための労働条件は、「誰か」がつくってくれるのではなく、私たち労働者が労働組合で活動することで実現できる。

【参考文献】

フリーマン、リチャード・B／ジェームズ・L・メドフ［1987］『労働組合の活路』
　　島田晴雄・岸智子訳、日本生産性本部。
濱口桂一郎［2006］「EU 労働法政策における労働時間と生活時間——日本へのイン

プリケーション」『社会政策学会誌』15 号。

久本憲夫［2021］「団体交渉と労使協議」仁田道夫・中村圭介・野川忍編『労働組合の基礎——働く人の未来をつくる』日本評論社。

金井郁［2007］「パートのユニオンリーダーと組合参加——小売企業におけるパート組織化の事例調査をもとにして」『社会政策学会誌』17 号。

金井郁［2011］「非正規労働者の処遇改善と企業別組合の取り組み——ジェンダーへのインパクトに着目して」『大原社会問題研究所雑誌』633 号。

金井郁［2022］「労働組合におけるジェンダー主流化の取組みの必要性」『労働調査』614 号。

前浦穂高［2021］「労働組合の組織と運営」仁田道夫・中村圭介・野川忍編『労働組合の基礎——働く人の未来をつくる』日本評論社。

モーザ、キャロライン［1996］『ジェンダー・開発・NGO——私たち自身のエンパワーメント』久保田賢一・久保田真弓訳、新評論。

労働政策研究・研修機構［2009］『職場におけるコミュニケーションの状況と苦情・不満の解決に関する調査』調査シリーズ No. 59。

佐口和郎［2018］『雇用システム論』有斐閣。

申琪榮［2015］「「ジェンダー主流化」の理論と実践」『ジェンダー研究』18 巻。

白井泰四郎［1968］『企業別組合〔増訂版〕』中公新書。

高木郁郎［2022］「「新しい資本主義」のもとでの春闘総括はどうあるべきか」『Int'lecowk：国際経済労働研究』77 巻 8 号。

富田義典［2010］「企業別組合の基本的機能」『社会政策』2 巻 1 号。

Zimmerman, Don H.［1987］"Doing Gender," *Gender & Society* Vol.1, No. 2, June.

〔金井郁〕

第12章 新しい働き方
テレワーク、副業・兼業、フリーランス

keyword　テレワーク　自由な働き方　副業　フリーランス
労働条件

1 増えてきた新しい働き方

　たとえば、次のようなケースを考えてみたい。システムエンジニアの仕事を
しているAさんは、コロナ禍で**テレワーク**（在宅勤務）になった。通勤時間が
なくなったことで、朝少しゆっくり寝ていられるようになり、平日の家事や自
分の用事とのやりくりがしやすくなった。しかし、これまでは「会社での業務
が終われば1日の仕事は終わり」という切り替えができたが、テレワークで、
夜でも休日でも顧客や社内のメールをチェックし対応することがふつうになっ
て、常に仕事から解放されないような感覚にストレスを感じてもいる。

　また、別の例を考えてみたい。フリーで雑誌のライターの仕事をしているB
さんは、自分の自由な時間に仕事をできるものの、実際のところ依頼主との関
係で仕事を断れないことも多く、報酬も高くないため、この仕事で生計を立て
ていくのは厳しいと感じている。

　こういう例をみると、「**自由な働き方**」とはなんだろうか、と考えさせられ
るだろう。日本において、正社員の働き方は、雇用は保障されているものの、
長時間労働や、転勤など柔軟な配置転換を含む、「企業拘束性の高い働き方」
に特徴があると言われる（➡序章・第2章参照）。山口［2009］は、こうした特徴
をもつ日本の雇用システムを「保障と拘束の交換」と呼び、過剰就業を問題視
した。大都市部ならば、そこに長時間通勤も加わり、人びとの生活時間をさら
に圧迫していよう。一方、パートや契約社員・派遣労働者などの非正社員の働
き方は、「企業拘束性」こそ高くないものの、正社員に比べて処遇水準が著し

く低いという問題がある（➡第 3 章・第 10 章参照）。

　近年の経済社会の変化のなかで、別の働き方があらわれてきた。本章では、「従来型の正社員」とは異なる、新しい働き方について考える。「企業拘束性が高くない」ことがその特徴である。これまでも、「多様な働き方」として限定正社員などの雇用形態が注目されたり、フレックスタイム制などの弾力的な労働時間制度が議論されたりしてきたが、近年はそれ以外の働き方も注目されている。テレワーク、**副業・兼業**、**フリーランス**である。こうした、従来の「あたりまえ」の働き方とは異なる、働き方の選択肢が広がってきた。具体的にみていこう。

　まずはテレワークである。これまでは出社勤務があたりまえとされてきたが、新型コロナウイルス感染症を機に、在宅勤務などのテレワークが急速に拡大した。テレワークは、情報通信技術（ICT）を活用して、勤務先から離れた場所で仕事をする働き方であり、在宅勤務のほか、サテライトオフィスでの勤務、モバイルワークなどが含まれる。テレワークの場合、会社に出社しなくても業務を進められるようになり、通勤時間をカットできる。また、テレワークが基本になれば、居住地も、勤務地の近辺に縛られることはなくなる。たとえば、テレワークを行えることで、オフィスのある首都圏に住まなくても、地方（出身地等）で仕事をすることもできる。企業においても、テレワークを活用することで、通勤手当の廃止（代わりにリモートワーク手当の支給）、転居転勤の見直し、都心オフィスの縮小といった動きがみられる。

　次に、副業・兼業である。副業・兼業とは、どちらも本業以外に仕事をすることであり、「副業」が本業のほかにサブの仕事をもつのに対して、「兼業」は複数の本業の仕事を掛けもちするという意味合いがある（実際には両者は区別しにくいため、本章では「副業」と記す）。これまでは本業への専念があたりまえであったところ、近年は本業のほかに副業を行う働き方も増えている。これには、社会の風潮の変化、企業の考え方の変化がかかわろう。もともと、日本の法制度上、勤務時間外の副業は禁じられていない。しかし、企業においては就業規則で従業員の副業を原則禁止にしている例も多くみられた。厚生労働省が公表する「モデル就業規則」においても、従来は、副業禁止規定をおいていたが、2018 年 1 月、副業禁止規定が削除され、「労働者は、勤務時間外において、他

の会社等の業務に従事することができる」という条項が追加された。現在は、多様な人材が活躍できるよう、また、柔軟に働けるよう、環境整備のひとつとして、副業が政策的に促進されている。一方で、厳しい経営環境のなかで賃金上昇が難しくなっているという企業の状況も、従業員の副業容認・促進に向かわせている。

さらには、フリーランスといった「雇用関係によらない働き方」も注目される。「フリーランス」とは、実店舗をもたず、雇人もいない自営業主や一人社長であって、自身の経験や知識、スキルを活用して収入を得る者を指す［内閣官房ほか 2021］。ライター、プログラマー、カメラマン、デザイナーなどの仕事ではフリーランスが活躍しており、最近ではユーチューバーなども人気である。自営業は昔からあるが、日本社会全体でみると自営業率は低下してきている。そうしたなか、ICT の利用可能性拡大で、クラウドワーカー（インターネット上のクラウドソーシングを通じて不特定多数から業務を受注して働く人）などの新しいかたちの自営業が広がっている。そのなかには、宅配サービスなどの単発の仕事を引き受ける「ギグワーカー」という形態もある。フリーランスという働き方は、雇用関係の拘束性の高さから自由になれる可能性があるが、一方で就業条件が保たれるか、過酷な働き方に陥らないか、といった懸念ももたれる。なお、先にあげた副業のなかには、フリーランスで働く形態も多く含まれるだろう。

以上の働き方は、従来から存在したものではあるが、近年特に注目が集まり、国や企業の制度も整備されつつある。その意味で、近年、働く者の選択肢になりうる「新しい働き方」といえる。この背景には、ICT の進展のほか、仕事内容の変化や人びとの職業キャリア志向の変化があるだろう。そして、これらの働き方に共通するのは、従来型の時間・場所で働く、あるいは決まったひとつの雇用主のもとで働くといった「企業拘束的な働き方」と対照的な働き方であることだ。働く側にとって自由で、選択肢が増えるようにみえる。では、そこには問題はないのだろうか。見かけ上の選択肢が広がったとしても、リスクやデメリットが多ければ、働く者の選択肢にはなりにくい。本章では、こうした観点から、新しい働き方について、働く者にとってのメリットや、**労働条件**等の課題について考える。

2　データからみる新しい働き方の広がり

1）テレワークの動向

　ICT を活用したテレワークは、コロナ禍以前から、ワーク・ライフ・バランスに資する柔軟な働き方として政策的に推進されてきた。しかし、企業におけるさまざまな理由から実施が広がらなかった。労働政策研究・研修機構（JILPT）が 2014 年に行った企業アンケート調査では、企業が在宅勤務を適用しない理由として、進捗状況の管理、労働時間管理の難しさ、情報セキュリティ確保の難しさなどがあげられた［労働政策研究・研修機構 2015］。

　しかし、新型コロナウイルス感染症の感染拡大を機に、テレワークの活用が急速に拡がった。国土交通省の「テレワーク人口実態調査」によると、雇用者におけるテレワーク実施率（雇用型就業者のうち、現在の主な仕事でこれまでテレワークをしたことがあると回答した人）は、2019 年まで 15％程度で推移してきたが、コロナ禍の 2020 年に 23.0％と大幅に上昇し、2021 年は 27.0％とさらに上昇した。2022 年は 26.1％と、ほぼ横ばいで推移している（図 12-1）。2022 年の雇用型テレワーカー割合を男女別にみると、男性 32.8％に対して女性 18.2％である。女性は、対面接客サービスや、保育・介護といったケアに関わる仕事など、テレワークが事実上できない仕事についている割合が高く、そうした仕事内容の男女差がテレワーク比率の男女差に反映されていると考えられる。

　テレワーク（在宅勤務）は、2020 年 4 月に 1 回目の緊急事態宣言が発令されたのを機に急速に拡大した［樋口／労働政策研究・研修機構編 2021、2023］。ただ、同時期のテレワークは、出勤者削減への行政からの強い要請も背景としており、企業における「緊急時」の対応として、当面の生産活動より感染拡大防止を優先する動きであったとも言える。同宣言の解除後、テレワークの実施割合には「揺り戻し」があり、実施が継続しない場合も少なくなかった［労働政策研究・研修機構 2021］。

　では、コロナ禍において誰がテレワークを行ったのか。先に示したように、テレワーク率は、管理職や専門・技術職で高い一方で対人接客サービスなどで

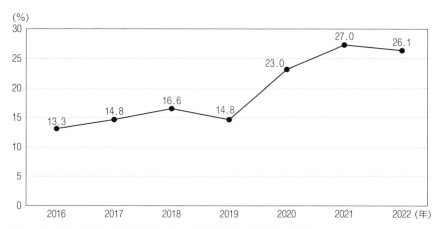

出所：国土交通省［2023］「令和4年度テレワーク人口実態調査　調査結果（概要）」。

図 12-1　雇用型テレワーカーの割合

は実施率が低いなどの職種間格差や、首都圏で実施率が高い一方で地方では低いといった地域差がみられた。誰もが同じようにテレワークに切り替えられたわけではない。また、2020年春の感染拡大第一波のさいにテレワークを行った者のなかでも、感染症が収束しないなかで、「ニューノーマル」の働き方としてその後もテレワークを継続している人がいる一方、テレワークを継続せずに出社勤務に戻った人もいるなど、継続状況も一様ではなかった。感染症収束後において、テレワークがどの程度定着していくのかは、現時点では見通せない。

2）副業の動向

　どのくらいの者が副業をしているのか。総務省「就業構造基本調査」によると、2022年時点で、副業保有者数は約332万人である。副業者比率（有業者に占める副業がある者の割合）は約5.0％であり、2017年に比べて1.0ポイント上昇している。男女別でみると、副業者比率は男性4.6％、女性5.4％であった。副業の中身は多様であり、飲食店スタッフ、引越作業員、配達作業員などの肉体労働系のほか、webライター、商品のモニター、資産運用などもある。

　人びとはなぜ副業を行うのか。副業をしている理由（複数回答）について、

188

注：「時間制約から、1つの仕事で生活を営めないから」は「働くことができる時間に制約があり、1つの仕事で生
　　活を営めるような収入を得られる仕事に就けなかったから」を短縮して表記した。
出所：労働政策研究・研修機構［2023］より作成。

図 12-2　副業する理由（複数回答）

2022 年に実施された JILPT「副業者の就労に関する調査」の結果をみる（図
12-2）。「収入を増やしたいから」「1つの仕事だけでは収入が少なくて、生活
自体ができないから」が多くあげられ、次に「自分が活躍できる場を広げたい
から」などの理由が続く。本業の就業形態別にみると、「1つの仕事だけでは
収入が少なくて、生活自体ができないから」の割合が、「正社員」に比べて
「非正社員」や「非雇用者」において高かった［労働政策研究・研修機構 2023］。
なお、同調査では、副業実施割合は男性よりも女性で高く、女性は年齢が高い
ほど副業実施割合が高いという傾向がみられた。副業実施者の理由をみるかぎ
り、現状において、副業は、キャリアアップや仕事の幅を広げるといった側面
より、生活費を稼ぐことや収入増加といった側面が強いと言うことができる。
　本業の労働時間や収入がどのような水準の人が副業を行っているのだろうか。
副業の理由が収入を増やすことならば、収入が低い層ほど副業率が高い傾向に
あるのか。また、時間配分の観点からは、本業の労働時間が短い者ほど副業を
しているのだろうか。この点、「就業構造基本調査」を分析した川上［2021］
は、年収・労働時間ともに副業率に対してU字型の関係があるという興味深い
結果を示す。つまり、年収でみると、年収が低い層のみならず年収が高い層で

も副業保有率が高い。また、労働時間でみると、本業の労働時間が短い層だけでなく、本業の労働時間が長い層でも副業保有率が高い。その理由として、川上は、医師や大学教員など、本業の労働時間が長く、収入が高い職業の一部が、副業がもたれやすい仕事であると説明する。一口に「副業」といっても中身はさまざまであり、副業を行う背景も多様であることがうかがえる。

３）フリーランスの動向

　フリーランスとして働いている人は現在どのくらいいるのだろうか。内閣官房のアンケート調査をもとにした試算によると、2020 年時点で、日本国内のフリーランス人口は約 462 万人（本業 214 万人、副業 248 万人）である［内閣官房日本経済再生総合事務局 2020］。総務省「労働力調査」に基づく 2020 年の雇用者数は 6005 万人であり、自営業主は 527 万人であることを考えると、決して小さい数字ではない。また、内閣府の調査による試算によれば、フリーランスの考え方によるが、女性比率は 17〜25％程度である［内閣府政策統括官 2019］。仕事内容は、営業や講師・インストラクター、デザイン制作、配送・配達など幅広い。事務所を構えず自宅で働いたり、会社員が兼業したりする場合もある。

　内閣官房による 2020 年の「フリーランス実態調査」に基づくと、フリーランスがその働き方を選択した理由は、「自分の仕事のスタイルで働きたいため」（57.8％）が最も高く、次いで「働く時間や場所を自由にするため」（39.7％）である（図 12-3）。フリーランスの魅力は自由で柔軟な、自分らしい働き方ができる点にあると言うことができる。同調査でフリーランスの年齢構成をみると、40 代以上のミドル・シニア層が中心であり、全体の 7 割を占めていた。

　フリーランスという働き方の満足度をみると、7 割以上のフリーランスが、「仕事上の人間関係」「就業環境（働く時間や場所など）」「プライベートとの両立」「達成感や充足感」に満足と回答していた。一方、収入について満足しているフリーランスは 4 割にとどまっており、収入面で課題が示されていた。この点は次節で検討しよう。

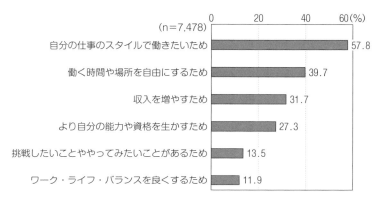

注：「フリーランスとしての働き方を選択した理由について、当てはまるものをお選びください。」（複数回答可）という設問のうち上位 6 項目を集計。
出所：内閣官房日本経済再生総合事務局［2020］。

図 12-3　フリーランスという働き方を選択した理由

3　「自由な働き方」における労働条件面の課題

　テレワーク、副業、フリーランスといった働き方は、従来型の正社員と比べて、働く者の自由裁量がきく部分があり、魅力に富んでいる。しかし、働く者が安心してその選択肢を選べるためには、報酬や労働時間などの労働条件が重要であることは言うまでもない。

　この点、テレワークや副業については、長時間労働に陥るなどの労働時間面の課題が指摘されている。また、フリーランスの働き方については、低処遇になるなどの報酬面のリスクが指摘されている。働く者にとって自由度が高まる働き方であっても、適正な労働条件のもとで働けるかがきわめて重要であり、課題があるならば、解決を図る必要がある。

1）長時間労働など「働きすぎ」のリスク

　テレワークでは長時間労働になりやすいのか。テレワークと労働時間との関係について、日本では、現在のところ、長時間労働になる傾向は示されていない［萩原・久米 2017、高見・山本 2023］。むしろ、テレワーク実施者の生活時間

配分では余暇や休息時間が長いことから［奥野 2022］、通勤時間の削減によって、余暇や休息時間等の増加につながることが期待されている。ただし、コロナ禍で男女ともに在宅勤務が増えたことによって、女性の家事・育児時間が増加し、負担が大きくなったことも報告されている［UN Women 2020］。女性にケア労働が偏る現状では、テレワークがワーク・ライフ・バランスを改善するとは必ずしも言えないことには注意したい。

　テレワークができる環境が整うと、自宅等でもメールで連絡・調整を行ったり、資料作成や情報収集を行ったりでき、仕事のアウトプットを高められるかもしれない。その代わり、深夜や休日を問わずメールがくるなど、仕事と仕事以外の境界が曖昧になり、「いつでもどこでも仕事」の状態になりうる。そうなると、自宅にいても仕事が気になって気が休まらないなど、生活領域（生活時間）を侵食する結果をもたらすだろう。さらには、テレワークにおいては、「家族がいて集中できない」といった自宅の就業環境も問題としてあげられる。そしてこれも、男性には仕事部屋があるが女性にはないといった、男女差が関わる可能性がある。

　副業においても、従業員が別の仕事でどのくらいの時間働いているか、雇用主が実態を把握しにくいため、長時間労働になりうることが懸念されている。厚生労働省［2019］によると、本業・副業とも雇用の者で、本業と副業を合計した平均週実労働時間をみると、副業がひとつの者では 44.91 時間であったものの、副業が二つの者で 53.17 時間、副業が三つ以上の者で 66.66 時間であった。本業の就業形態別にみると、本業が正社員の者で、本業と副業合計の平均週実労働時間は 57.31 時間であった［厚生労働省 2019］。この労働時間数は、法定労働時間が週 40 時間であることを考えると、月あたりの時間外労働時間数が 70 時間をこえる計算となり、「過労死ライン」と呼ばれる月 80 時間に近い時間数である。しかし、本業と副業による長時間労働で過労死等に関わる疾患を発症した場合、責任の所在があいまいで、労働災害の認定が難しいことも危惧される。過労死等の労災を防ぐための、副業を含めた労働時間の把握・管理のルールづくりが急務である。リクルートワークス研究所「全国就業実態パネル調査」データに基づく 2022 年度の内閣府「経済財政白書」［内閣府 2022］でも、副業の課題について、休息時間の減少などが指摘されている。

2）低収入などの処遇の問題

　労働条件に関わるもうひとつの課題は、低収入など処遇の問題である。従来の正社員の働き方の特徴が「拘束と報酬の交換」にあり、拘束性の高さと処遇水準がセットであったとするならば、企業拘束性が下がる新しい働き方において、処遇水準が下がる可能性がある。処遇水準の問題は特に、企業に雇用されていないフリーランスにおいて重要な論点だろう。

　フリーランスとして働く者において、収入の低さや、取引先とのトラブルが課題としてあげられる。内閣官房による 2020 年の「フリーランス実態調査」では、フリーランスとして働くうえでの障壁として「収入が少ない・安定しない」と回答した者が約 6 割にのぼった。また、同調査では、フリーランスの約 4 割が「取引先とのトラブルを経験したことがある」と回答した。そして、取引先とのトラブルを経験したことがある者のうち、そもそも仕事の受注時に取引先（発注者）から書面・電子メールが交付されていなかったり、交付されていても取引条件が十分に明記されていなかったりした者が 6 割を占めていた。取引先とのトラブルの内容としては、「発注の時点で、報酬や業務の内容などが明示されなかった」が 4 割であり、「報酬の支払が遅れた・期日に支払われなかった」と回答した者も 3 割あった。フリーランスは、自分のスタイルで働けるというメリットがある一方、発注事業者との関係で立場が弱く、条件の悪い契約を結ばされやすいといった問題があることがうかがえる。また、フリーランスは、発注事業者の優越的地位を利用したハラスメント（セクシュアルハラスメントなど）にさらされる例もある。

4　適正な労働条件・環境のもとで自由に働くために

　本章で取り上げた「新しい働き方」は、いずれも従来型の正社員と比べて企業拘束性の低い働き方であり、時間の使い方の自由度が高まるなど、働く者にとって好ましい部分がある。ただ、3 節でみたように、働きすぎに陥るリスクや、処遇引き下げの懸念もある。適正な働き方を実現できるよう、社会として制度整備が求められている。この点、政策的には、近年、ガイドライン策定や法整備が進められてきた。まずはそれを紹介しよう。

1）政府によるガイドライン等の整備

　テレワークについては、厚生労働省によって、2021年に「テレワークの適切な導入及び実施の推進のためのガイドライン」が策定された。同ガイドラインでは、事業場でテレワークを導入するにあたっての、対象業務、対象者、コミュニケーション、人事評価制度、費用負担、人材育成などの留意点が記載されている。労働時間も重要な点であり、中抜け時間の扱いなどの労働時間管理の工夫とともに、長時間労働対策について記されている。具体的には、時間外のメール送付の抑制等、システムへのアクセス制限、時間外・休日・所定外深夜労働についての手続き、長時間労働等を行う労働者への注意喚起があげられている。

　副業・兼業に関しては、厚生労働省によって「副業・兼業の促進に関するガイドライン」（2018年1月策定、2020年9月改定）が策定されている。同ガイドラインでは、労働時間の通算や割増賃金をはじめとした労働時間管理および健康管理について記載されている。そこでは、労使の話し合い等を通じ、副業・兼業を行う者の健康確保に資する措置を実施することが求められている。長時間労働や不規則な労働による健康障害を防止する観点から、たとえば、自社での労務と副業・兼業先での労務との兼ね合いのなかで、時間外・休日労働の免除や抑制等を行うなど、適切な措置を講じることができるよう、労使で話し合うことが適当であるとされる。

　フリーランスについては、フリーランスとして安心して働ける環境を整備するため、2021年3月に、内閣官房、公正取引委員会、中小企業庁、厚生労働省の連名で「フリーランスとして安心して働ける環境を整備するためのガイドライン」が策定された。ガイドラインでは、フリーランスと取引を行う発注事業者の遵守事項が示されている。そして、2023年4月には、フリーランス保護を目的とした「フリーランス・事業者間取引適正化等法」が国会で成立し、5月に公布された。新法は、個人で働くフリーランスに業務委託を行う発注事業者に対し、業務委託をしたさいの書面やメール等での取引条件の明示、発注した物品等を受領した日から原則60日以内での報酬支払のほか、報酬減額や著しく低い報酬額等にならないように規制する。あわせて、育児介護との両立のための必要な配慮や、ハラスメント対策のための体制整備等が義務づけられ

ることとなった。違反した場合には 50 万円以下の罰金が科せられる。

2）これから求められること

　これまでみてきたように、テレワーク、副業、フリーランスという働き方に
対しては、労働条件面の懸念があることから、近年、ガイドライン策定などの
政策的対応が行われてきた。しかし、これで十分ということはなく、新しい働
き方が広がるなかで、さまざまな課題が発見されるだろう。働く者それぞれが
自分らしく自由に働けるために、どのようなルールづくりが必要か、社会全体
で考える必要がある。

　たとえば、テレワークにおいて「いつでもどこでも仕事」というような長時
間労働に陥ることを防ぐには、就業時間外は基本的には対応を求められないこ
との社会的コンセンサスが必要であろう。その意味で、「つながらない権利」
という考え方に沿った社会的ルールづくりも一案である。企業内でも、上司は
部下に就業時間外の連絡（メール送付等）を自粛するなどのルール・マナーが
求められる。

　また、労働条件を適切に定めるには、労使の交渉が対等であることや、基準
が明確であることが大事になる。労使の交渉については、社会におけるルール
づくりとともに、労働組合をはじめとして働く者の立場を代表できる組織も必
要だろう。近年は、雇用関係に近い働き方をしているフリーランスにおいても、
労働組合をつくり、報酬などの待遇改善を発注事業者に求める動きが目立って
きた。また、評価基準の明確性については、仕事内容が正当に評価されるため
の評価制度がカギとなる。労働環境に関して、現場では、「映画監督有志の
会」がハラスメント防止施策を行うなど、映像世界でのフリーランスを守る活
動を行う動きもある。

　本章で取りあげた「テレワーク」「副業・兼業」「フリーランス」といった新
しい働き方は、働く者が自由に働き、幸せを得るために、可能性に満ちている
が、同時に、さまざまな課題を乗り越えていかなければならない。日本の正社
員は「保障と拘束の交換」という特徴があることを最初に指摘したが、企業拘
束性が弱くなる新しい働き方において、働く人には自由が得られる代わりに、
自分で知識を得て判断することが求められる。新しい働き方が、多様な人びと

が就労しやすくなることにつながるのか、「自己責任」の名のもとに権利侵害が生じる土壌となるのか、現時点では両方の可能性を有している。これから働く学生のみなさんも、労働基準法や労働契約法など労働に関するワークルールの知識をもっておくことが必須である。そして、専門家や専門機関への相談など、いざというときに自身を守るすべを用意しておくことも大切である。

【参考文献】

萩原牧子・久米功一［2017］「テレワークは長時間労働を招くのか――雇用型テレワークの実態と効果」『Works Review』12 号。

樋口美雄／労働政策研究・研修機構編［2021］『コロナ禍における個人と企業の変容――働き方・生活・格差と支援策』慶應義塾大学出版会。

樋口美雄／労働政策研究・研修機構編［2023］『検証・コロナ期日本の働き方――意識・行動変化と雇用政策の課題』慶應義塾大学出版会。

川上淳之［2021］『「副業」の研究――多様性がもたらす影響と可能性』慶應義塾大学出版会。

厚生労働省［2019］「副業・兼業に関するデータ（複数就業者についての実態調査（JILPT 調査））」（第 155 回労働政策審議会労働条件分科会参考資料 No.3）。

内閣府［2022］「令和 4 年度　年次経済財政報告――人への投資を原動力とする成長と分配の好循環実現へ」。

内閣府政策統括官［2019］「政策課題分析シリーズ 17　日本のフリーランスについて――その規模や特徴、競業避止義務の状況や影響の分析」。

内閣官房・公正取引委員会・中小企業庁・厚生労働省［2021］「フリーランスとして安心して働ける環境を整備するためのガイドライン」。

内閣官房日本経済再生総合事務局［2020］「フリーランス実態調査結果」。

奥野重徳［2022］「テレワークによる生活時間の変化――社会生活基本調査の結果から」『統計 Today』No.188。

労働政策研究・研修機構［2015］「情報通信機器を利用した多様な働き方の実態に関する調査結果（企業調査結果・従業員調査結果）」調査シリーズ No. 140。

労働政策研究・研修機構［2021］「ウィズコロナ・ポストコロナの働き方――テレワークを中心としたヒアリング調査」資料シリーズ No. 242。

労働政策研究・研修機構［2023］「副業者の就労に関する調査」記者発表資料。（https://www.jil.go.jp/press/documents/20230519.pdf）

高見具広・山本雄三［2023］「コロナ期の働き方の変化とウェルビーイング――労働時間減少とテレワークに着目して」樋口美雄／労働政策研究・研修機構編『検

証・コロナ期日本の働き方——意識・行動変化と雇用政策の課題』慶應義塾大学出版会。

UN Women［2020］"Whose time to care? Unpaid care and domestic work during COVID-19"（2020/11/25）（https://data.unwomen.org/publications/whose-time-care-unpaid-care-and-domestic-work-during-covid-19）

山口一男［2009］『ワークライフバランス——実証と政策提言』日本経済新聞出版社。

〔高見具広〕

第13章　いろいろな人と働く

SDGs による企業の人権尊重と DE&I の推進

keyword　SDGs　インクルージョン　ウェルビーイング　ESG 投資
ビジネスと人権　DE&I

1　持続可能な社会と企業の役割

1）SDGs の世界観

　昨今、学校の授業やテレビなどで「**SDGs**」という言葉をよく耳にする人も
多いのではないだろうか。SDGs（持続可能な開発目標 Sustainable Development
Goals）は、2015 年 9 月に国連で採択され、2030 年までに持続可能でより良い
世界を目指すための目標である。企業活動においても SDGs の思考を経営に取
り入れる動きが加速している。本章では、SDGs の観点から、人びととの働き方
に関するルール形成や労働に関する価値観が、持続可能で人間らしい働き方
（ディーセント・ワーク）へどう転換していくのかを示していきたい。

　まずは、SDGs の根底に流れている世界観について、2030 アジェンダ前文か
らひもといていこう。一般的に SDGs に関しては、17 個の目標がそれぞれ説
明されることが多いが、本章では個別目標への言及はあえて避け、全体を通じ
た世界観に焦点を置き、五つのキーワードを用いて説明する。

　一つ目は、「**インクルージョン**（包摂性）」である。包摂性とは、障がいや民
族的少数者など、排除されやすいすべての属性の人びとが孤立したり排除され
たりせず、それぞれの差異を「生きるうえでの強み」として捉え、前向きに生
かすことができる社会の状態であるとして認識されている。

　二つ目は、「**世代をこえて**（Future Generations）」である。この Generations
という単語は、「持続可能な開発」という概念が誕生した 1987 年のブルントラ
ント委員会報告内での定義を参照している。同報告では、持続可能な開発とは、

「将来の世代のニーズを満たす能力を損なうことなく、現在のニーズを満たすような開発」であると定義している。これに基づき、アジェンダ前文の段落「地球（Planet）」では、今日の世代と将来の世代の両方のニーズを満たすことの重要性が明示されている。

三つ目は、「すべての人が（誰ひとり取り残さない）」である。この言葉には、あらゆる属性の人びとの主体的な社会参画を目指すという前述のインクルージョンの観点と、SDGs の前身とされるミレニアム開発目標（MDGs）での取り組みのさいに残った課題である「地域や社会階級などにおける格差是正」の観点という二つの要素が含まれている。

四つ目は、「自分らしく（In Larger Freedom）」である。ここでの「自由」とは、「行動に対し何も制約がない状態、すなわち選択肢が最も多い状態」を示している。これは、アマルティア・セン［1988］（＝Sen［1985］）による人間開発の主張に基づいており、多様な環境や属性における人間の潜在能力は、個人が選択できるあり方や行動の幅を表していると理解されている。これを踏まえて、潜在能力（capability）を開花させることは個々人の人生の選択肢を増やすことであり、人間の本質的な自由を実現するうえで重要だと提唱している。この提唱は、現在の国際社会で希求すべき「自由」の定義として定着している。

五つ目は、「よく生きる（Well-being ウェルビーイング）」である。この well-being という言葉は、世界保健機関（WHO）による健康の定義としても用いられているが、瞬間的な感情としての幸福を意味するハピネスとは異なり、人間が心身ともに満たされよく生きられていると持続性をもって感じている状態を指す。本章では、ウェルビーイングの度合いは、前述の人間の潜在能力の幅によっても決定されると考える。すなわち、環境や能力が個々人で多様であるため、一人当たりの所得や資産、教育レベルなどの水準のみではウェルビーイングの度合いを測ることはできない。たとえば、車を運転して移動することを考えてみよう。①運転の仕方がわかる、②運転できる健康状態である、③目的地に行く道が整備されている、④車を運転することが社会的に許可されている（女性単独での車移動を禁じる国もある）など一つひとつを車を運転し移動するうえで必要な機能（functioning）と呼び、そのさまざまな機能の集合体（＝潜在能力）がどれだけあるのかが重要だ。これらをもち合わせてはじめて、車を使っ

て移動することができるのであり、ただ車をもつだけでは車を使いこなせると判断できない。潜在能力は、個人が選択できるあり方や行動といった機能の集合体で、その意味で「自由」を表し、ウェルビーイングは潜在能力の幅によって決まると考えられている。

　五つのキーワードを合わせてみると、SDGs が目指している社会とは、「世代をこえて、すべての人が、自分らしく、よく生きられる、インクルーシブな社会」と言うことができる。これを労働の文脈に落とし込むと、属性や環境にかかわらずすべての人の権利が尊重され、自分らしく働き、ありたい姿を実現することができる社会づくりに向けて、あらゆる組織が取り組むことが要請されているのである。

２）企業行動を変える SDGs

　国際社会全体での SDGs の推進は、企業行動にも大きな影響を与えている。日本では 2018 年以降、日本政府 SDGs 推進本部による「SDGs アクションプラン」のなかでも、経営戦略への SDGs の組み込みが推進されてきた。いまや、経営の中核に SDGs を位置づける「サステナブル経営」は、単なる流行ではなくなっている。本項では、SDGs が牽引している、サステナブル経営、**ESG 投資**、人的資本について整理する。

①サステナブル経営（サステナビリティ経営）

　1980 年代後半に国連の議論においてサステナビリティ（持続可能性）の概念が生まれ、環境分野に関する国際条約が整備されるのに伴い、企業の CSR（社会的責任）の重要性が認識され、企業が行う CSR の情報を開示するためのルールづくりが進められた。しかし、当時の CSR は「環境報告」「社会貢献活動」不祥事防止のための「法令遵守」という三つ［夫馬 2020］に主眼が置かれていたため、ジェンダー平等や人権尊重はそこまで重視されておらず、経営基盤の要素としてもあまり重要なものとは位置づけられていなかった。

　SDGs の浸透により、CSR の一部にすぎなかったサステナビリティが企業経営の根幹となり、事業そのものの持続可能性や、それを支える人びとや社会、環境の持続性を目指すサステナブル経営が企業に求められるようになった。サ

ステナブル経営とは、事業活動の根本的基盤である地球の環境と社会を維持・増強しながら、企業の経済活動および事業活動を持続的に成長させることである。すなわち、企業の事業活動の発展そのものは環境や社会の豊かさを前提に成り立つものであり、企業は環境や社会の変化に柔軟に適応しながら変革を続けていくことが、企業におけるサステナビリティの実装と言える。

② ESG 投資

　企業が事業を展開するとき、資金調達の主な手段は投資である。投資先の選定のため、企業の価値を測る材料として重視されてきたのは、キャッシュフローや利益率などの財務情報である。しかし、SDGs の高まりに伴い、環境（Environment）・社会（Social）・ガバナンス（Governance）などの非財務情報を考慮する「ESG 投資」が注目されるようになってきた。非財務情報は、環境保護やジェンダー平等といった ESG 情報や、企業の中長期的戦略、知的財産情報などの要素で構成されている。

　ESG 投資市場規模は拡大し、世界の機関投資家が参加する Global Sustainable Investment Alliance［2021］の報告によると、2020 年の世界の ESG 投資残高は 35 兆 3,000 億ドル（約 3,900 兆円）、日本国内では 2 兆 8,740 億ドル（約 315 兆円）に達している。日本では、日本年金積立金管理運用独立行政法人などが積極的な姿勢を示しており、同法人の ESG 指数に連動する運用資産額は約 12.1 兆円［年金積立金管理運用独立行政法人 2022］、ESG 債への投資額は 2022 年 3 月時点で約 1.6 兆円となっている。

　ESG 投資の注目に伴い、非財務情報の開示基準や投資全般に関する原則の更新も国内外で急速に進む。たとえば、欧州委員会が策定した企業サステナビリティ報告指令（Corporate Sustainability Reporting Directive：CSRD）では、年齢や性別、学歴など役員の多様性や、取引先を含む人権課題への取り組みに関する開示が提案されているほか、これを支える法整備も進んでいる。日本でも、機関投資家の行動指針であるスチュワードシップ・コード［古澤 2020］や、企業統治の原則・指針であるコーポレートガバナンス・コード［東京証券取引所 2021］が改訂され、サステナビリティに関する項目が追記された。

③人的資本

労働経済学では、人的資本とは個人への教育や訓練が投資対象であり、それにより労働生産性が向上したり、賃金上昇に影響が生じることと定義される［小方編 2023］。

これに対して、SDGsにおける人的資本とは、労働生産性や賃金のみに還元されるものではなく、個人の身体的・精神的・社会的な健康や幸福、それに基づく生きがいも向上させるものである。つまり、サステナブル経営における人材とは、教育や業務等を通じて能力や経験、意欲を向上・蓄積することで、経営戦略の変化・転換における価値を創造する源となる「資本」だと理解されている［内閣官房 2022］。

3）ビジネスと人権

企業が取り組むべき最重要課題として注目されるのが「**ビジネスと人権**」である。これまで国際社会では、「人権」というと、国家と市民のあいだで適用される規範であった。しかし、グローバル化に伴い、多国籍企業による途上国地域での労働者の搾取が深刻化したことで、国家のみならず企業もまた人や社会の権利を侵害する主体として認識されるようになった。その結果、国連で2011年に「ビジネスと人権に関する国連指導原則（以下ビジネスと人権）」が採択された。

ビジネスと人権の大きな特徴は、第一に人権尊重に関する責任主体に企業も含めた点である。これは、従来の国家への義務を基盤とした国際法上の考え方からの歴史的なパラダイムシフトと言える。もうひとつが、企業に要求する責任範囲が非常に広く多岐にわたることである。かつてはビジネス上の人権侵害というと、本社が直接影響を及ぼす範囲での限られた問題に絞られていたが、ビジネスと人権では**図13-1**のように、テクノロジーや気候変動などに起因する人権問題や、外国人やLGBTQ+を含むすべてのジェンダーなど、これまで人権課題として捉えられていなかった新たな領域や属性への対応が求められているのだ。責任範囲に関しても、製品の調達から廃棄までといったサプライチェーン全体での責任の対応が求められる。たとえば、企業活動において、途上国地域で製造に必要な原材料を調達する段階で児童労働や強制労働が行われ

出所：法務省人権擁護局［2021］『今企業に求められる「ビジネスと人権」への対応「ビジネスと人権に関する調査研究」報告書（詳細版）』、9頁。

図13-1　企業が配慮すべき主要な人権および企業活動に関連する人権に関するリスク

ていた場合、自社が直接関わっていなくても、本社の責任として考えなければならない。

　日本では2021年以降、政府により国別行動計画や実践のためのガイドラインが策定された。企業の実施状況にどのくらい進展があるのだろうか。2022年に日本貿易振興機構（JETRO）は日本企業のビジネスと人権に関連する取り組み（人権デューディリジェンス）の実施状況を調査した［日本貿易振興機構 2023］。その結果、3,118社中実施している企業は全体の10.6％、1年以内の実施予定の企業は3.3％、数年以内に実施を検討中の企業は39.9％と、5割以上の企業が重要性を認識していることがわかった。また、大企業の実施率は28.0％であるのに対して中小企業は7.8％と、企業規模により取り組みのばらつきは大きいが、人権デューディリジェンスを実施する大企業の74.5％が取引先企業にも人権方針への準拠を求めており、顧客企業からの人権への対応要請は中小企業を含めて全体で35.1％に達している。このことから、企業規模にかかわらず人権対応への要請が非常に加速していることがわかる。

　日本で起きている深刻な人権侵害として、外国人労働者への取り扱いが国際的に厳しく指摘されている。アメリカ国務省の人身取引報告書［2022］では、日本の外国人技能実習制度には労働搾取を目的とした人身取引の兆候があるにもかかわらず、政府による取り締まりが不十分だと厳しく批判している。実際に、外国人技能実習生への不当に安い賃金や賃金未払い、不当解雇や暴力など、深刻な人権侵害は多数露呈しており、2021年時点での外国人技能実習生の在留者276,123名に対し、失踪者は7,167名ときわめて深刻な状態である（出入国残留管理庁の資料による）。それを受け、2023年4月の法務省開催の制度の在り方に関する有識者会議では、制度の廃止と新制度創設の検討が提言された。新制度においては、対象者の転職禁止の緩和や在留資格のひとつ「特定技能」との連結性が提案されたが、「人材確保と人材育成」に焦点が置かれているため人材確保に基づく主張が強く、外国人労働者の人権の視点が不十分という課題は残る。多様な人びとが尊重される労働環境の実現にはほど遠い。また、働く場におけるハラスメントや暴力も深刻な人権侵害であるが（➡第7章参照）、ハラスメントや暴力を「人権侵害」として認識する視点が弱いのが日本企業の特徴といえる。今後、働く場におけるハラスメントや暴力の根絶をビジネスと

人権の問題としても捉え、取り組みを行う必要がある。

2　ダイバーシティ＆インクルージョン

1）女性活躍から DE&I へ

　日本の企業は、女性活躍やジェンダー平等に関して消極的である。特に経済分野において、男女の賃金格差が大きいことは、これまでの章でみたとおりである。現状を踏まえて、政府は『女性活躍・男女共同参画の重点方針 2022』において、企業に対し男女間の賃金差の開示義務化を提示している［男女共同参画会議 2022］。これにより、条件を満たす企業は否応なしに、自社内での実態を調査し開示することで、格差是正に取り組むことがうながされている。

　近年は女性に限らず、ジェンダーや障がいや国籍など、あらゆる属性への働きかけが不可欠だという認識が高まり、「ダイバーシティ＆インクルージョン（以下 D&I）」の概念が生まれた。

　谷口［2019］によると、ダイバーシティとは、人種・民族、ジェンダー、社会階級、宗教、国籍など、社会文化的に区別される集団の多様性と、個人の属性や教育レベル、職歴などの個別の差異の多様性の両方を意味する。

　インクルージョンの定義は 1 節 1 項で示したとおりだが、その理解において重要なのは、個々人の差異や属性の違いを理由に社会や組織から排除されないだけでなく、その違いが尊重され前向きに機能することを意味している点である。つまり、人びとの差異はユニークな「個」として価値され、組織運営に生かされる状態を意味する。

　さらには、D&I に「エクイティ（衡平性 Equity）」の概念を加えた、**DE&I**（ダイバーシティ・エクイティ＆インクルージョン）の考え方が最近は注目されている。社会には、環境や境遇によって機会へのアクセスが不平等な状態が往々にしてある。そのため、同一の措置を講じても、社会構造自体に歪みがある場合、誰もが等しくその恩恵を享受できるわけではない。そこでエクイティとは、各人の環境や能力の違いを考慮した異なる待遇を施すことを意味する。最終的には、社会の構造的歪みが正されることが理想だが、それを待ってはいられない。エクイティは個の違いに寄り添った取り組みを導く概念である。

実際に DE&I への注目は非常に高まっており、世界経済フォーラム［World Economic Forum 2023］によると、グローバル市場において企業が DE&I 関連の取り組みに費やした金額は 75 億ドルと推定され、2026 年までには 2 倍以上の 154 億ドルに達すると予測されている。また、コーン・フェリー［2022］による 97 か国 4,496 名の人事・DE&I 担当者を対象にした調査（2021 年 7 月～8 月オンラインで実施）では、日本に本社を置く組織の回答者 146 名のうち 77％が「DE&I の取り組みは加速した」と感じていることを示した。一方で、日本の加速のスピード感は、海外と比べるとまだ緩やかなことが指摘される。さらに、加速したきっかけに関しては日本企業の 69％が「ESG 投資」と回答する一方で、日本以外の国全体では 70％が「CEO の表明」と回答していることから、日本企業ではまだ組織内からの自発的なきっかけというより、ESG 投資という外部要請による要因が大きく働いていることがわかる。

２）DE&I 実現のためのアプローチ

　では、DE&I の実現のためにはどのようなアプローチが有効なのだろうか。現在 DE&I の文脈で注目されているのは、アンコンシャス・バイアスの排除と心理的安全性の確保であり、これらは人権尊重のアプローチとしても大きな意味をもつ。

　バイアスとは、人間がもっている認知の歪みのこと［藤田 2021］であるが、アンコンシャス・バイアスとはカーネマンにより提唱された、誰もが潜在的にもっている偏見［下田・牛房 2023］や固定観念を指す。これは、人や物の評価に対する公平な判断を無意識的に阻害してしまう機能をもち、それが社会や文化間の共通認識として醸成されるとステレオタイプと化すため、私たちの潜在意識に深く根づいてしまう。たとえば、従業員採用では、履歴書に記載の出身地や性別、人種などの情報が、人びとの能力評価や印象を操作する場合がある。また、職場でも「子育て中の女性に大きな仕事は任せられない」「管理職は男性社員に相応しい」と、個人の属性から彼らの能力や選択を制限してしまうこともある。厄介なのは、日頃の何気ない言動のなかで無意識に偏見を他者と共有することで差別構造を強化し、偏見を再生産してしまうことである。このようなアンコンシャス・バイアスは、DE&I 実現を阻む最も大きな要素とも言え

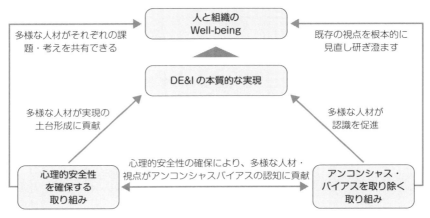

出所：筆者作成。

図 13-2　心理的安全性とアンコンシャス・バイアスへの働きかけの関係性

る。これを取り除くためには、日頃の言動が実は差別や偏見に基づいているかもしれないと、自分の思い込みを検証する姿勢をもち続けることが重要である。

　アンコンシャス・バイアスの排除には、もうひとつのアプローチである心理的安全性の確保が欠かせない。心理的安全性とは、「みんなが気兼ねなく意見を述べることができ、自分らしくいられる文化」［エドモンドソン 2021］と定義される。たとえば、心理的安全性が保たれている環境では、属性に基づく多様な視点が共有されやすいため、アンコンシャス・バイアスが認知されやすくなる。さらに、多様なアイデアも共有しやすくなり、新たなイノベーション創出にもつながる。したがって図 13-2 のように、アンコンシャス・バイアスと心理的安全性への働きかけは、相互作用的に DE&I の実現に貢献する。

3）経済合理性の偏重と組織内の人材不足

　SDGs の浸透に伴う企業経営のパラダイムシフトは道半ばで課題も多いが、とりわけ二つの問題点を指摘しておきたい。

　第一に、経済合理性の観点の偏重が指摘できる。DE&I や人権は、歴史的にマイノリティの権利獲得のための社会運動から端を発しており、「どんな人も差別されてはいけない」という道徳的な要請に基づく。

　対して、企業における DE&I への注目は、1990 年代後半以降の大量消費モ

デルをこえたビジネスチャンスの模索と、グローバル化による労働人材の多様化への対応に関する議論に由来する。日本でも事業戦略の観点から、新市場や新サービス創出による競争力強化のために、人材の多様性に着目すべきという論調は強く支持されてきた。実際に、経済産業省による『ダイバーシティ 2.0 一歩先の競争戦略へ』[2020] でも、企業の D&I 推進の目的として、多様化する顧客需要や外部環境の変化の対応とイノベーション創出の重要性が説かれている。

このように日本においては、企業組織での多様な人びとの尊重というテーマが、どうしても経済合理性に偏重して語られる傾向にある。たしかに企業活動において利益への直接的な効果は重要だが、経済合理性に偏ると、「経済的利益に直結しなければ、多様な人材を尊重しなくてもよい」という見方もできてしまう。本来は、多様な人材の尊重は企業利益への貢献度にかかわらず、至極あたりまえの取り組みとして認識されるべきである。

もうひとつの課題が、サステナブル経営を専門とする人材の不足である。近年、企業や自治体、学校などあらゆる組織が方針策定や推進体制の整備に追われているが、組織内で SDGs の文脈を理解した人が少ないのが現状である。サステナビリティに関するテーマは環境から人権まで幅広く、分野横断的な理解が必要なうえに、新ルール策定の速度も早いため、情報を即時に追い考察を深める能力が求められる。そうした人材が組織内にいないため、外部委託しているのが大半である。長期的には各組織内で知見を蓄積し、サステナビリティの実践を牽引できる人材を育成しなければならない。

ビジネスと人権や DE&I においては、基本的な制度整備に加えて、アンコンシャス・バイアスの排除や心理的安全性の確保といった個々人の意識や心理に働きかけるアプローチが、組織内のさまざまなレベルで実践できるような仕組みを構築することが求められる。組織内の個々人の意識を変化させるには日常的な教育や工夫も必須である。

3　企業の実践例

実際に企業では人権尊重や DE&I に関して、どのような取り組みを行って

いるのだろうか。いくつか事例を紹介したい。

　まず、ビジネスと人権に関する取り組みが進んでいる企業として、航空業界最大手の ANA ホールディングス株式会社を紹介する。同社は、ビジネスと人権にいち早く取り組んできた日本企業のひとつであり、航空事業を中心に事業展開が多岐にわたるため、その広大なサプライチェーン全体での推進体制が構築されてきた。2018 年に日本企業で初めて「人権報告書」を発行し、ビジネスと人権に関する推進体制や実態把握のプロセス、取引先並びに従業員への働きかけ、実際に人権侵害が発生したさいの救済措置について詳細に報告している。現在は、特に日本における外国人労働者の労働環境把握を重点テーマのひとつとして設定し、雇用状況の調査や外国人労働者へのインタビューの実施をとおして、潜在的な人権リスクの分析とその是正に向けた相談窓口の設置や教育啓発にも努めている。

　また、国際的な DE&I 先進企業のユニリーバは、全世界の従業員の行動指針である「ユニリーバ企業行動原則」において、DE&I の実現への遵守を義務づけている。もし違反が見受けられる場合は、24 時間 365 日いつでも上司や専用窓口、専門家に相談できる仕組みも構築されている。さらに、徹底的なアンコンシャス・バイアスの排除に向けて、ユニリーバ・ジャパンは 2020 年よりすべての採用選考の履歴書から性別欄や顔写真など性別の判断につながる情報を廃することを決定した。

　日本にも、野心的な目標と実行力を備えた企業が増えている。人材業界最大手のリクルートホールディングスは、2030 年度までにグループ全体の取締役構成員や上級管理職・管理職・従業員の女性比率をすべて 50 ％にするという非常に高い目標を掲げており、それに向けて候補者選任から決議までのプロセス全体に DE&I への考慮が図られている。2022 年度は、取締役会構成員比率は 27 ％、管理職比率は 39 ％という進捗状況である。また、リーダー育成の観点では、リーダー任用の要件を見直すことで性別や年齢、スキル経験がより多様なリーダーの輩出を目指している。

　女性だけでなく男性にもアプローチを行う企業も増えている。住宅メーカーの積水ハウスでは、2018 年以降男性の長期育児休業制度の推進を日本で他に先駆けて開始し、職場の DE&I に大きな効果をもたらしている。育児休業取

得に向けて、業務上のコミュニケーションの課題や理解浸透の観点で企業が全面的に支援しており、社内サイトやイベントにて男性の育児休業取得者の事例を紹介し、専用ガイドブックも作成している。これにより、男性従業員が家庭と仕事の両立で悩む女性従業員の立場を理解し、双方のコミュニケーションを深めるだけでなく、ケアの時間を確保できるように業務の棚卸しや効率化をより協力的に行うことができるような文化が醸成されている。日本の場合、DE&I は女性のみ優遇する取り組みだと捉えられがちだが、DE&I はむしろ男性が性差により抱える悩みを解決する取り組みでもあることに着目した事例である。

　これらの取り組みから共通して言えるのは、人権尊重や DE&I を実現するには、具体的な目標設定ができているか、そしてその達成に向けて既存の制度や仕組みに DE&I の考え方を反映できているか、さらに継続的な実践のためのプロセスや体制を構築できるかどうかが肝要ということである。

4　いろいろな人と働くために

　ここまで、SDGs の後押しにより多様な人びとの働き方に関する捉え方やルールの変化、実践上の課題と取り組みを概観してきた。これらをウェルビーイングの考え方を中心にすえて、まとめなおしてみたい（図 13-3）。

　企業には二つの責務がある。ひとつ目は利益の貢献にかかわらず企業が実現すべき責務である。事業活動で関わるすべての人びとの権利の尊重と DE&I、その先のウェルビーイングな状態の実現が該当する。これらは、企業の経営戦略というより、本来は企業があたりまえに取り組むべき責務である。企業を身体にたとえると、人権や DE&I は健康で持続可能な身体を維持するための内臓である。

　二つ目は、ひとつ目の責務を基盤として成し遂げられるものであり、企業の長期的利益の獲得や社会的存在意義の実現である。企業が人権尊重や DE&I の仕組みをサプライチェーン全体に浸透させることは、企業に対する従業員満足度や社会的な評価の増大にもつながり、最終的に長期的な企業利益の獲得と社会的存在意義の確立という、経営の大きな目標にも大いに貢献する。

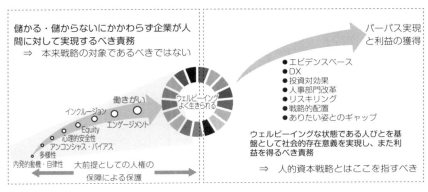

出所：筆者作成。

図 13-3　企業の二つの責務

　労働者は企業の価値を積極的に創出してくれる存在である。このような価値転換が、企業そのものや労働者自身の機能を変化させ、持続可能な社会の実現に大きく寄与することは間違いない。今後は、実践面での課題をいくつも乗り越えていかなければならないが、基盤となる価値観がポジティブな方向に転換していることは将来の展望を明るくする。私たちはまずこの動きを理解し、一人ひとりの働き方と向き合うことで、より自分らしく生きられる社会の実現に近づけるのではないだろうか。

【参考文献】

ANA ホールディングス株式会社公式サイト「サステナビリティ」「人権」（2023 年 6 月閲覧）。

男女共同参画会議［2022］「女性活躍・男女共同参画の重点方針 2022（女性版骨太の方針 2022）」。

エドモンドソン、エイミー・C［2021］『恐れのない組織——「心理的安全性」が学習・イノベーション・成長をもたらす』野津智子訳、英治出版。

藤田政博［2021］『バイアスとは何か』ちくま新書。

夫馬賢治［2020］『ESG 思考——激変資本主義 1990-2020、経営者も投資家もここまで変わった』講談社 + α 新書。

古澤知之［2020］「スチュワードシップ・コード再改訂の概要——サステナビリティに関する改訂を中心に」『月刊経団連』11 月号。

Global Sustainable Investment Alliance［2021］*GLOBAL SUSTAINABLE INVESTMENT REVIEW* 2020.

経済産業省［2019］「SDGs 経営ガイド」。

経済産業省［2020］「持続的な企業価値の向上と人的資本に関する研究会 報告書〜人材版伊藤レポート〜」。

コーン・フェリー・ジャパン公式サイト［2022］『DE＆I グローバル調査の分析から判明した日本企業への「7つの示唆」』2022 年 4 月。

内閣官房［2022］「人的資本可視化指針」非財務情報可視化研究会。

年金積立金管理運用独立行政法人［2022］「2021 年度 ESG 活動報告」。

日本貿易振興機構［2023］「地域・分析レポート　人権デューディリジェンス、日本企業の対応は？」2023 年 4 月。

小方信幸編［2023］『実践　人的資本経営』中央経済社。

Organization for Economic Co-operation and Development［2007］*Human Capital: How what you know shapes your life.*

リクルートホールディングス公式サイト「サステナビリティ」「コーポレートブログ DEI」（2023 年 5 月閲覧）。

積水ハウス株式会社公式サイト「IKUKYU. PJT」（2023 年 6 月閲覧）。

Sen, Amartya Kumar［1985］*Commodities and Capabilities.*（アマルティア・セン［1988］「福祉の経済学──財と潜在能力」鈴村興太郎訳、岩波書店）

下田泰奈・牛房義明［2023］「性別による無意識の思い込み（アンコンシャス・バイアス）の意識調査──全国調査と九州圏内調査の比較分析からの一考察」『北九州市立大学経済学会 Working Paper Series』2023- 1 号。

谷口真美［2019］『ダイバシティ・マネジメント──多様性をいかす組織』白桃書房。

東京証券取引所［2021］「コーポレートガバナンス・コード──会社の持続的な成長と中長期的な企業価値の向上のために（改訂前からの変更点）」。

ユニリーバ・ジャパン公式サイト「地球と社会　エクイティ、ダイバーシティ、インクルージョン」（2023 年 2 月閲覧）。

World Economic Forum［2023］*Global Parity Alliance: Diversity, Equity and Inclusion Lighthouse* 2023（*Insight Report*）.

在日米国大使館と領事館公式サイト［2022］「2022 年人身取引報告書（日本に関する部分）」2022 年 7 月。

〔田瀬和夫・真崎宏美〕

終　章　労働の未来を考える

1　各章をとおして明らかになった問題

　読者を主人公とした、就職活動から始まる職場での成長物語として構成してきた本書を読み終えて、みなさんの「働くこと」のイメージは変わっただろうか。これから社会に出て働くなかで、さまざまな疑問や困難に遭遇するだろう。そのとき、日本における働くことの仕組みを知っていれば、より適切な判断や行動を選びとることができるにちがいない。こうした知識や思考力を身につけることによって、みなさんが幸せな職業生活を自分の手でつかめるようになることを願っている。

　他方で、本書全体をとおしてみると、各章で指摘された課題が重なっていることに気づいただろうか。一人ひとりでは解決できない、日本で働くことをめぐって根底に共通する問題がいくつかある。本節ではそれをまとめよう。

　第一に、男女ともに有償労働時間は長く、特に男性は国際的にみても突出して長い。これは、過労死・過労自死やうつ病などのメンタルヘルスの危機の背景となる。この有償労働時間の長さは、裏を返すと男性の家事や育児などの無償労働時間の極端な短さにもつながっている。女性は決して平均有償労働時間が国際的に短いわけではないが、日本の男性に比べて有償労働時間が短いため、労働市場や企業のなかで不利に扱われる。また日本の女性は、有償労働時間と無償労働時間を足すと男性よりも長い。このように、すべての人にとって、適切な仕事の時間と家庭生活など仕事以外の時間の確保に問題が生じている。

　第二に、職場での多様性のなさやケアを担わない男性の働き方の標準化は、深刻なハラスメントを生む土壌となっている。ハラスメントは人間関係のトラブルのようにみなされがちだが、たんに加害者と被害者の個人的な問題に帰結するものではない。たとえ個人的な動機から相手を支配・コントロールしよう

としているにしても、その背景には社会的・組織的な要因が存在する。新卒一括採用で入社した社員が社風を内面化していくため、職場の暗黙のルールに従わず十分にコミットしない社員は少数となり、叱責の対象になる。ルールを監視する立場にいる人が指導の名目でハラスメントの言動を繰り返すこともあり、加害者も被害者も常態化するハラスメントを業務遂行の一部分と捉える傾向に陥りやすい。またそうした職場は、「妊娠・出産という身体の事情」や「育児や介護といった家族の事情」をもち込ませないようにしているため、そのような事情のある労働者もハラスメントの対象になりやすい。「ケア不在の働き方」が「効率的」だとする価値観が基準とされ、それに適応するよう求められるかぎり、いくら個々のハラスメント行為を防止しても、根本的な解決とはならない。

　第三に、企業が正社員に求める「標準的な働き方」や余裕のない職場環境に適応できない／選択できない人は、非正規雇用で働いている。しかし、非正規雇用は正規雇用との仕事の同一性が高い場合でも賃金格差があり、安心して生活する賃金水準になく、企業のなかでの技能形成の対象とされてこなかった。世帯のなかに正社員の稼ぎ手がいなければ、非正規雇用で働くことは現役世代でも高齢世代でも貧困リスクにさらされる。さらに、非正規雇用から正規雇用への移行も難しい状況がある。「新しい働き方」とされるフリーランスでも不安定性や所得水準の低さなど、非正規雇用と同じ問題が指摘されている。

　上述した日本で働くことをめぐって通底する問題は、安定した生活を送れる所得を得ようとする労働者には企業拘束的な働き方を求めるということである。このことは、同質化された労働者集団を生み、それがジェンダー不平等を生みだす要因ともなってきた。これらを雇用管理の問題として捉えなおし、整理してみよう。

　一つ目に性別役割分業を織り込んだ雇用管理があげられよう。企業拘束性の高い働き方を正社員の標準に設定することで、ケアを担う人や病気を抱える人など企業拘束的な働き方をできない人たちは、キャリア抑制、低賃金、ハラスメント、非正規化などのキャリア上の困難や不利を引き受ける。さらに、多くの女性が世帯内での無償労働を一手に引き受け、日本の女性は睡眠時間が世界的に少ないなどの問題を抱えている。一方で、男性正社員も仕事時間が長く、

パワーハラスメントにさらされやすい。昇進して管理職になっても部下の育成や評価などのマネジメント業務だけでなく、プレイヤーとしての業務もこなすプレイングマネージャーが多い。管理職の業務量の多さ、労働時間の長さが女性管理職比率の低さにつながり、男性管理職は既婚・子どもがいる人が大半を占めるが、女性管理職は独身だったり、既婚でも子どもがいない人が大半を占める要因でもある。

　二つ目に、キャリアのやりなおし・再出発の難しさがあげられる。正規雇用と非正規雇用の大きな労働条件格差は、非正規雇用から正規雇用の移動の困難をもたらしている。また、OJTを重視することで各企業で個々に労働者の技能や能力が育成・判断され、社会的に認められる技能や能力評価の仕組みがないことも、労働者の企業間移動を制限している。このことは、転職の難しさにつながるだけでなく、公的職業訓練によるキャリア形成にも限界をもたらしている。

　三つ目に、労働者の労働条件を改善していくひとつのアクターである企業別組合も、上述した職場慣行を内面化しやすく、性別役割分業を織り込んだ雇用管理を維持・強化してきた側面がある。女性が家庭内のケアを担うというジェンダー規範を内面化している女性／非正規組合員の意見を集約し組合政策に反映すると、「転勤はできない」「労働時間を短くしてほしい」「夜の時間帯は働けない」といったことが女性組合員の意見として集約され、それに沿って制度設計することになる。実際にケアの負担が女性に多く偏っている現状では、こうした女性の「ニーズ」に対応することも重要であるが、これが性別役割分業を織り込んだ雇用管理区分をつくることにもつながってきた。女性のために「制限」された働き方をつくるのではなく、いつでも転勤ができ、長時間労働ができるといった会社拘束的な働き方そのものを見直していく必要がある。

2　問題を是正する方向性

　日本では、正社員は基本的にひとつの会社で長期的に雇用されて生活保障給を得、それによって家族が安定して生活することと引き換えに、上述したような会社拘束的な働き方を求められてきた。そして、それに適した採用や昇進・

昇格、賃金、技能形成などの雇用管理が運用されてきた。一方で、非正社員には会社拘束的な働き方を求めない代わりに、賃金水準は低く、雇用は不安定である。生活が成り立たないために副業などをしている非正社員もいて、結果的には労働時間の長い者がいることも見逃せない。

　正社員も非正社員も、男性も女性も、一人ひとりのディーセント・ワークを実現するよりよい雇用管理を模索する必要がある。本節では、問題を是正する方向性や方法を企業、労働者、国という三つの主体からまとめよう。

1）企業の人事管理を変える

　終身雇用を前提とした日本の正社員は、企業の強い人事権のもとで配置転換をしながら職務遂行能力を育成するため、労働者自身が職務を選び、専門性を身につけることが困難となっている。職務に見合った賃金となれば、賃金相場や自分の職務と技能の世間相場がみえやすくなるだろう。職務と技能と賃金の関係がみえるようになると、労働者が計画的に自律的なキャリア形成をしていくことにもつながる。他方で、労働者が担当する職務がその企業でなくなってしまうと、その企業内で雇用を維持することが困難となり、解雇や転職がより身近になる懸念もある。そこで、技能や能力評価の適正化による通年採用やキャリア採用を拡充したり、職業訓練など企業外の技能・能力形成を評価することも合わせて行う必要がある。また、職務と技能と賃金の関係がみえやすくなると、日本の正規雇用・非正規雇用といった身分的な区分が顕在化し、現状の正規雇用・非正規雇用格差の是正にもつながるであろう。

　このような雇用管理の見直しに不可欠なことは、労働時間の適正化、つまりケア不在の働き方の是正である。日本の労働時間は他国と比較して長く、管理職の労働時間も長いが、部下の労働時間も他国と比較して長いという特徴がある。本節3項でみるように、国による労働時間規制もあるが、企業が労働時間を短くする取り組みも必要である。そのさい、業務量を変えずに労働時間を短くするよう号令をかけるだけでは、サービス残業やテレワークなどでの持ち帰り残業が増えるだけである。誰かが急に病気になったり妊娠したり介護をしたりする可能性を考えた余裕のある人員配置のもとで適正な業務量にしなければならない。職務遂行能力によって賃金や評価が決まる正社員の働き方では、職

務の範囲が流動的で適正な業務量がみえにくい。職務範囲を明確にしていくことも適正な業務量を考えていくうえでは必要なことだろう。

　そして、誰もが安心して働き自己実現をはかるには、ハラスメントのない環境を保障することが基本的な条件となる。ハラスメントを受けることは、キャリア、職業生活、人生設計や生計を危うくする。そのため、企業はかかわるすべての人のハラスメントを人権侵害と位置づけ、ハラスメントのない環境を整備していくことが責務である。企業にとっても、ハラスメントが表面化すると、ハラスメントをめぐる調査に膨大な時間や費用がかかるだけでなく、育成してきた人材を失うことにもつながりかねない。ハラスメントのない環境を整備することが、生産性向上の土台になるであろう。日本的雇用慣行がハラスメントを生みやすい土壌となっていることを企業が認識し、組織や人事管理を見直すさいの視点としてほしい。

　このように働く場にかかわるすべての人の人権を保障し、労働者の働く環境や処遇の公正性・公平性を担保するように企業の人事管理が向かうには、第13章でみたサステナブル経営の推進やESG投資、国連による「ビジネスと人権に関する国連指導原則」に基づいた企業による自己変革という方法もある。

２）働く人が主体的に職場環境を改善する

　工場に労働者が集まり一斉始業一斉終業だった製造業主体の時代から、サービス産業化が進んだり、情報通信技術（ICT）の進展によって顧客と労働者が直接結びつくプラットフォームビジネスがあらわれたことで、労働者は働く場や時間帯もバラバラになり、労働者同士の顔がみえにくくなっている。また、私たちは自分たちの努力によって能力を伸長することが求められ続ける社会に生きている。こうした社会では、労働者同士はライバルとなり、出し抜く対象にもなりうる。競争に負けた者は能力が足りなかったとして自己責任とみなされやすい。そうすると、働くことの悩みや不満を共有・共感し、労働条件を向上することに向けた課題や問題を認識する場が生まれにくくなってしまう。実際に、第11章でみたように労働組合の組織率は低下している。

　労働者同士が連帯することが難しい時代ではあるが、それでもやはり労働条件や働く環境は、私たち労働者自身が関与して決めることができることを忘れ

てはならない。新しい働き方として注目されるウーバーイーツの配達員は、まさにバラバラで働き、配達員が悩みを共有したり共感したりするつながりが生まれにくいなかで、労働組合が結成された。「ウーバーイーツユニオン（以下ユニオン）」は、処遇改善に向けた団体交渉をウーバーイーツの運営会社（以下、ウーバー）に申し入れたが、ウーバーは、配達員は「個人事業主」であって自分たちが雇った労働者ではない、という理由で団体交渉に応じることを拒否した。そこでユニオンは2020年3月、東京都労働委員会に不当労働行為の救済を申し立てた。都労委は「配達員が、団体交渉に応じるべき労働組合法上の労働者であるかどうか」という点をめぐって関係者を招いた証人尋問を行い、労働者性を審議した。その結果、2022年11月25日、ウーバーイーツの配達員を労働組合法上の「労働者」として認める判断を下した。これは、配達員たちが自分たちの労働条件を労働組合として連帯して交渉する権利を得たことを示す（その後、企業側が国の機関である中央労働委員会に再審査を申し立てたため、団体交渉のめどはたっていない）。労働条件がどうなるかは今後の会社と労働組合の交渉の結果次第であるため、組合が結成できたからといって直ちに労働条件が改善されるわけではない。

しかし、どうしたら男性も女性もすべての労働者がケアを担う時間を確保しながら生活できる公正な賃金を保障されるのか、ハラスメントを受けず人権を保障された働き方ができるのかなどを話し合うこと自体が、労働組合を身近なものとし、組織率の低下に歯止めをかけることにつながる。幸せに生きるための労働条件は、「誰か」がつくってくれるのではなく、私たち労働者が労働組合で活動することで実現できる。そのさいに、さまざまな制度が男性や女性、セクシュアリティなどの属性にどのような影響を与えるのかというジェンダー影響調査をして、その制度のジェンダーバイアスを可視化することも重要である（ジェンダー主流化）。

また、企業組織の要となる管理職の役割も企業行動の変化をうながす点で重要である。日本では、管理職は職種というより内部昇進の結果として位置づけられている。男性の方が多く、長時間働くことが当然といった規範や女性排除的なトークなどの組織的なふるまいを内面化しやすく、管理職がそのような職場慣行を再生産していく側面もある。しかし、管理職は誰にどのように仕事を

配分し、部下の仕事が遂行されているかモニタリングを行い、それらのマネジメントを通じてやるべき業務の見直しをすることも可能で、誰もが働きやすい職場にしていく力がある。昇進や評価制度、管理職の職務などの組織の仕組みを改善して、多様な人びとが管理職となることで、組織を変革していく要ともなりえるだろう。多様な人びとが管理職になることは、意思決定において、多面的な議論が可能になり、組織として間違った判断を回避することにもつながる。

3）国による規制

　ディーセント・ワークの実現には、国による法整備やルール形成も重要である。まずは、長時間労働について実効性のある規制を整備することがあげられる。日本の労働基準法では、時間外労働の原則は月 45 時間、年間 360 時間以内であるが、労使の取り決めがあれば、時間外労働は何時間でも設定できた。2018 年に初めて上限規制が設けられたが、「臨時的な特別の事情がある場合」は月の時間外労働と休日労働の時間は 100 時間未満を上限に認められ、その上限が労働者の精神的・肉体的安全を脅かす水準となっている。また、「臨時的な特別の事情がある場合」に、予算・決算業務、ボーナス商戦、納期の逼迫、大規模なクレームへの対応等、例年繰り返される「事情」が含まれ、その要件を満たすことが容易となっている。さらに、変形労働時間制など時間外・残業手当を削減して、会社都合によって労働時間を長くしやすい方向に労働時間規制が緩和されてきた。こうした規制の水準や緩和のあり方を見直し、労働者の肉体的・精神的安全およびケア時間の確保において、実効性のある規制をもうけることが必要である。

　ハラスメントにおける法規制も見直されなければならない。日本では、ハラスメント全体を規制する法律がなく、男女雇用機会均等法、育児・介護休業法、労働施策総合推進法という三つの個別法でハラスメントごとに規制する仕組みとなっている。この三つの法律にはハラスメントを禁止する条文がなく、法律の適応対象は事業主で、違法性の判断基準は、事業主による措置義務違反かどうかであって、加害者の行為がハラスメント当該行為だったのかどうかではない。労働者の視点に立ったハラスメントに対する包括的な理解と対策が示され

ておらず、それが日本でハラスメントに対する社会的認識が培われない原因の
ひとつとなっている。新しい形態のハラスメントが話題になるたびに個別のハ
ラスメントの対策を付け加えていくのではなく、ハラスメントとはなにかを包
括的に定義して、あってはならない言動であるがゆえにハラスメントを禁じる
と明確に示すことから始めなければならない。

　男女間の賃金格差や正規・非正規間の賃金格差を是正する日本の法政策が弱
いことも見直していくべきである。正社員とパートタイム労働者（非正社員）
の間の賃金格差の規制は、2018 年に成立した「働き方改革関連法」における
同一労働同一賃金の考え方に示されている。正社員と同じ仕事をしているだけ
でなく、正社員と責任も同じ、正社員と同じように異動や転勤などをすること
が、同一賃金の要件とするのが基本的な考え方である。この要件がそろってい
ないパートについては、基本給、賞与、役職手当、食事手当、福利厚生、教育
訓練といった個々の待遇ごとの性質・目的に照らして適切とみられる事情を考
慮して判断されるべきとされている。こうした規制の考え方は、女性正社員の
処遇を規制する男女雇用機会均等法にも通じる。賃金の同一性が、ケア不在の
働き方との同一性を条件とするかぎり、非正社員や女性正社員の低賃金は是正
されない。日本の法規制は、ケアをせずに働く人と時間や空間を限って働く人
との間の格差を容認している側面がある。ケア不在の働き方自体を見直す労働
時間規制とともに、職務を基準とした同一性やさらに進んで同一価値労働同一
賃金といった視点から賃金規制を構想していく必要があるだろう。また、雇用
の不安定さや賃金水準の低さ、制度の欠如・未整備が、民間の非正規労働者以
上である官製ワーキングプアについての法規制も、急務である。

　こうした法整備と合わせて、国（厚生労働省）や地方自治体による（低額ない
し無料の）公的職業能力開発の機会を拡充し、そこで身につけた能力や技能を
企業が評価する仕組みが必要である。能力や技能の形成機会が企業に集中し、
企業で能力や技能を身につけないと評価されないという状態は公平ではなく、
労働者が幸せに生きていける社会からはほど遠い。公的職業訓練をとおして身
につけた能力や技能を企業が評価する仕組みには、訓練メニューや技能・資格
評価の枠組みづくりと活用に、企業が実質的に関与することが不可欠である。
また、公的職業訓練を実施し能力や技能を評価するさいに、国際労働機関

（ILO）が掲げる「人間中心のスキル形成」という考え方は参考になる。第1章でみたように「人間中心のスキル形成」とは、技能形成を経済成長に役立たせることばかりを考えるのではなく、人間の権利という発想に基づいて、一人ひとりが自律的に潜在能力を発揮させる仕組みを整えていこうという理念である。

　テレワーク、副業、フリーランスという「新しい働き方」に対しては、いずれも従来型の正社員と比べて企業拘束性の低い働き方であり、時間の使い方の自由度が高まるなど、働く者にとって好ましい部分がある。ただ、働きすぎに陥るリスクや処遇切り下げの懸念もある。適正な働き方を実現できるよう、ガイドライン策定や法整備が進められているが、既存の働き方の規制と整合性をとりつつ、労働者一人ひとりがディーセント・ワークを実現できるよう法整備を進めていく必要がある。

　これらディーセント・ワークの実現とともに進めなければいけない重要なことがもうひとつある。日本は賃金への依存度が高い社会で、賃金が生活の質に直結する。働くことができなくなったり、賃金が下がったりすれば、生活すること自体が困難になる。不確実性の高い社会では、誰もがそうした状況に陥る可能性がある。賃金だけに過度に依存しなくても、安定した生活ができるよう、社会保障制度を充実させ、セーフティネットを整備することが望ましい。

3　労働の未来に向けて

　本書の最後に、労働の未来に向けてどのようなことをどのように考えていけばいいのか、少し大きな視点から語ってみたいと思う。まず、私たちのテキストで実践してきたように、ジェンダーの視点からものごとを眺め認識することである。ジェンダーの視点で物事を捉えるとは、女性の地位向上や処遇改善のみを焦点化することではない。人種、民族、宗教、階級、セクシュアリティ、障害の有無などのインターセクショナリティ（交差性）を重視することである。つまり、さまざまな属性がかけ合わさることによって（インターセクショナリティ）、いかに働き方や処遇決定などに作用するのかなどを考察し、多様性を尊重するにはなにが必要かを考える視点である。

たとえば、日本社会では、所得の多寡や正社員・非正社員の属性によって、結婚確率が異なっている。男女ともに、所得が低く非正社員であると結婚確率は下がる傾向にあり、男性でより顕著である。つまり、男性は稼ぎ手であるべきだという社会規範が強いため、働き方が結婚や恋人の有無を左右する要因のひとつになっている。こうした社会は、個人の生き方の選択肢を狭めてしまうという点で、男性も女性も幸せに生きていくことを難しくする。どんな人も自分自身を含めて誰かをケアする時間を確保しながら働くことができ、生活できるだけの処遇を保障されるようになれば、これほどまでの性別役割分業は生まれず、もっと生きやすくなるであろう。そしてこのことは、一人で生きていくことも、同性同士で生きていくこともより選択しやすくなる。

　2節でも述べたように、アルバイトやパートといった非正社員であれ正社員であれ、私たちが労働の未来をつくっている当事者・主体であることを意識したい。そして、労働の未来に向けて現状の働きにくさを変革するには、私たちのエンパワーメントが重要になるであろう。ナイラ・カビールはエンパワーメントを、選択する能力を否定されてきた人が、戦略的な人生上の選択を行う能力を拡大することと定義している。具体的には、自分が置かれている状況を理解しニーズを再解釈して自分自身を変えていこうとする力（the power within）、価値ある目的を達成し変化を動員すること（the power to）、ほかの人と集団的に行動することをとおして新しい形態の力を実質化していくこと（the power with）の三つの力と考える [Kabeer 1994]。

　ジェンダー化された職場慣行や社会の慣行のなかでは、そもそも不平等なことが不平等として認識されず、社会規範に従って行動することによって（たとえば3歳までは母親の手で子どもを育てるべきという規範に従い、女性が労働市場を退出する〔働くことを辞める〕こと）、女性自身も不平等な構造を再生産する可能性がある。それを繰り返さないためには、女性のエンパワーメント、すなわち個々の女性が不平等を再生産しない選択をする意識を醸成する必要がある。そうした女性たちが連帯し、新しい形態の力を獲得することが、ジェンダー公正な社会を推進させる。もちろんこれは女性だけではなく、標準とされる会社拘束的な働き方をできない・しない人びとすべてに当てはまるであろう。個々人の内面の変化にくわえて、集合的な力をもつことが重要なのである。

　さらに、日本社会全体の意識変革も必要である。「いつでもどこでも仕事」というような長時間労働に陥ることを防ぐには、就業時間外は基本的には対応を求められないことの社会的コンセンサスが必要であろう。その意味で、「つながらない権利」という考え方に沿った社会的ルールづくりも一案である。企業内でも、上司は部下に就業時間外の連絡（メール送付等）を自粛するなどのルールが求められるし、それが「普通」「常識」という社会的コンセンサスが重要であろう。

　このコンセンサスを消費者も共有しておかなくてはならない。顧客として24時間いつでも企業に対応を求めることは、その裏で働く労働者の労働条件を悪化させる。そして消費者にも、労働の現場を変えていく大きな力がある。人権侵害をしている企業の商品は買わない、労働者が労働条件向上を目指して闘うストライキを応援する、顧客としてハラスメントを許さない、裁判を応援するなどがあるだろう。私たちの社会が労働者の権利を一番に考えているという心理的安心があれば、労働者は人権や処遇改善を求める活動や運動を積極的に進めることができる。消費者であるとともに労働者であることをそれぞれが意識し、主体的に選択・行動・連帯していくことが、労働の未来を明るくするだろう。

【参考文献】

Kabeer, N.［1994］ "Empowerment from below: learning from the grassroots," *Reversed Realities: Gender Hierarchies in Development Thought*, Verso Press.

金井郁［2020］「同一労働同一賃金への労働組合の取組みと課題」『労働調査』593号。

〔金井郁・駒川智子〕

より深い学びのために

■キャリアのスタート・形成・再出発

苅谷剛彦・菅山真次・石田浩編［2000］『学校・職安と労働市場——戦後新規学卒市場の制度化過程』東京大学出版会。
　卒業即就労開始という国際的にみると異例な日本的制度は、戦後、大量の新制中学卒業者を無事就職させるための、学校・ハローワーク・企業の全国的協力と調整から始まった。現在の大卒就職・採用を相対視する力がつく。

映画『何者』（三浦大輔監督、日本、2016 年）
　就活に励む 5 人の大学生が主人公。ひとりの部屋を「就活対策本部」にして、それぞれの経験や特技を駆使しながら内定を目指す。想いや本音を SNS に吐き出しながら、就活をとおして「何者」かになりたいと願う若者の気持ちを描きだす。就活の実態も描かれているので、これから就活に臨む人にもおすすめ。原作は、朝井リョウの小説『何者』（新潮文庫）。

ドラマ『ミセン（未生)』（韓国、2014 年）
　韓国のドラマ。囲碁のプロ棋士を家庭の事情で断念した主人公（26 歳・高卒・会社生活未経験）が、囲碁で培った記憶力と集中力、状況を読む力をもとに、商社のインターンを皮切りに企業で働き成長していく姿を描く。

安野モヨコ［2004〜］『働きマン』（既刊 4 巻）講談社。
　週刊誌の制作現場を舞台に、仕事モードになると寝食も忘れて仕事に没頭する女性編集者を中心に、さまざまな価値観をもつ同僚たちの視点をとおして、「働くとはなにか」を問う。職場での多様性を理解する助けとなる。

映画『幸せの教室』（トム・ハンクス監督、アメリカ、2011 年）
　大卒でないことを理由に、長年勤務したスーパーを突然クビになった男性が再起をかけてコミュニティカレッジに入学する。年齢が離れている学生たちや教師との出会いを通じてさまざまなことを経験し、人生を再構築していく。何歳からでも学ぶことの大切さや挑戦することの意義を教えてくれる。

映画『カンパニー・メン』（ジョン・ウェルズ監督、アメリカ、2010 年）

突然解雇を告げられたエリート会社員は、賃金の低い再就職を受け入れられずに苦しむ。一方、解雇を免れた者、リストラを断行した者もそれぞれが苦難と直面する。彼らが自らの人生を見つめ直し、再生していく姿を描く。再就職の困難さや、就職すれば人生は安泰、とはいかない社会の現実がわかる。

映画『幸せのちから』（ガブリエレ・ムッチーノ監督、アメリカ、2006 年）

投資に失敗した主人公は、収入もなく、妻に去られ、家賃滞納からホームレスになる。6 か月の無給インターンに採用されたが、正式採用は 1 名のみ。彼が息子と自身のために超難関の証券会社の採用をつかむべく奮闘する実話。窮地に追い込まれても努力を続ける姿をとおして、諦めずに能力形成する大切さを描く。

■管理職のマネジメント

サイモン・シネック [2019]『「一緒にいたい」と思われるリーダーになる。——人を奮い立たせる 50 の言葉』鈴木義幸監訳、ダイヤモンド社。

著者は経営コンサルタント。組織文化をテーマにした著書（*Start with Why* など）や講演（TED Talks など）で知られ、特に人びとが行動する根本的な動機や目的を見つける重要性を説く。この本は著者の考えのエッセンスをまとめたもの。

ヘンリー・ミンツバーグ [1993]『マネジャーの仕事』奥村哲史・須貝栄訳、白桃書房。

経営者への参与観察が生き生きと描かれ、管理職が実際に何をしているのかを具体的に示しながら、それを抽象的な概念化までしている良書。

坂爪洋美・高村静 [2020]『管理職の役割』中央経済社。

ダイバーシティマネジメントを推進する中核となる管理職の役割に注目しながら、ダイバーシティマネジメントを実効性あるものに変革するには何が必要か、より効果的な管理職のあり方とはどのようなものかを検討している。

大沢真知子・日本女子大学現代女性キャリア研究所編 [2019]『なぜ女性管理職は少ないのか——女性の昇進を妨げる要因を考える』青弓社。

女性管理職がなぜ少ないのかに焦点をあて、社会学および社会心理学の研究者がその要因について考えている。第 2 章（大槻奈巳執筆）では女性管理職 5 名の事例から考察している。

■ハラスメントのない職場・組織づくり

ロッシェル・カップ［2015］『日本企業の社員は、なぜこんなにもモチベーションが低いのか』クロスメディア・パブリッシング。

　日本の大手金融機関に勤めた後、日米で人事コンサルティングに従事する著者が、硬直的な日本企業の人事制度がもたらす負の影響を指摘した一冊。日本企業での勤務経験を活かした叙述で、日本社会の課題を的確に指摘している。なぜ日本では、企業と従業員のエンゲージメントが低いのか、低賃金の非正社員に依存する社会が抱える困難など、正社員・非正社員を包括しつつ、正社員の働き方について議論している。

山崎豊子［2001］『沈まぬ太陽』（全5巻）新潮文庫。

　航空会社に勤める男性社員が、労働組合活動を理由とした左遷人事で海外勤務となる。飛行機事故対応を務めた後、会社の立て直しに向けた部長職に抜擢され、社内の腐敗体質の一掃に力を注ぐ。異動のあり方を知ることができるとともに、同じ人の能力が低くも高くも評価されることがわかる。

牟田和恵［2013］『部長、その恋愛はセクハラです！』集英社新書。

　セクシュアルハラスメントの問題をめぐる豊富な具体例を紹介しつつ、ノーと言いにくいセクハラの被害者の心理や恋愛と勘違いしがちなセクハラの加害行為の構図をわかりやすく描いた入門書。

鎌田慧［2011］『自動車絶望工場〔新装増補版〕』講談社文庫。

　言わずと知れたルポルタージュの名作。自動車工場で働くこととなった30代の主人公を通じて、職場で繰り広げられる猛烈な働かせ方、非人道的な扱い、心身ともに困憊させる絶望的な仕事が展開されていく。幸せな「働き方」とはなにかを考えさせる良書。

ドラマ『花咲舞が黙ってない』（日本テレビ、2014年）DVDあり

　不祥事等をおこした支店の訪問・指導を行う「臨店」業務に配属された女性行員は、間違ったことを見過ごせない性格から、職場で苦しんでいる人のために、相手が誰であろうと立ち向かってゆく。職場の権力関係が倫理感を歪める怖さと、黙認しない勇気の必要を教えてくれる。原作は、池井戸潤『不祥事』『銀行総務特命』（講談社文庫）。

映画『SHE SAID／シーセッド　その名を暴け』（マリア・シュラーダー監督、アメリカ、2022年）

　性犯罪告発運動、#MeToo運動を爆発させた2017年末のハーヴェイ・ワインスタ

イン事件を取材したニューヨーク・タイムズの女性記者らの物語。証言を決意した勇気ある女性たちとともに、ワインスタインのセクハラが長らく隠蔽されてきた問題の本質を明らかにする。

映画『ちょっと今から仕事やめてくる』（成島出監督、日本、2017 年）

　いわゆる「ブラック企業」に就職した主人公は、猛烈な仕事、職場の人間関係、上司からのハラスメントなどにより心身ともに疲弊し、自殺を考えるようになる。そのような状況のもとで、不思議な青年と出会いから、主人公は紆余曲折を経て立ち直っていく。働くこととはなにか、生活とはなにか、人にとっての幸せとはなにかを問いかける。原作は、北川恵海の小説『ちょっと今から仕事やめてくる』（メディアワークス文庫）。

■妊娠・出産・育児と働くこと

杉浦浩美［2009］『働く女性とマタニティ・ハラスメント――「労働する身体」と「産む身体」を生きる』大月書店。

　働く妊婦たちはなにに悩み、なにに苦しみ、なにに励まされているのか。妊娠という「ままならない身体の事情」を抱えながら働く女性たちの経験をとおし、彼女らを追いつめる職場の構造や文化を問いなおし、新たな働き方を考える。

アン=マリー・スローター［2017］『仕事と家庭は両立できない？――「女性が輝く社会」のウソとホント』関美和訳、NTT 出版。

　女性初のプリンストン大学公共政策大学院院長、アメリカ国際法学会長を歴任し、ヒラリー・クリントン国務長官のもとで政策企画本部長を務めた経験をもとに、ケアを重視する社会への転換を主張する。ただ女性が頑張ったり、理解のあるパートナーを見つけるだけでは、仕事と家庭を両立し、仕事でステップアップすることの解決にならないことを示す。

オルナ・ドーナト［2022］『母親になって後悔してる』鹿田昌美訳、新潮社。

　イスラエルの社会学者が 23 人の女性にインタビューし、「母となる経験」が女性にもたらすさまざまな葛藤、複雑な感情をあぶり出した。日本でも大きな話題を呼び、黙殺されてきた「母たちの思い」に社会が耳を傾け始めた。

チョ・ナムジュ［2018］『82 年生まれ、キム・ジヨン』斎藤真理子訳、筑摩書房。

　出産を機に退職した 33 歳の女性が精神的に追い詰められていく過程を丹念に描き、韓国で大ベストセラーとなった小説。性別役割分業規範が強く、転職や再就職などの仕組みが少ない社会で生きる女性の息苦しさが迫ってくる。女性が母になることを選ぶと、多くのことをあきらめなくてはならない。舞台は韓国だが、日本も似たような

状況にある。日本を含む世界32か国で翻訳され、世界中の女性たちの共感を呼んでいる。2019年に韓国で映画化もされた。

ドラマ『Workin'Moms（ワーキングママ）』（カナダCBC、2017年〜）ネットフリックス配信

　育児休暇明けの4人のママの奮闘を描くシリーズドラマ。コメディ仕立てだがリアルなエピソードも満載で、現在第7シリーズまで制作されている。カナダのトロントが舞台で海外の「両立事情」も知ることができる。

ドラマ『逃げるは恥だが役に立つ　ガンバレ人類！新春スペシャル!!』（TBS、2021年）Amazonプライムほか配信

　妊娠判明から出産、子育てまでを妻と夫、両方の立場から描く。女性の育休は順番待ち、男性の育休取得への上司の無理解など「会社あるある」のエピソードも登場するが、同僚や仲間がそれらを明るく論破する姿は痛快。

■非正規雇用とワーキングプア

NHKスペシャル『ワーキングプア』取材班編［2010］『ワーキングプア──日本を蝕む病』ポプラ文庫。

　働いても働いても報われない人びと＝「ワーキングプア」。格差・貧困の議論がともすれば机上の空論に陥りがちなところを、事実をもって貧困の問題を知らしめた同タイトル番組が文庫化されたもの。若者、女性、高齢者、子ども、地方──至るところに貧困は広がっていた。番組放送時（2006年）にはまだ十分に知られていなかったワーキングプアという言葉が定着してしまったいま、当時の問題の受け止めや問題解決に向けた議論を思い出したい。姉妹編の『ワーキングプア──解決への道』（ポプラ文庫）も参照。

竹信三恵子［2012］『ルポ　賃金差別』ちくま新書。

　同じ仕事をしていても、非正規だから、家族を養わなくていいから、家計補助的だから、「低賃金でいい」とされた人たち。もはやそれは格差ではなく差別だ。採用形態や性別による賃金決定の非合理性を事例から明らかにし、差別に対して立ち上がった人びとの地道な闘いを追う。

上野千鶴子［2009］『家父長制と資本制──マルクス主義フェミニズムの地平』岩波現代文庫。

　なぜ性別役割分業が成立したのか。なぜ女性の賃金は低いのか。なぜケアワークは低く評価されるのか。家事という不払い労働、家庭に依存する再生産、主婦労働力の安い買いたたき、これらすべてが家父長制と資本制を支えている。市場とその「外

部」の関係性に注目すると、女性を抑圧するシステムのからくりがみえてくる。目の前の問題に足をすくわれる前に、私たちを取りまく経済と社会の構造を俯瞰的にみつめてみよう。

ドラマ『ガラパゴス』（NHK／テレパック、2023年）

団地の一室で発見された、青年の遺体。自殺とされたその死は、大きな悪の構図によって仕組まれた殺害だった。刑事は、ある派遣労働会社の謎へと鋭く迫る！（番組紹介文より）。フリーター・ニートなど、本来は雇用問題として論じられるべきところが若者の怠惰・意識の問題にすり替えられてきた時代。若者は実際にはどう働き、生きてきたのか。若者たちを全国ネットワークで搾取する派遣労働の仕組みもともに鋭くあぶり出す。登場人物が吐露する、非正規で生きる苦悩が重苦しく胸に残る。原作は、相場英雄の小説『ガラパゴス』（上・下、小学館文庫）。

映画『ブレッド＆ローズ』（ケン・ローチ監督、イギリスほか、2000年）

舞台はアメリカ・ロサンゼルス。人びとの目にみえない（私たちがみようとしない！）領域で移民労働者たちが搾取されている。姉を頼りにメキシコから不法入国してきた主人公マヤもビル清掃の仕事に従事しながら移民労働者に対する不当な扱いに直面することに。しかし労働組合があればこの状況は変えられる——そう訴える労働組合活動家のサムに導かれ、マヤたち移民労働者は自らの権利に覚醒していく。生きる糧と労働の尊厳を意味するタイトルのこの映画は、深刻化する非正規問題の解決のあり方を示す。必見。

■新しい働き方か、雇用の解体か？

川上淳之［2021］『「副業」の研究——多様性がもたらす影響と可能性』慶應義塾大学出版会。

誰が何のために副業をしているのか。副業をすることでどのような効果があるのか。こうした問いに、経済学の視点から迫った近年の代表的研究。

樋口美雄／労働政策研究・研修機構編［2021］『コロナ禍における個人と企業の変容——働き方・生活・格差と支援策』慶應義塾大学出版会。

フリーランスの苦境、テレワーク拡大の実態、女性の雇用危機など、コロナ禍が労働市場に与えたインパクトや政策対応の効果について、さまざまな角度から検証した一冊。

佐藤博樹・松浦民恵・高見具広［2020］『働き方改革の基本』中央経済社。

テレワーク拡大など働き方が変化するなか、ワーク・ライフ・バランスやダイバーシティ（多様な人材の活躍）を実現するために、企業・管理職・働く人にとってなに

が大事なのか。ここに整理されている。

ジェームズ・ブラッドワース［2019］『アマゾンの倉庫で絶望し、ウーバーの車で発狂した――潜入・最低賃金労働の現場』濱野大道訳、光文社。

　雇用労働者の保護が適用されない"ギグワーカー"として働いたジャーナリストが、その体験に基づきイギリスでの実情を描く。20世紀的な雇用制度が消滅するとしたら、どのような未来が待っているのか。テクノロジーを使い、利便性の高くなった未来で私たちが得るものはなにかを考えさせられる一冊。

映画『家族を想うとき』（ケン・ローチ監督、イギリスほか、2019年）

　フランチャイズの宅配ドライバーとして独立したリッキーは1日14時間・週6日間働き、妻アビーはパートタイムの介護福祉士として駆け回り、サービス残業も断れない。寂しさを募らせる子どもたちの行動がさらに家族を追いつめていく。活況を呈するネット通販を支えるのは名ばかり「自営業」の配送業者たち。あなたの快適な生活は誰かの苛酷な労働の上に成り立っている。

■ダイバーシティとジェンダー平等

羽生祥子［2022］『多様性って何ですか？――SDGs、ESG経営に必須！：D＆I、ジェンダー平等入門』日経BP。

　日本の組織で多様性（ダイバーシティ）が進まない現実をふまえて、ジェンダー平等を中心に、データと企業の事例から、多様性が必要な理由、組織が抱える課題、促進するための方法を説いている。「多様性に欠ける組織によくある言い訳トップ5」は、自分のなかのジェンダーバイアスを知るうえで必見である。制度をつくっても組織が変わらない場合の原因と対処も参考になる。

カトリーン・マルサル［2021］『アダム・スミスの夕食を作ったのは誰か？――これからの経済と女性の話』高橋璃子訳、河出書房新社。

　さまざまな政策を考えるうえで学問的支柱とされてきた経済学に、いかにジェンダーバイアスがあるのかを、明快に示した一般書。経済学は人がつくりたいと思った分だけつくり、買いたいと思った分だけ買うという「市場」をとおして、財の価格と量が調整されると、社会の仕組みを解明してきた。しかし、買ってきた財を使って誰か（多くは女性）が「無償で」料理をして食べられる状態にしなければ、誰ひとり生きていけない。書名が示すように、経済学はこうした多くの非市場領域を分析対象には含めてこなかった。本書は「見えざる手の届かないところに、見えない性がある」ことを認め、経済学を、人と社会が豊かになれる方法を考える学問に変えていこうと提言する。

クラウディア・ゴールディン［2023］『なぜ男女の賃金に格差があるのか——女性の生き方の経済学』鹿田昌美訳、慶應義塾大学出版会。

アメリカの過去100年の大卒女性が、生まれた年代によって5つのグループ（第1「家庭かキャリアか」、第2「仕事の後に家庭」、第3「家庭の後に仕事」、第4「キャリアの後に家庭」、第5「キャリアも家庭も」）に分類できることをさまざまな実証データから明らかにし、その変化の理由を検討した。また同じ大学を卒業した弁護士の男女間で卒業後5年間の賃金格差はほぼないのに、15年後に大きく格差が開くのはなぜかを検討し、仕事そのもののもつ時間的要求の大きさと高報酬がセットになっていることが大きな原因であると指摘する。したがって、時間的要求と高報酬の関係を解体することがジェンダー平等に必要だと結論づける。著者のクラウディア・ゴールディンは女性労働の歴史と男女の賃金格差についての包括的な研究で、2023年のノーベル経済学賞を受賞。

A.R.ホックシールド［2022］『タイムバインド——不機嫌な家庭、居心地がよい職場』坂口緑・中野聡子・両角道代訳、ちくま学芸文庫。

短時間勤務、週4日制、在宅勤務制などのファミリーフレンドリー施策を充実させているアメリカの企業で、制度の利用者が少なく、職場での時間的束縛（タイムバインド）が強いのはなぜかを、役員や工場労働者の男性と女性にインタビュー調査をして解き明かしたもの。みえてきたのは、家庭よりも職場に居心地の良さを感じる人びとの存在である。ワーク・ライフ・バランスの実現が進みにくい理由を、人びとの感情から理解できる本。

ブレイディみかこ［2021］『ぼくはイエローでホワイトで、ちょっとブルー』新潮文庫。

階級社会・多民族社会イギリス。公立中学に通う息子は、著者の母親とともに悩み考え生きている。ビジネスに限定されない潜在能力の豊かさと多様性が開花する物語としても読め、その理解がぐっと深まる。

映画『マイ・インターン』（ナンシー・マイヤーズ監督、アメリカ、2015年）

ファッションサイトを起業し、若くして成功した女性の会社に、シニア・インターン制度によって70歳の男性が新人として採用された。最初は浮いた存在だった彼が徐々に皆と信頼関係を築いていく。これまで培った経験から自分にできることを探し、地道にこなしていく重要性を見いだすことができる。

■連帯する人びと

熊沢誠［2013］『労働組合運動とはなにか——絆のある働き方をもとめて』岩波

書店。

　学問的に労働組合がどのように捉えられ、どのような役割・機能があるのかを整理するとともに、いまの日本社会でどのような労働組合運動が必要なのかを考える実践的な本でもある。

浅倉むつ子・萩原久美子・神尾真知子・井上久美枝・連合総合生活開発研究所編［2018］『労働運動を切り拓く——女性たちによる闘いの軌跡』旬報社。

　労働運動のなかで男女平等の闘いを牽引してきた経験をもつ 12 人の女性たちから聞き取りを行ったインタビュー記録とその時代背景や理論的な検討をまとめたもの。女性差別はまだあるが、若年女性定年制はなく当然のようにずっと働き続けようと思えるのも、男女平等のために闘ってきた女性たちがいたからこそである。本書を読んで、労働運動をしてきた女性たちの活動に感動を覚えるし、感謝の気持ちでいっぱいになる。そして、まだ残る女性差別について、私たちが研究や活動をとおして変えていこうと熱い気持ちになる本である。

映画『非正規に尊厳を！　メトロレディーブルース総集編』（松原明・佐々木有美監督、日本、2018 年）

　東京メトロの売店には、正社員と契約社員が働いていた。仕事は同じであるが、契約社員の賃金は正社員の約半分であった。雇い止めの不安もあるなかで、契約社員の女性売店員たちが労働組合をつくって立ち上がった。初めてのストライキから、会社との交渉、「労働契約法第 20 条」に基づく裁判提訴・東京地裁判決と続く「メトロレディーたち」の 2013 年から 2017 年にわたる 5 年の闘いのドキュメンタリー。組合をつくって闘い方を一から学んでエンパワーしていく彼女たちの姿に、労働組合の意義を実感できる。

映画『明日へ』（プ・ジョン監督、韓国、2014 年）

　韓国の大手スーパーで、非正規雇用を外部委託化するために、突如解雇が言い渡された。多くの非正規雇用は日本と同じく女性であった。女性たちは不当解雇撤回を求めて労働組合を結成するが、会社側は交渉に応じない。彼女たちはストライキを決行し、スーパーを占拠する……。韓国で実際に起きた不当解雇事件をヒントにつくられた映画で、女性たちの団結する力強さと、一方で強大な企業権力が立ちはだかるコントラストがよく描かれている。

■ウェルビーイングの追求

前野隆司［2013］『幸せのメカニズム——実践・幸福学入門』講談社現代新書。

　幸せはコントロールできる、として、幸福を構成する要素を「やってみよう因子」

「ありがとう因子」「なんとかなる因子」「ありのままに因子」で説明する。これまでのウェルビーイングのさまざまな学説も踏まえた、わかりやすい名著。

田瀬和夫・SDGパートナーズ［2020］『SDGs思考——2030年のその先へ 17の目標を超えて目指す世界』インプレス。

SDGsの根底にある世界観と思考方法を主軸に、昨今大きな潮流となっている「脱炭素」「ESG」「ダイバーシティ・エクイティ＆インクルージョン」「地方創生」「持続可能な開発のための教育（ESD）」といった取り組みの最新の動向や事例を豊富に解説している。

高井としを［2015］『わたしの「女工哀史」』岩波文庫。

「かっこいい 理くつはいわぬ母たちが 一ばん先に座りこみに行く」。戦前は女工、戦後はヤミ屋、ニコヨンと、どん底をくぐりぬけ働き続けた高井としを。労働組合を組織し、託児所、乳児院、養老院をつくらせ、働いて暮らせる権利を求めて闘った女性の爽快な自伝。「知ったことばを行動にして生きてきた」彼女の一生は、グローバルな格差に直面する私たちをも勇気づける。

ドラマ『ダンダリン労働基準監督官』（日本テレビ、2013年）

労働基準監督官として働く主人公（段田凜）が、名ばかり管理職、サービス残業、パワハラなどの問題に立ち向かうドラマ。「働き方」・「働かせ方」に関するさまざまな問題が取り上げられ、働くことに関する専門知識を一定程度得ることも期待できる。

映画『ザ・トゥルー・コスト ファストファッション 真の代償』（アンドリュー・モーガン監督、アメリカ、2015年）

「服に対して本当のコストを支払っているのは誰か？」という問題を提起する、ファッション業界の闇に焦点を当てた2015年制作の話題作。華やかなファッション業界の裏側でなにが起きているのか、人権の観点から見事にえぐり出している。

映画『わたしは、ダニエル・ブレイク』（ケン・ローチ監督、2016年、イギリスほか）

大工歴40年のダニエル・ブレイクは、心臓の病から仕事ができなくなる。失業給付を受けようとするが、理不尽で複雑な制度と官僚的な対応に阻まれて支援を受けることができず、経済的にも精神的にも追いつめられていく。制度は、届く人に届いて初めて意味をもつ。制度が人間的なものであるのか、制度が人びとの幸福に寄与しているのか、常に問い続けたい。

索　引

執筆者紹介
(＊は編者、執筆順)

＊駒川 智子（こまがわ ともこ）　　　　　　　　　**【序章・第2章・終章】**
北海道大学大学院教育学研究院准教授。
一橋大学大学院社会学研究科博士課程単位取得退学。修士（経済学）。
著書に『女性と労働〔労働再審③〕』（共著、大月書店、2011年）、論文に「ケアの視点から問う労働領域でのジェンダー平等」（『現代社会学研究（北海道社会学会誌）』37巻、2024年6月刊行予定）、「女性管理職の数値目標の達成に向けた取り組みと組織変化」（『大原社会問題研究所雑誌』703号、2017年）など。

＊金井 郁（かない かおる）　　　　　　　　**【序章・第8章・第11章・終章】**
埼玉大学大学院人文社会科学研究科教授。
東京大学大学院新領域創成科学研究科博士後期課程単位取得退学。博士（国際協力学）。
著書に『フェミニスト経済学』（共編著、有斐閣、2023年）、論文に「人事制度改革と雇用管理区分の統合」（『社会政策』13巻2号、2021年）、「生存をめぐる保障の投資化」（『現代思想』2023年2月号）など。

筒井 美紀（つつい みき）　　　　　　　　　　　　　　　　**【第1章】**
法政大学キャリアデザイン学部教授。
東京大学大学院教育学研究科単位取得退学。博士（教育学）。
著書に『就労支援を問い直す』（共編著、勁草書房、2014年）、*Handbook on Urban Social Policies*（共著、Edward Elgar, 2022）、論文に「大阪府「定着支援事業」の生成」（『社会政策』15巻2号、2023年）など。

禿 あや美（かむろ あやみ）　　　　　　　　　　　　　　　**【第3章】**
跡見学園女子大学マネジメント学部教授。
東京大学大学院経済学研究科博士課程単位取得満期退学。博士（経済学）。
著書に『雇用形態間格差の制度分析』（ミネルヴァ書房、2022年）、『「分かち合い」社会の構想』（共著、岩波書店、2017年）、論文に「雇用制度に内在するジェンダー格差」（『日本労働研究雑誌』65巻6号、2023年）など。

大槻 奈巳（おおつき なみ）　　　　　　　　　　　　　　　**【第4章】**
聖心女子大学現代教養学部教授。
上智大学大学院文学研究科社会学専攻修了。博士（社会学）。
著書に『職務格差』（勁草書房、2015年）、『派遣労働は自由な働き方なのか』（編著、青弓社、2023年）、『同一価値労働同一賃金の実現』（共著、勁草書房、2022年）など。

山縣 宏寿（やまがた ひろひさ）　　　　　　　　　　　【第 5 章】

専修大学経済学部准教授。

明治大学大学院博士後期課程修了。博士（経営学）。

著書に『新自由主義と労働』（共著、御茶の水書房、2010 年）、論文に「日本における最低賃金の現状と失業への影響」（『専修大学社会科学研究所月報』700 号、2021 年）、「役割給と配置転換」（中央大学商学研究会編『商学論纂』62 巻 5・6 号、2021 年）など。

杉浦 浩美（すぎうら ひろみ）　　　　　　　　　　　【第 6 章】

埼玉学園大学人間学部教授。

立教大学大学院社会学研究科社会学専攻博士課程修了。博士（社会学）。

著書に『働く女性とマタニティ・ハラスメント』（大月書店、2009 年）、『なぜ女性は仕事を辞めるのか』（共著、青弓社、2015 年）、『はじまりの社会学』（共著、ミネルヴァ書房、2018 年）など。

申 琪榮（しん きよん）　　　　　　　　　　　　　　【第 7 章】

お茶の水女子大学ジェンダー研究所教授。

ワシントン大学政治学科博士課程修了。博士（政治学）。

著書に *The Oxford Handbook of Feminist Theory*（共著、Oxford University Press, 2016）、翻訳書に『#MeToo の政治学』（監修、大月書店、2021 年）、論文に「セクシュアルハラスメントの理論的展開」（『社会政策』13 巻 1 号、2021 年）など。

林 亜美（はやし あみ）　　　　　　　　　　　　　　【第 9 章】

神田外語大学外国語学部講師。

お茶の水女子大学大学院人間文化創成科学研究科博士後期課程修了。博士（社会科学）。

論文に「求職者支援制度における職業訓練とその効果」（『経済社会とジェンダー』2 巻、2017 年）、「職業訓練における女性のエンパワーメント」（『人間文化創成科学論叢』20 巻、2018 年）、「就労支援のジェンダー平等化への実証的研究」（『生協総研賞・第 16 回助成事業研究論文集』、2020 年）など。

川村 雅則（かわむら まさのり）　　　　　　　　　　【第 10 章】

北海学園大学経済学部教授。

北海道大学大学院教育学研究科博士後期課程修了。博士（教育学）。

著書に『シリーズ子どもの貧困① 生まれ、育つ基盤』（共著、明石書店、2019 年）、論文に「なくそう！官製ワーキングプア」（『雇用構築学研究所 News letter』67 号、2023 年）など。労働情報の発信・交流サイト「北海道労働情報 NAVI（https://roudou-navi.org/）」を管理・運営。

高見 具広（たかみ ともひろ）　　　　　　　　　　　【第 12 章】

労働政策研究・研修機構 主任研究員。

東京大学大学院人文社会系研究科博士課程単位取得退学。

論文に「在宅勤務とワークライフバランス」（『家族社会学研究』34 巻 1 号、2022 年）、「自律的な働き方と労働時間管理のあり方」（『日本労働研究雑誌』752 号、2023 年）など。

田瀬 和夫（たせ かずお） 　　　　　　　　　　　　　　　　　　【第 13 章】

　SDG パートナーズ有限会社、株式会社 SDG インパクツ、Think Coffee Japan 株式会社
3 社の代表取締役 CEO、国連フォーラム共同代表。

　東京大学工学部原子力工学科卒、同経済学部中退。

　著書に『SDGs 思考』（共著、インプレス、2020 年）、『SDGs 思考　社会共創編』（共著、
インプレス、2022 年）など。

真崎 宏美（まさき ひろみ） 　　　　　　　　　　　　　　　　　　【第 13 章】

　SDG パートナーズ有限会社　シニア・コンサルタント。

　同志社大学大学院グローバル・スタディーズ研究科博士前期課程修了、同大学院博士後
期課程在籍中。

　著書に『SDGs 思考 社会共創編』（共著、インプレス社、2022 年）など。

キャリアに活かす雇用関係論

2024 年 1 月 20 日　第 1 刷発行　　定価はカバーに
　　　　　　　　　　　　　　　　　表示しています

編　者　　駒　川　智　子
　　　　　　金　井　　　郁

発行者　　上　原　寿　明

世界思想社　　京都市左京区岩倉南桑原町 56　〒 606-0031
　　　　　　　電話 075(721)6500
　　　　　　　振替 01000-6-2908
　　　　　　　http://sekaishisosha.jp/

JCOPY ＜(社) 出版者著作権管理機構 委託出版物＞
本書の無断複写は著作権法上での例外を除き禁じられています。複写される
場合は，そのつど事前に，(社) 出版者著作権管理機構 (電話 03-5244-5088,
FAX 03-5244-5089, e-mail: info@jcopy.or.jp) の許諾を得てください。

ISBN978-4-7907-1788-1